JN058967

大学院文化科学研究科

# 社会的協力論

―いかに近代的協力の限界を超えるか―

坂井素思

社会経営科学プログラム

（改訂版）社会的協力論（'20）

©2020　坂井素思

装丁・ブックデザイン：畑中　猛

s-54

# まえがき

　イソップ寓話に「蟻と鳩」という話が載っている。アリが池で溺れたときに，ハトが木の葉を投げて助けた。後日，ハトが狩人に狙われたとき，アリはその狩人の足に噛みついてハトを助けたというものだ。ハトではなく，もしイソップ寓話によく出てくるずるいキツネだったら，木の葉を投げることもせず，アリを溺れさせ逃げて行ったことだろう。人間は協力的なハトなのか，それとも非協力的なキツネなのかという古典的な問題がある。実際にわたしたちの家族や職場を見ても，周りの社会を見ても，人間は協力的でもあり非協力的でもあるという両方の性質を持っていることがわかる。

　本書の目指すところは，人間の協力活動が成立するのは上記のような人間本性の問題ではなく，人間社会での協力活動の表れ方にあるとするところだ。人間のおかれる条件次第で，協力的にもなるし非協力的にもなる。なぜか人間には本性の状態にそのまま止まらずに，助けが必要なときには，非協力から協力へ至る企てを行おうとする性質が勝る場合があるのだ。どのようなときに，人間は協力的活動を求めようとするのだろうか。人間にとって考慮すべきなのは，ハトやキツネよりもむしろアリの視点である。アリはいつでもハトに恩返しするのだろうか。ずるいキツネにも助けを差し伸べるには，どのような条件があり得るだろうか。本書のテーマは，なぜ人間は協力し合うのだろうかという点に尽きるのだが，それは協力の条件によるといえるだろう。どのような条件ならば，協力し合うのだろうか。あるいは非協力的になるのだろうか。

　ここで，「社会的協力」という言葉を使う意味は，協力活動の中でもとりわけ社会における集団効果を見ていこうという本書の方針によるからである。とりあえず，社会的協力とは「複数の人びとが集合し，その活動に参加することで，人びとの間に介在し，異質な他者を結び付け，最終的に社会を形成する」活動であると考えておきたい。複数の人びと（他者）が参加しなければ，協力活動は成立しない。けれども，人間社会

は必ずしも常に協力的に形成されてきたわけではないのも事実である。戦争は頻発しているし，社会の中での対立や抗争は日常茶飯事である。社会の中に，非協力的な活動を数多く生み出し，現在なおマイナスの動きは活発である。だから，人間社会は常に完全なる協力的状況を目指しているとはいえない。つまり，すべての人間が協力活動へ参加しているわけではないし，それで社会的ネットワークが築かれているわけでもない。人間の本性が協力的であるとは到底いえない。にもかかわらず，これからの各章で見ていくように，助けが必要なときには，人間は絶えず協力的な企てを成立させようと活動に参加することも事実である。

「社会的」協力という，この「社会的」ということを強調する本書の意味は，どこにあるといえるのだろうか。協力という活動は，「協力が成立しているところよりも，むしろ協力が存在しないところにおいてこそ求められている」という逆説的な性格を持っている。個人的な協力と社会的な協力の違いはここにある。協力は複数者の加わるチームで行われる場合が多いが，実際には個人が勝手に加わろうとしてもチームのメンバーには制限がある。したがって，いかにチーム以外の人びとがメンバーとして成り立つことができるのかということが，相互作用として生成される協力というものの原点にある。もちろん，いわば「一者関係」として個人が協力に努力することはあり得るが，それは「二者関係」としての相互作用によって補完されれば，より強固なものになるであろう。さらにここで，メンバーの枠を介在者が媒介する「三者関係」にまで広げることができれば，社会的協力の意味が違ってくる。このようにして，協力の在り方が社会の在り方を決定していくという意味において，本書では個人的協力よりも，社会を形成する力を持つと考える「社会的協力」ということに意味を見出している。

なぜ人びとは協力を行うのか，なぜ人間にとって，協力活動が重要なことなのか，ということを本書全体で追究していきたい。一人で物事を行うよりも，複数の人びとが行う方が，全体としてうまくいく場合が多い。本書では，このような協力の持っている「集団の潜在力」に注目したい。このような不思議な力がなぜ生ずるのか，他方でどのような条件のもと

で，非協力に陥っていくのかについても考えたい。

　本書は，放送大学大学院社会経営科学プログラムの印刷教材として執筆されたものの大幅な改訂版である。同時にラジオ科目として放送教材も制作されている。放送教材の中でインタビューに出演いただいた方々，さらに対談内容を印刷教材に引用させていただいた方々，制作でお世話になった方々である，森井健太郎氏（第1章），日高義行氏，高橋淳一氏，伊藤宏康氏（第3章），國重正雄氏（第4章），梶原俊幸氏（第5章），中野顕彦氏（第6章），小倉拓氏（第9章），伊藤博敏氏（第10章），錦織賢二氏（第11章），丸子忠志氏（第12章），等々力英美氏（第13章），村尾和俊氏，小澤りか子氏，坪井俊也氏（第14章），木下美音氏（第14回），助言をいただいた藤井史朗氏（静岡学習センター所長）とディレクターの吉田直久氏の協力に対して感謝申し上げる次第である。

　今回の社会的協力論では，協力関係の在り方とそれぞれの社会の形成原理に関して，「一者関係，二者関係，三者関係」という一連の整序された推論形式を採用している。この推論形式は至る所で使われているが，特に協力関係のタイプ分けに使用されている。一者関係として「支配タイプ」の協力関係，二者関係として「交換タイプ」の協力関係，三者関係として「互酬タイプ」の協力関係などである（図15−1参照）。このような目論見がどこまで現実の社会的協力活動を説明しきれているのかが本書の試される点である。「一者関係，二者関係，三者関係」という推論形式については，奈良由美子氏（放送大学），間々田孝夫氏（立教大学），大久保孝治氏（早稲田大学），小林富貴子氏（放送大学），林隆司氏（追手門学院大学）との議論から多大な示唆を受けている。

　最後になってしまったが，今回の改訂では，通常の編集に加えて，引用原文の綿密なチェックと引用著者の写真掲載については編集者の金子正利氏に負うところがたいへん大きかった。記して深謝申し上げる次第である。

2019年11月1日<br>坂井　素思

# 目次

# 1 │ 社会的協力はなぜ必要とされるのか

　社会的協力とは，複数の人びとが集団に参加し，そこで内外の複合的な人間関係を取り結んでいく中で，互いに影響を与え合い助け合っていく活動のことである。この章で述べていくように，この社会的協力に参加することで発揮される集団特性としての協力性は，「複数性」，「参加性」，「介在性」などの特性によって構成されている。

**《キーワード》** 協力活動，複数性，参加性，介在性，協力性

## 1. 集団ではどのようにして協力が形成されるのか

　協力という語句には，「力」という文字が四つも使われている。文字どおり，協力とは集合された力である。この力がうまく発揮されると，「人間とは協力し合う動物である」という特性が有効になり，意味を持ってくることになる。人間の活動には，この「協力し合う」という集団特性が陰に陽に存在し，通奏低音のごとく影響を与えていることを，この章では考えていくことにする。

　人間の活動には一人で行う活動もあるが，家庭の仕事，職場の労働，公共の職務，地域の活動など，ほとんどの活動では他者と力を合わせて行っている。もっとも，誤解してはならないのは，人間同士が必ずしも常に協力的であるというわけではないということであり，制作のような孤独を必要とする活動も存在するし，二人以上の活動でも互いに競争したり対立したりするような非協力的な集団活動も存在するのではあるが，それにもかかわらず，人間の活動には社会の中でそれが発現するまでに，「協力性」という性質を必然的に持たざるを得ない状況の存在することも，理解することが重要である。つまり，協力とは，複数の人びとが集団に参加して，そこで内外の人間関係を取り結んでいくことであ

るが，後で述べるように，この集団特性である協力性には，構成要素として「複数性」，「参加性」，「介在性」などの性質が染みついている。次節では，社会的協力とは何かについて，事例を見ながら考えていくことにする。

## 2．社会的協力は多数の人びとの参加によって始まる

　日本の音楽都市として有名な横浜市では，「ジャズ・プロムナード」と呼ばれるフェスティバルが毎年開かれている。このイベントには複数の人びとが加わり，協力し合うことによって成り立つので，典型的な協力活動の一つである。なぜジャズ音楽をめぐって，これほどの数の，そしてこれほどの規模の人びとが協力し合っているのだろうか。人びとのメンバーとしての参加への同意が行われれば，協力活動は始まる性質がある。なぜ人びとは「ジャズ・プロムナード」に参加するのだろうか。主催者の横浜市芸術文化振興財団の森井健太郎氏は，幅広く多様な人びとが集まってくる，という性格を指摘している。

森井：横浜ジャズ・プロムナードは，市民・ミュージシャン・企業の方々が一体となって「横浜の街全体をステージにする」ということを合言葉に，1993年にスタートしました。ジャズで街づくりを行っていくフェスティバルになっています。多くのお客様や参加する方々にご支援をいただきまして，毎年右肩上がりでどんどん大きくなっています。横浜市内には大小さまざまなジャズクラブがあります。20年を過ぎて，ジャズクラブが街に点在し増えてきました。横浜がジャズの街ということで，国内外にアピールできていくようなイベントに成長してきたのではないか，と思っております。（中略）
　ジャズ・プロムナードには，大きく分けて三つのライブ会場があります。まず一つは，大小ホール会場で有料のチケットを購入したお客様が見るライブ。もう一つが，横浜に点在している20以上あるジャズクラブ，日々ジャズの音楽を流しているクラブで

のライブ。あと，街角ライブということで，野外での街角イベントがあるのです。プロは，ホール会場とジャズクラブに出る形になっていて，街角ライブではアマチュアの方が出るということで分けている状態になっています。チケットを持った方はホール会場かジャズクラブで見て，会場から会場に動く途中で，街角ライブを楽しむ，みたいな仕組みになっています。

　森井氏は，複数の他者が同時に活動するような多様な集団のあり方に，協力活動は関係していることを指摘している。第一に見られる重要な協力性は，後述するように「複数性」にあるといえる。ジャズ・プロムナード組織の内部には，役割が数多く存在し，それらの間で異なる人びとが共同する必要がある，という観点が重要であることは言うまでもないが，究極の複数性は，横浜に集まるジャズ音楽の聴衆である。音楽グループが成立する多くの要因の中でも，どのくらいの人びとが聴いてくれるのかは，存立にとって長期的には最も重要な要因となっている。音楽活動における協力の複数性は，このような，聴衆が異なる人びとに分かれておりバラバラな趣味を持っている，という状況の中で成立してくることが重要である。そして，それにもかかわらず，それが音楽活動を成立するためには必要であるために，彼らの支持が協力活動では決定的な意味を持つことになると考えられる。完全な他者として，音楽に入ってくるが，出る時には，愛好者あるいは場合によっては批判者として，その音楽に対して協力せざるを得ない関係が成立することになるだろう。そして，彼らが参加する，参加したいという志向性を持っていることを下記で強調している。

森井：これもジャズ・プロムナードの特色ですが，参加性ということをすごく重要視しています。ジャズの評論家や愛好家が組織している横浜ジャズ協会があり，ぜひジャズ・プロムナードに呼びたい，皆さんに聴いてほしいという形でブッキングするのが中心になっています。それと同時にミュージシャンの方々でジャズ・プロム

ナードに出たいというアプローチのあった方々に，音源でアピールいただいて，ステージへ出てもらおう，という形で組んでいる。海外からいらっしゃるアーティストの方も，われわれが招 聘という形で呼ぶのではなく，先方がアプローチしてくる。横浜のジャズ・プロムナードに出たいのだけど，という問い合わせがあり，その問い合わせに対して，国内のアーティスト様と同じように音源などでアピールいただいたり，ここで紹介をしたいなと思うミュージシャンに対しては，こちらからお声掛けをして来ていただいたりという方法をとっています。本当に幅広く，多種多様な方が出る。そこはジャズ・プロムナードの特色になっていると思います。

　上記で指摘されているように，彼らの演奏活動に第二に見られる協力性は，これも後で述べるように「参加性」にある。集団を発足させるためには，メンバーの画定が必要である。どの範囲で，メンバーシップを定めるのかを決めなければならない。適切なメンバーとその協力者などの人集めが行われ，さらにそれを支える周縁部の協力体制が整っていることが必要である。活動の基礎を形成する参加状態を，主催者や演奏者たちという表の組織ばかりでなく，会計，雑用，販売係など裏方の組織，さらには，準備や基金，そしてボランティアなどのインフォーマルな支援者たち，これらがうまく構成されて，初めてジャズ・プロムナードは結集される。イベントを最終的に成立させるためには，組織全体の構成が安定していることが必要である。したがって，下記で述べられているように，人びとの中に介在して，媒介者として働く人びとが重要な意味を持つ。

森井：今のご質問の中で思い浮かぶのが，一つは，横浜ジャズクルー。ジャズ・プロムナードの運営にボランティアとして参加してくれている方々というのは，2日間のフェスティバルの運営のために来ていただいているのです。ここのジャズ・プロムナードで出会っ

たことによって，普段，一緒にジャズクラブに行ったり，何か
ジャズのイベントがあったら参加したりします。そのボランティ
アで結びついた中で，違うイベントに一緒にボランティアに行く
といったつながりがいくつか生まれているというのも聞いていま
す。(中略) ジャズ・プロムナードの，プロムナードというのは
回廊というか，街を回るという意味でつけさせていただいていま
す。イベント自体がフリーパスという形式で，チケットをご購入
いただいたら，缶バッチをそのチケットに換えてつけます。缶
バッチをつけている方は，会場が10か所以上あるのですけれど
も，どの会場に対しても，そのバッチをつけていれば見て回れる
という中で，一つの会場に固まって見るということではなく，横
浜の街を巡りながらいろいろな会場を見て回るというのが一つの
特徴というか，このイベントの楽しみ方になっています。横浜の
地域資産としての建物を巡りながら，横浜の街を楽しみつつ，同
時にジャズを楽しむというところが，このイベントの根底のポリ
シーになっています。横浜という地域それ自体が，ジャズと一緒
に重要になっていると考えています。

　第三の協力性は，上で指摘されているように，網の目性（関係性）の
存在である。その関係を成立させるためには「介在者」が必要である。
ジャズ・プロムナードでは，リハーサルや演奏は，イベント組織やボラ
ンティアなどの裏方仕事に支えられていた。彼らの協力なくしては，集
団の活動は不可能であった。演奏者と演奏との間に彼らが介在すること
で円滑な演奏活動を行うことができる。もちろん，演奏者と聴衆との間
に，さまざまな介在が必要であったが，とりわけ広告宣伝の媒介は重要
であったといえる。

## 3.　協力特性としての複数性

　人びとが相互に協力し合う活動を観察すると，それが成立するために
は，中間的な構成として，いくつかの共通する活動特性のあることがわ

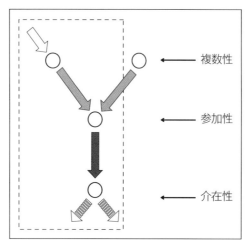

図1-1　協力性の三つの特性

　かる。社会的協力活動が成り立つためには，次のような特性が必要とされる〔図1-1〕。ここでジャズ・プロムナードの事例で概略を述べた，三つの特性——「複数性」「参加性」「介在性」に注目してみたい。

　第一に，協力性が成り立つために共通に必要とされる特性は，「複数性（plurality）」である。活動者（活動集団）がそれぞれ異なっているから，協力し力を合わせる意味がある。もし同質の人びとだけが協力しようとしても，あまり意味はない。協力活動は，多種多様な人びととの間で成り立つものである。一人ではこの活動は不可能であり，また，その人の周囲に他者がいなければ，言葉どおりの協力ということは成り立たない。協力する他者が存在しなければ，協力者との協力も成立しないし，さらに協力の相手先との協力も成り立たなくなるだろう。機能的にいえば，協力の参加者が二人以上必要で，また協力活動の主体と相手先とで二人以上必要である，ということになる。複数性の環境の中で，協力活動は醸成される可能性がある。

　もっとも，ここでいうところの「複数性」とは，上記の機能的意味としての多様性以上の意味を持っている。それは，協力活動が他者を必要としているという，人間にとっての本質的な共通性を明らかにしている点である。複数性とは，互いに他者であり，独立・孤立・対立している

という「他者性（otherness）」そのものではなく，つまり人間の多様性そのものでもない。人間が，互いに他者であり，異なるという他者性を共通に意識するという，本源的な人間の共通性を有しているということである。

　H. アーレントに従えば，「人間は，他者性をもっているという点で，存在する一切のものと共通しており，差異性をもっている点で，生あるものすべてと共通しているが，この他者性と差異性は，人間においては，唯一性となる。したがって，人間の複数性とは，唯一存在の逆説的な複数性である」（Arendt＝志水訳1973：p. 202）と考えられている。個人の唯一性に，多数者がそれぞれ直面するという状況が，協力活動には存在するのである。人間は，それぞれ「互いに他者であり，異なっている」という特殊状況を持っている点で，共通性を持っている。このような特殊な唯一性

**H. アーレント**
〔ユニフォトプレス〕

に向かい合うという，普遍的な共通性のことを複数性と呼んでいる。他者として人は生きなければならない，という共通の活動パターンを人間は持っている。この意味で，複数性は協力性に必須である。したがって，協力あるいは非協力というパターンを取らなければ，他者と向き合うことができないという構造を共通に持っている。互いに異なっているからこそ，自分たちを理解させようとしたり，他者に対して働きかけたりして，協力活動に参入することになる。たとえ目的は同じであっても，人びとは異なる役割をもって，協力活動に参加するのである。唯一性があるからこそ，協力があり得る <sup>（注1）</sup>。

　現代社会で問題になっているのは，協力活動を行う集団のメンバーシップ概念が今日「ゆらぎ」始めていることである。たとえば，移民と国境を越える定住民問題が典型である。この中で，今日，とりわけその国のシティズンシップ概念に問題が生じてきている状況がある。

　移民が増大することによる国民性の参加条件拡大には，次のような難

点がつきまとうことが知られている。（1）として，当初は民族に関して同質的なメンバーによるコミュニティ集団であったものが，民族に関して異質な要素が加わることで，人権に関して，より拡張されたコミュニティにならざるを得ないという点である。この民族に関しての異質な部分は個人単位・集団単位の場合もあるし，個人の中の異なる部分である場合もある。この異質な関係をさらにメンバーの条件に付け加えるには，どのようにしたらよいのだろうか。単なる直線的な拡張では済まされない問題を含んでいる<sup>(注2)</sup>。

（2）として，メンバーの参加範囲が拡張されればされるほど，参加条件はより一般的で非限定的な条件になる可能性がある。この結果，メンバーシップの持っている特定の集団固有の性質は，さらにはこの集団の凝縮性は薄くなる傾向が出てくるが，これをどのように考えればよいだろうか。メンバーのメンバーたる所以<sub>ゆえん</sub>は，この固有性や集団の凝縮性を保持するところに特色がある。これが失われる集団においてこそ，ほんとうのメンバーシップが問われる必要がある。

この参加条件拡大が，権利の単なる拡張ではなく，協力活動を基礎づけるルールとして正統に機能するならば，参加概念を今日的に拡張できたということになるだろう。以上の異質なものを含みつつ，より一般的な参加条件を持つように，その集団が変化しなければならない状況が今日存在し，このような状況においてこそ，参加性が問われることになる。自分というものが社会の深いところで承認されなければ，協力を始める意味も薄められるし，参加する意味もないという現代的な問題があらわにされている。

このことは，協力活動が集団の変化や動態としての特性を持っているということである。協力活動が最も必要とされるのは，バラバラに切り離されていて，結集が困難であり，活動への参加もままならず，そしてさらに，結び付きが弱いところにおいてである。協力の外側で何か起こっているのかということが，協力の内側よりも協力の在り様全体を表している場合がある。社会学者の H. ベッカーは，著書『アウトサイダーズ』の中で，社会がルールを作り出すことで，ルールの範囲内にいるイ

ンサイダーズとルールの範囲外にいるアウトサイダーズ（逸脱者）とが生み出され，それぞれが相互作用を及ぼす過程において，社会が存在することを描いた<sup>(注3)</sup>。この関係は，協力活動の生成にも同じように動的に作用していると解釈できる。

　協力という行為は，ルールに則って，目標や手段が一致することで，一つの活動に参加することであると従来は考えられてきた。けれども，このルールの遵守を厳密に行えば行うほど，一方ではそのルールに準拠した協力を作り出すことになるのだが，他方において，ルールに乗らない非協力的なアウトサイダーズを生み出すことになる。協力を作り出す過程は，たえず非協力を作り出してしまうというパラドックスが存在する。実は，問題となるのは，むしろ協力を真に必要としているのは，範囲内の協力活動のメンバーというよりは，むしろ範囲外に置かれている非協力的なアウトサイダーズであるという点である。この点が，協力を考える上で，最も困難な点であり，最も重要な点である。後述する図1－2（p. 26参照）で示すように，協力活動は動態であって，このパスウェイを辿る過程では，絶えずアウトサイダーズを生み出すと同時に，アウトサイダーズがいかにメンバーとして参加することができるか，という問題を起こしている。この動的で循環的なあり方が，人間社会の中の協力活動の特性であるといえる。

　社会を構成する本質的な人間の性質として，「協力性／非協力性」を挙げることができる。人間の本性が協力的であるというわけではない。つまり，互いに協力的であれば人間であるというわけではない。人間が非協力的であるという証拠はいくらでも挙げることはできる。協力論の古典であるクロポトキン『相互扶助論』では，「人間が協力的である」とする実例が数多く挙げられているが，それと同じくらい，「人間が非協力である」とする実例を挙げている<sup>(注4)</sup>。

　けれども，人間は常に互いに非協力的な他者と付き合う可能性があり，その関係を協力へ転換させ得る，という共通の課題と可能性をいつも持っている。この点で，協力性が常に人間に求められているという限りにおいて，他者に働きかける可能性を持っており，この意味において，

協力性あるいは協力可能性は，人間活動の本性である。協力活動を成立させる過程において，誰と出会い，どのような集団に参加し，連鎖的な関係を発展させることができるか，というような「中間的な構成」の組み合わせを考える必要に迫られている。翻って，人間活動は，いくつかの段階に分かれている，協力性という性質を根本的に持っている。

　人間が協力活動を行うのは，そこに協力が足りないからであり，その場面を転換するときに，潜在的なコミュニケーションを通じて，協力活動を起こそうとするからである。協力が必要とされるのは，協力がすでに存在しなくなったか，あるいは，存在が危ぶまれるようなところである。ということは，協力活動では，現実の協力そのものが問題とされる以上に，協力の潜在的な成立可能性が問題となるのだといえる。

## 4. 協力特性としての参加性

　第二に，社会的協力活動が成り立つためには，「参加性（participative）」が重要である。協力という活動に人びとが加わるには，最低限何らかの方法で，とりあえず，それに関与することが必要である。関係性を持たなければ，協力への参加はあり得ない。ということは，人びとがバラバラに分離されており互いに誰なのかもわからない状況が，現代には常に存在していることを，協力活動の前提としているということである。

　協力という活動に人びとが加わるには，誰かが最初に「始まり」をなさなければならない。そして，この始まりに対して，わたしたちは自分自身を加入させていくことになる。ここでもまたアーレントを引用するならば，「言葉と行為によって私たちは自分自身を人間世界の中に挿入する。そしてこの挿入は，第二の誕生に似ており，そこで私たちは自分のオリジナルな肉体的外形の赤裸々な事実を確証し，それを自分に引き受ける。この挿入は，労働のように必要によって強制されたものでもなく，仕事のように有用性によって促されたものでもない。それは，私たちが仲間に加わろうと思う他人の存在によって刺激されたものである」（同前：p. 203）と主張される。

　つまり，重要な点は，協力活動の参加レベルには二つの段階が存在す

るということである。協力の参加レベルと遂行レベルである。協力が始まる「参加」の段階と，協力が遂行される「過程」の段階である。協力を行う集団の形成に即して考えるならば，協力を行うメンバーとして認められ，それに参加することに「同意」あるいは「合意」する段階が，メンバーとして活動する前提条件として存在するといえる。そして，この参加の段階を意識することが，協力の基本的なあり方に絶えず影響を与える。もっとも，集団形成には，人びとの意識的な同意ということ以前に，メンバーの共感や共通認識が重要になる場合が多いといえる。絶えず，参加レベルに返ってメンバーの同質性を確保していかなければ，協力活動は不安定なものになる可能性がある。

　多くの人びとの集団参加の動機は，集団活動を楽しむためである。その集団に一度入会した後には，集団の各部分や全体の集団規則に則った責任が生ずるために，そこで社会性を要請されることになるが，それでも，集団としての強制はそれほど高いわけではない。その集団に特有な参加の条件がある。それは，参加者が自発的に，集団に合意して加わるものである。つまり，社会学者の R. M. マッキーヴァーが「アソシエーション（association）」と呼んだ性質を持っている[注5]。

　前述のジャズ・プロムナードに見られる協力活動の参加について考えるならば，後述するような，ビジネス社会における「契約（contract）」と比べれば，それほど強い義務を伴った強制力は持たない。けれども，それと同じような一つの類型に「協約（convention）」があり，ジャズ・プロムナードの協力の例はこれに当たる。ふつう，参加者が自発的に入会願いを申請して，それが規約に従って，集団に受け入れられるという慣習に従っている。このレベルでの参加はきわめて自発性の高い集団における協力活動であるといえる。この英語の言葉である convention における con には「共に」という意味があり，vene の語源に当たるラテン語 venire には「来る」という意味があり，全体として「共に集まる」という意味になる。このような意味から，意図的に集団を形成する傾向のある協力活動の場合に，「協約的な参加」ということが生ずるといえる。厳密に言うならば，人びとの合理的な理性と協約されたルールに従った

参加であるから，社会学者 F. テンニースの言葉を使うならば，「ゲゼルシャフト（利益社会）的参加」と呼ぶことも可能である<sup>(注6)</sup>。

　しかしながら，なぜその集団に参加するのだろうかということを考えるならば，集団に加わる以前の，前提となる問題があると想像される。もしわたしに音楽的な素養が多少あって，ジャズ・プロムナードに加わりたいと考えたときに，どのようなことがわたしに起こるだろうか，もう少し深く考えてみよう。ジャズ演奏者という集団の協力活動に入っていくには，上記のように複数者の参加が必要であり，さらに同じ楽曲を演奏するには，参加希望のわたしと人びととの間に，互いに協力し合い調和ある演奏を形成していくことに同意する，あるいは合意する必要がある。この場合，上記のように「意図的な同意」の場合もあるし，また後述のように「暗黙的な同意」の場合もあるが，ここで見られるように，同意によって参加が実現されていく。後者の場合には，参加という意識が存在する前に自然発生的に参加してしまっているために，すでに「参加されている」という状況で参加が起こっている場合も，後述するように見られる。

　このことから，これら複数者の間の参加であっても，必ずしも前述のような協約的な参加の状態のみが存在するわけではないことがわかる。それでは，どのような参加があり得るのか，ということが問題になる。上記で見られるように，それにはどのような同意が行われるのかということが，その参加条件を決定する重要な観点となる。

　わたしたちが集団へ加わる場合に，どのような参加状態がそこには存在するのだろうか，ということをここで考慮するために，次の参加レベルを考える必要があろう。この点で参考になるのは，前述のドイツ社会学のテンニースが行った「ゲマインシャフトとゲゼルシャフト」における区別である。協力活動への参加には，二つのレベルが存在すると考えられている。

　一つのレベルは，感性的なゲマインシャフトの段階で見られる参加のあり方である。ジャズ・プロムナードの場合には，ジャズが好きだ，あるいはもっと広く，音楽が好きだ，という「了解（consensus）」が参加

者の間に存在していて，協力行為以前に，潜在的なところですでに共感が準備されている，という認識である。すでに，集団に参加する以前に，これから参加する人びととの間に，音楽が好きだという了解が存在している。このような共通感覚としての感性的な一致が存在するか否かによっては，集団への結集には相当な違いが出てくることになろう。このような感性レベルの潜在的な参加条件を，ここでは「了解的参加」と呼んでおきたい。あるいは，この了解的な参加は，感性に近いレベルで行われる参加条件であるので「ゲマインシャフト（共同社会）的参加」と呼ぶことも可能である。潜在的な参加条件を満たした人びとがメンバーシップの可能性を持っている。

　もう一つのレベルは，理性的なゲゼルシャフトの段階で見られる参加のあり方である。上記の例で見てきたように，イベントへの参加については，音楽が好きだというレベルの了解的参加は自明であると考えられているので，通常は問われることはない。むしろ，実際に集団へ参加する場合には，参加に対しての自発的な意志を持っているか否か，という「協約的な参加」が問われることになる。この段階で初めて，正式のメンバーシップが付与され，参加が確定される。

　なぜここで，二つの参加条件が問題になるのか考えてみたい。それはやはり，近代社会の動的な性質に原因があると思われる。共感中心のゲマインシャフトの世界から，契約中心のゲゼルシャフトの世界へ移行したという基本的な進展が近代において存在してきたといえるが，その中で集団の協力関係のあり方自体が変化してきたのである。

　そこで，この変化が正常に移行できていれば，問題は生じなかったといえよう。けれども，近代化の中での社会的協力のあり方を観察してきた論者たちの中には，ゲゼルシャフト的参加のみでは，協力関係がうまく作用することができないことを指摘する人が少なくない。とりわけ，前述のテンニースの系統に属する社会有機体論者には，近代の協力関係の分離的傾向を批判する議論が絶えない。

　また，そもそも近代化の理論を導いた先駆的な啓蒙主義そのものの中に，「協約」の理論として発達していた「社会契約論」に対して，さら

**J. J. ルソー**
〔ユニフォトプレス〕

に深いレベルでの協力のあり方を提示するようなJ. J. ルソーの，個別意志を総計した「全体意志」に対して，「一般意志」のような考え方も存在していた。この問題は，ルソーの「一般意志」解釈問題と呼ばれているものである。一般意志を提示することで，全体主義的だ，とルソーを批判する文脈が存在するが，おそらくこの批判の文脈は論点を外してしまっている。ここで指摘したように，参加のレベルに二つのレベルが存在し，ルソーの提示はより深い「了解」的な参加条件を探るところにあったといえよう[注7]。

　ここで問題になるのは，なぜ深いレベルの参加条件を持つ協力関係のほうがよいとされるのか，という点である。ここに実は，社会的協力がなぜ生成され，成立されるのか，という疑問を解く鍵が存在するといえる。

## 5. 協力特性としての介在性

　第三に，社会的協力活動が成り立つための条件として必要とされるのは，「網の目（web）性」あるいは「介在（in-between）性」という，アーレントによって名付けられた活動特性である。具体的に協力活動が遂行されている現場では，協力活動は網の目性を強く持っている。協力活動は，人と人の間を結んで，網の目のような活動を生成している。協力という活動は，人に向けて発せられており，したがって人びとの間で成立している。つまりは，協力は人びとの間で活動が進行するという性質を持っている。人びとの関係は，「まったく文字通り，なにか『間にある（inter-est）』ものを形成する。……ほとんどの活動と言論は，この介在者（in-between）に係わっている。（中細）それが触知できないものであるにもかかわらず，この介在者は，私たちが共通して眼に見ている物の世界と同じリアリティをもっている。私たちはこのリアリティを人間関係の『網の目（web）』と呼び，そのなぜか触知できない質をこのような隠喩で示している」（同前：pp. 209-210）とアーレントは表現して

いる。協力性は，人びとの間に，介在者的な何ものかを発達させる特性を持っている。

　今日の協力活動で，介在者問題はかなり重要な位置を占めている。たとえば，介在者が発達して，当事者の代理として協力活動が行われる場面が，高齢社会の進展の中で増大してきている。後の章で取り上げられることになる，支援（support），扶助（aid），後見（guardianship）などの現代的な問題が存在する。直接的な協力活動と間接的な協力活動の違いがここでは問題とされる。

## 6.　「共有されたパスウェイ」としての社会的協力

　社会的協力とは，改めてどのような活動をいうのだろうか。前記のインタビューを導入として，社会的協力とは何か，単なる「協力」とどこが異なるのかを考えていきたい。その特徴を探るには，社会の中で多種多様にパターン化されてきている，協力パターンの類型をいくつかめぐって比較してみれば，よく理解できるのではないだろうか。まずは音楽実践における協力パターンというものを取り上げて考えてみたい。

　比較社会制度論の R. フィネガンの著書『隠れた音楽家たち』に従えば，ある特定の都市（英国のミルトンケインズ）で他者と共に生活する場合には，他者との間に，音楽活動などのさまざまな局面における「協力を行うパターン」を形成すると考えられている。フィネガンは，このような音楽実践などを通じて行う協力パターンのことを，「道」「通路」というものが人間関係の交流を比喩としていることに倣って，「共有されたパスウェイ（shared pathway）」と表現している。参加者たちが音楽実践活動を行う場合には，交流のパターンを分有（participate）していることが必要であるとした。どのようなパスウェイを通って，人びとが協力パターンを示すかによって，その社会における音楽実践などの生活のあり方が異なってくる<sup>(注8)</sup>。

　協力パターンのあり方を正確に示そうとすると，多種多様な社会的協力のあり方が存在するために，困難を感じてしまう場合が多い。これまでにも，「ネットワーク」，「アソシエーション」，「ワールド」，「グループ」

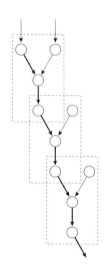

図1-2　協力の「共有されたパスウェイ」

などの機能的・有機的な表現が，社会行為論との関係で提案され，使われてきている。けれども，協力への参加者の体験を踏まえていて，しかも地元，地方，国レベルの集団に及ぶ関与をすくい取るような関係を表すような言葉としては，これらで表現するのは無理であった。けれども，協力パターンの共通経路が存在し，それを「パスウェイ（pathway）」と呼ぶことで，人間の協力関係に関する重要な一つの特徴が明らかにできるといえる。

　「ネットワーク」，「アソシエーション」，「ワールド」，「グループ」などの機能的な言葉と，「パスウェイ（小径）」という慣習的な言葉との決定的な違いは，協力における「時間の効果」を表すことができるか否かという点にある。フィネガンは，著書の中で，とりわけ音楽実践における協力パターンの特徴として，現場で発見された三つの特徴を挙げている。第一に，音楽バンド，合唱団，交響楽団それ自体は共同として成り立つのだが，そこへは，個人で参加する傾向が強いために，その参加形態は，一時的で部分的な「パートタイム」的特質も持ち，多様な傾向にあるとされる。第二に，短期的な個人参加が特性であるだけでなく，地域の集団に参加する場合には，習慣的で長期的な協力パターンをも示す

特徴を持っている。第三に，個人が互いに結びつくのは，小さな集団から大きな集団にまで拡大する柔軟なパターンを示す。協力パターンのあり方には，音楽を媒介として，人びとの間に介在する時間効果を多様に示す言葉を必要としている。ここでは，集団レベルの，習慣的で長期的な協力パターンが描かれている。

## 7.　まとめ

　協力とは，複数の人びとが集団に参加して，あるいは集団に参加させられて，そこで内外の人間関係を取り結んでいくことであるが，この集団特性に見られる協力性には，「複数性」，「参加性」，「介在性」などの性質が染みついている。実は，この性質は，意味するところの内容は異なるものの，すでに社会構成を論じた古典であるルソーの『社会契約論』で，それぞれの特性の輪郭はかなりの程度が表現されていると解釈することができる。ルソーは，社会での集団，それは国家であり家族であるのだが，これらの集団にはメンバーたちによって，次のような暗黙の合意がなされていると考えていた。本質的なところだけ取り出すならば，「われわれ各人は，われわれのすべての人格とすべての力を，一般意志の最高の指導のもとに委ねる。われわれ全員が，それぞれの成員を，全体の不可分の一部としてうけとるものである」（Rousseau ＝中山訳 2008：p. 41）という原則が存在するとした。「われわれ」各人は，社会契約に至る前は，「複数性」の性質を持っていて多様である。けれども，一般意志に仮託することで「参加性」を実現していて，これによって，全体の一部として結合して「網の目性」を獲得することができるのである。このようにして，ルソーは，「一般意志」をメンバー間に形成することで，集団の協力活動が成立すると考えたのである[注9]。パスウェイとして形成された「一般意志」が介在することによって，社会が成り立つのである。

　これまで，人間活動については，可能性のある，部分的な協力性，あるいは中間段階としての構成要素についての人間の協力特性が指摘されてきている。後の章で述べるように，交換，支配，互酬などの人間の相

互的な性格としての，典型的な社会的協力活動が言及されてきている。
たとえば，M. ウェーバーは，「支配」が人間の協力特性として重要であ
ることを指摘したし<sup>(注10)</sup>，アダム・スミスは，人間には「交換性向」
という協力特性が存在すると考えた<sup>(注11)</sup>。C. レヴィ＝ストロースは，
「互酬」に社会構造の本質をみている<sup>(注12)</sup>。ここで，支配的協力，交
換的協力，互酬的協力がパターン化されてきた。これらに共通する基本
的で一般的な社会構成の原理は，人びとの間に存在する「協力性
（cooperativeness）」であると考えられる。

　人間の活動は，人びとの協力活動から生成される。協力は，人間の生
き生きとした活動の性質を持ちつつ，他者へ向かう活動，すなわち「社
会的協力」の中に求めようとする活動である。哲学者のアーレントによ
れば，人間の本質について古代ギリシアのアリストテレスが「ポリス的
動物」と呼び，セネカが「社会的動物」と呼んで，人間が対立する他者
に対して，政治的に言葉で説得することができる能力を持つことを表し
ていたと解釈されている<sup>(注13)</sup>。

## 注と参考文献

注1） Hannah Arendt, The human condition, 1958　ハンナ・アーレント著．人間
の条件．志水速雄訳．中央公論社，1973
　＊引用文中の「複数性」は，上記邦訳では「多数性」と表記されているが，本書
では統一的に「複数性」の語を用いるため，表記を改編した。
注2） 木前利秋，亀山俊朗，時安邦治編著．変容するシティズンシップ―境界を
めぐる政治．白澤社，2011
注3） Howard S. Becker, Outsiders: studies in the sociology of deviance, 1963
ハワード・S. ベッカー著．完訳アウトサイダーズ―ラベリング理論再考．村上直
之訳．現代人文社，2011
注4） Pjotr Kropotkin, Mutual aid: a factor of evolution, 1903　ピョートル・クロ
ポトキン著．相互扶助論．大杉栄訳．同時代社，2012
注5） Robert M. MacIver, Community, a sociological study: being an attempt to
set out the nature and fundamental laws of social life, 1917　ロバート・M. マッ
キーヴァー著．コミュニティ―社会学的研究：社会生活の性質と基本法則に関す

る一試論. 中久郎, 松本通晴監訳. ミネルヴァ書房, 2009

注6) Ferdinand Tönnies, Gemeinschaft und Gesellschaft: Abhandlung des Communismus und des Socialismus als empirischer Culturformen, 1887　フェルディナント・テンニース著. ゲマインシャフトとゲゼルシャフト―純粋社会学の基本概念. 杉之原寿一訳. 岩波文庫, 1957

注7・注9) Jean-Jacques Rousseau, Du contract social, 1762　ジャン＝ジャック・ルソー著. 社会契約論. 中山元訳. 光文社古典新訳文庫, 2008

注8) Ruth Finnegan, The hidden musicians: music-making in an English town, 1989　ルース・フィネガン著. 隠れた音楽家たち―イングランドの町の音楽作り. 湯川新訳. 法政大学出版局, 2011

注10) Max Weber, Wirtschaft und Gesellschaft: Grundriss der verstehenden Soziologie, 1956　マックス・ウェーバー著. 支配の諸類型. 世良晃志郎訳. 創文社, 1970

注11) Adam Smith, An inquiry into the nature and causes of the wealth of nations, 1776　アダム・スミス著. 国富論. 杉山忠平訳. 岩波文庫, 2000

注12) Claude Lévi-Strauss, Les structures élémentaires de la parenté, 1949　クロード・レヴィ＝ストロース著. 親族の基本構造〈上・下〉. 馬淵東一, 田島節夫監訳：花崎皋平ほか訳. 番町書房, 1977-1978

注13) アリストテレス著. 政治学. 田中美知太郎ほか訳. 中央公論新社, 2009

## 🎧 研究課題

1. 「社会的協力」とはどのような活動なのか。具体例を示しながら, その特徴を挙げてみよう。
2. 人びとが集まることで及ぼす「集団効果」について, どのような集団効果が社会に存在するのか。いくつかの例を挙げて分類・説明し, 考えてみよう。
3. 協力活動の特性をいくつか調べ, 比較検討してみよう。

# 2 | 協力にはどのような類型が あるのだろうか

　協力活動とは，複数の人びとが集団に参加して，「協力する側」と「協力される側」との間で相互作用関係を取り結んでいくことである。社会で見られる協力活動には，集団の特性に合わせて複数の類型が存在することが知られている。この多様な行動を示す人びとが協力活動へ参加していく場合に，どのようなパターンを見せるのだろうか。この章で，支配型，交換型，互酬型などの協力活動の類型について，第4章以降で個別に見ていく前に，おおよその全体像を見ておきたい。

《キーワード》　協力活動の類型，支配型協力，交換型協力，互酬型協力

## 1．相互作用としての社会的協力

　社会的協力とは，「協力する側」と「協力される側」との間に行われる社会的相互作用である。支援，援護，補助などの典型的な協力活動は，これらの協力活動を媒介として，「協力する側」と「協力される側」とが社会の中で生成され，相互に作用を及ぼすのを見ることができる。協力体制を維持するためには，その体制に対して，「協力する側」と「協力される側」の間に信頼を生み出すような，制度的な相互性を維持する必要がある。相手の了解を得ない協力活動は，短期的には存在し得ても，最終的な協力を得る活動にはなりにくい。人びとの間で同一のレベルを確認するところで，協力の基礎が作られる。

　第1章で見てきたように，ここでは「協力性」という特性が集団の中では，あるいは集団間では見られることになる。協力性において，参加する人びとの同化が確かめられ，協力活動が発揮される。このときに，人間の示す協力性では，第一に，複数の「他者」を相手にして協力活動が行われる可能性があり（複数性），第二に，人びとが共通の理解を得

るために協力活動に「参加」する条件を満たす必要があり（参加性），さらに第三に，介在者による「網の目」的で有機的な関係を形成する可能性がある（介在性）。人間活動である協力は，これらの共通性を持っている。これが，前章で得られた協力性の特徴である。

　この第2章では，協力活動がこれらの共通性を示すと同時に，人びとの協力に参加する環境に合わせて異なる類型を示し，それに従って，異なるパスウェイ（小径）を発達させることを見ていくことにする。ここでは，複雑な経路の中で，どのような道筋を辿って，協力活動が発展していくのか，が問われることになる。たとえば，「支配タイプ」，「交換タイプ」，「互酬タイプ」，「自給タイプ」などの類型に依存するような，異なる協力のパスウェイを見ることができる。パスウェイが時間を経て，各タイプが重なり合い，さらに深い関係を結び合っているのを見ることができる。

　このような協力関係のパスウェイを発達させる人間活動の性質で，最も重要な点は，なぜ一人よりも二人，あるいは三人以上のほうが社会的に有利であるのか，という協力の重層的な視点である。この説明について，現代の社会では，きわめて多様な理由が存在してきており，社会的協力に関してなぜこれほど多様な経路が並存するようになったのかを，わたしたちは正当に位置付けておかなければならないと思われる。社会の中で，一者関係から二者関係，さらに三者関係へと協力関係が複合化し，重層化する過程を見ていくことになる。ここでは，社会学者 M. グラノヴェターによって「埋め込み（embeddedness）」と呼ばれた状況が存在する。協力関係は単に経済的理由によって生ずるだけでなく，政治的・社会的理由とも複合的な状況を作り出していることを理解する必要がある。

　第1章で見た事例に沿って理解するならば，横浜ジャズ・プロムナードでは，四つのタイプの協力関係が見られる。まず，（1）主催者と演奏者との間には，雇用主と雇用者というヒエラルヒーの視点での「支配タイプ」の協力関係を見ることができる。また，（2）演奏者と参加者との間では，音楽を「提供する側」の演奏者と「提供される側」の参加

者との間に，サービスを提供し，貨幣を受け取るという経済取引の「交換タイプ」の協力関係を見ることができる。さらに，（3）主催者とボランティアとの間では，ネットワークが形成され，「互酬タイプ」の協力関係が形成される。そして，（4）ボランティア自身にとっては，ジャズを楽しみつつジャズの提供の手助けをするという，いわばコンサマトリー（自己完結的）の意味において，「自給自足タイプ」の自分自身による協力関係が形成されていると考えることができる。

　ジャズ・プロムナードの催しの中では，複数性・参加性・介在性などの協力関係の複合的な形成要因を見ることができると同時に，支配・交換・互酬・自給自足の各タイプの協力関係が重層的に，かつ時間を経て「埋め込み」が行われてきていることを観察できる。

## 2. 社会有機体としての社会的協力論

　社会的協力における「社会」とは何かという問いについて，「社会とは，異なる個体が相互に奉仕（service）し合うことによって成立する集団を指す」と答える交換論的な考え方に対して，根本的な批判を与えたのは，フランスの社会学者 G. タルドである。タルドは，社会有機体説の議論を取り入れて，機械論的な議論とは異なる議論を展開しており，協力論の補強に役立つ議論を提供している<sup>(注1)</sup>。

　上記の「相互奉仕」による定義に付きまとう，功利的な経済的交換の考え方に対して，タルドは，「各個人は互いに相手が有用であるかどうかによって結びつくのではなく，法律が定めた権利や広く受け入れられた慣習や伝統によって双方的に（あるいは一方的に）結びつく」という法社会的観点を導入した。そしてさらに，政治的・宗教的観点として社会的紐帯<ruby>紐帯<rt>ちゅうたい</rt></ruby>の観点を紹介している。つまり，「すべての成員が同じ信仰を共有したり，同じ愛国心から協働したりすることによって結びついているとき，その紐帯は各成員の個別的欲求とは切り離されたものであり，彼らが互いに奉仕しあうかどうかということは問題にならない」とする連帯を中心とする社会的結び付きの重要性を指摘している。協力性を考える場合にも，同様にして，合理的に説明できる経済的要因ばかりでは

なく，非合理的な社会的要因についても考える必要がある。

　社会的協力関係を見るときに，単に経済的関係のみ見るべきではなく，社会に埋め込まれた社会関係として見なければならない，という議論を早い段階で展開したのは，経済史家 K. ポラニー『大転換』である。この考え方は，社会的協力に関しても検討すべき議論となっている。

**K. ポラニー**
〔ユニフォトプレス〕

　交換による協力関係は，人間の経済活動の基本として存在し，経済取引を成立させる基礎となっている。後の章で詳しく見ることになるが，交換的な協力活動とは，A の持っているものを B が手に入れ，その代わりに A の必要としているものを B が与える。このような相互協力の関係を得れば，AB 双方ともに相互便益を得られたり，あるいは相互義務を果たすことができたりする，という協力関係が人間社会には発達してきたといえる。

　けれども，このように言ったからといって，社会の中で観察される実際の「交換」という観念はそれほど明確なものでもない。第5章で指摘されるように，「囚人のジレンマ」などの状況を生み出してしまう場合も存在する。また，時には広い意味において，交換はいわゆる互酬関係まで含んで指示される場合もある。そして時には，贈与関係さえも交換関係の部分的な構成要素として認められ，交換観念に含められる場合もある。つまり，交換に見られるいわば相互的関係というのは，場合によってさまざまな意味を持ち得る，ということにも一応注意を払っておくべきだろう。とりわけ，市場や政府などの近代社会で発達を見たフォーマルな組織以外の経済活動が行われる場合には，コミュニティや家族の中で，むしろインフォーマルな仕組みも同時に選択される場合も少なくない。

　このように考えると，人間が，この交換という仕組みのみを便利なものである，と近代になってからずっと考え続けてきたことは，たいへん不思議なことのようにも思われる。なぜならば，ほかにも贈与（gift），

互酬（reciprocity），自給自足（autarky）などのように，交換とほぼ同じように働く仕組みが存在するにもかかわらず，交換という観念だけが現代の経済社会で特別に優勢を誇っているからである。ポラニーは，これはなぜだろうか，と疑問を投げかけている。

ポラニーは，現代のように交換経済が支配的な状態であっても，未開経済で多く見られた資源配分の経済システム原理である，再配分（redistribution），互酬（reciprocity），そして家政（householding）がこの現代の経済社会でも同時に存在し得ることを示した。再配分は上記の贈与システムを多く採用することで知られているし，また家政では上記の自給自足経済が採用されている(注2)。

過去の遺物のように考えられる経済制度の互酬，再配分，そして家政が，この現代の経済社会でも同時に存在し得るといえる。市場交換では，個人と個人との間にほぼ1対1の財貨の取引が成立するのに対して，互酬ではトロブリアンド諸島のクラ交易で見られたように，あらかじめ定められた集団間で，とりわけ対称的に組織されたものの間に財貨の義務的な移動が生じる(注3)。ここで「対称的」という意味は，財の送付についての義務を果たすべき相手がすでに双対として確定しており，このパートナーとの関係が対称的であるということである。ここでは財の送付は，表面的には一方的に行われるとみられる。双対組織の対称的なAとBとの間には，義務の有る人と無い人というように，双方の間に財の移動義務が確定されている。そして，AからBに物が送られたとき，交換のようにBからAに反対給付が返されるのではなく，BからCに物が送られ，さらにCはDに送り，そしてDは最終的にAに送る。もしグルグルとA，B，C，D，Aとまわるような物の流れがルール化されているならば，Aは最終的には他の人から贈与を受けるという形をとることを通じて，交換とほぼ同じ仕組みを得ることになる。もし互酬というメカニズムが成立していれば，交換という仕組みを利用しなくても通常の交換とほぼ同等の経済活動が成立する場合もあり得ることになる。たとえば，血液の流通では，献血システムが働いており，この互酬が成立している。

　また再配分では，エジプトのピラミッド建設で行われたように，財貨が一度中央に向かい，そしてまた再びそこから出てくる中心性パターンを表すような移動を示すことになる。また，これらとは異なり，家政はほかの経済システムと比べて，閉鎖的な自給自足パターンを示すところに特徴がある。たとえば，ローマ時代のファミリアのような奴隷共同体，スラブのザドルーガのような家族共同体などの家族・共同体・荘園に見られる自給自足の生産体制をとる原理である。ここでは，自らの集団の欲求を満足させるためのみに生産を行うという点が特色であり，市場交換のように「利益を得るための生産」という体制とは区別されるべきものと考えられた。「自らの使用のため」にのみ生産が行われる，これが家政を支配する原理であるといえる。けれども，今日純粋な形で家政システムが働いているような社会を見つけることは，たいへん困難になってきている。

　このような関係は図示してみると明瞭に理解できる。図2-1を見ればわかるように，支配関係（あるいは贈与関係）が確立しているならば，少なくともBにとってはAを通じて必要なものが手に入るのである。たとえば，現代では政府が行う公共経済の福祉サービスの多くがこのよ

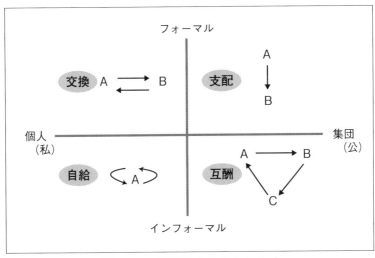

図2-1　経済社会の協力タイプ

うな供給体制をとっている。また，贈与関係が鎖のように結ばれるならば，最後には交換関係と同様の効果をもたらす，いわゆる互酬関係を形成することも可能である。今日の社会保険の多くは，このようなメカニズムに従っている。さらに言うならば，もし自給自足経済で十分充足される場合には，そもそも交換関係を必要としなかったはずである。しかしながら，実際には，産業社会と消費社会では，意識的であれ無意識的であれ，交換関係が多用されているのが現実なのである。

　おそらく交換以外のこれらの原理が，経済社会を支配する単一の原理となることはないだろう。また逆に，今日の交換を使用している市場制度も，それのみでは機能することができずに，ほかの経済原理と組み合わせて使われているのが現実である。ポラニーは，たとえ「利益のための生産」が行われていようとも，そこに「自らの使用のための生産」がほんのわずかでも同時に存在するならば，その限りにおいて市場交換以外の原理が働いていると認めている。現代経済の中では，おそらく家族内やコミュニティ内での非営利のサービス提供がその典型であるといえる。ボランタリーな活動では，自らの目的の必要を満たすためだけに，これに応じたサービスの生産が行われるからである。

　ポラニーの指摘は，経済システムが社会の中に埋め込まれていることを指摘したことにとどまるが，協力関係においても，贈与（gift），互酬（reciprocity），自給自足（autarky）関係と同様に，「支配タイプ」，「交換タイプ」,「互酬タイプ」,「自給タイプ」などの各類型が複合し，かつ重層化して社会の中に存在することを認識することが重要な点である。本書では，「支配タイプ」は第4章，「交換タイプ」は第5章，「互酬タイプ」は第6章でそれぞれの基本的な特性を探ることにする。

## 3. 近代システムにおける協力関係

　近代システムの中では，「国民」であること，「市場参加者」であること，という大規模な近代システム上でのメンバーシップが重視され，そこには政府と市場という二つの大きな力が働いてきた。一つは，封建的な社会の中で隠れていたような潜在的な力を顕在化させるものである。

今までコミュニティなどの中にあったような，お互いに言葉にできな
かったルールを法律という形で形式化させ，そして普遍的なルールとし
て顕在化させる仕組みを発達させた。たとえば，ゴミ処理や公衆衛生な
どが典型例だが，これが政府や国家の役割となって，大きな力となって
いった。

　もう一つは，経済の力であり，宗教的な精神が次第に世俗の産業精神
へと育てられ転換されていき，企業組織や市場組織という形を取り，経
済を大きな世界に合わせて調整する役割を担うようになった。それまで
は，この力はコミュニティや家族の中で潜在化していて埋もれていた。
分業体制によって組織化し組み合わせることにより，近代的なルールの
もとで，互いに利用し合い，より生産性の高い経済システムを作り上げ
ることが可能になった。これらの顕在化された組織の秩序が，近代社会
の公式組織として整備されていった。また，これに合わせて，個人行為
の中でも役割の変化が進んでいったことも見逃せない<sup>(注4)</sup>。

　これらのフォーマル組織がインフォーマル組織を優越したのが近代社
会のシステムである。つまり，家族あるいはコミュニティの役割の変容
がこの事態を招いている。これらの事例で重要なのは，「フォーマル（公
式）とインフォーマル（非公式）」と「公（集団）と私（個人）」という
二つの問題群が交差する中で，社会のインフォーマルな部分での活動を
どのように考えるのか，という問題だと思われる。公私問題の議論でも，
公式的な枠組みの「市場 対 政府」問題のところまでは，社会的な，あ
るいは政策的な説明ができていると考えられる。しかし，インフォーマ
ルな部分については，まだモデル化されている部分は少ない。近代化の
進行の中で，同様にして，協力関係についても進行していったことを認
識する必要がある。

　これらの基本的な問題群を参考にして図式化してみるとわかるよう
に，「公（集団）と私（個人）」軸と，「フォーマルとインフォーマル」
軸の交わるところで，協力関係の4類型が可能となる。その場合に形式
的に整理をするならば，「公と私」の軸の中で公式の部分に属するのは，
私的でかつフォーマル組織である「市場（あるいは企業）」であり，こ

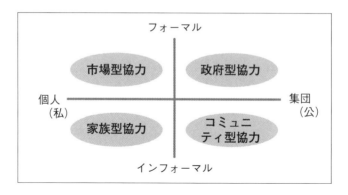

図2-2　経済社会の協力組織形態

れが中心となって「市場」が形成される。さらに公でフォーマルな部分に「政府」が分類される。また，インフォーマルの部分について見れば，私的でインフォーマル的な部分に「家族」が当たり，インフォーマルで公的な部分に「コミュニティ」が相当することになる〔図2-2〕。

　この分類図式で対比させて考えてみると，そこで問題となるのは，近代においてはフォーマル化領域の優勢が顕著であるという傾向である。小さな世界から出て，大きな世界における人間関係を発達させるために，近代化の中で，フォーマル的な方法が用いられる傾向が続いたのである。これらの近代システムは，次節で見ていくように，現代社会の中での各国が採用している経済政策の違いにも反映されていると考えることができる。

## 4. 協力関係のタイプと多様な経済政策との比較

　規制緩和，民営化などの新自由主義政策の多くが，日本をはじめとして多くの先進諸国政策に登場してくるのは，1980年代である。その背景には，1970年代の中東戦争の影響によるオイルショックなどを通過点として，それ以前から続いていた経済成長率低下傾向，生産性低下傾向，加えて物価上昇傾向が，社会の不確実性問題として浮かび上がってきたことにある。

　このような経済社会の構造問題は，近年始まったことではなく，あら

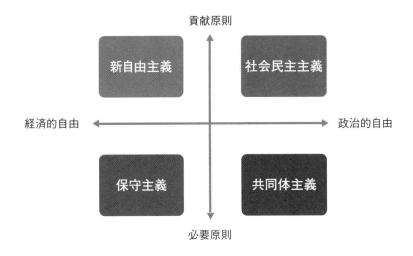

図2-3　近代社会のシナリオ（方向性）

ゆる資本主義国が直面してきた長期低落傾向を背景として持っていたことは間違いない。これらに対応するために，先進諸国ではいくつかの多様な政策群を用意してきている。

　近代社会の経済政策には，集団主義的な（collective）方法から個人主義的な（individual）方法まで，いくつかの手段に分かれる。これらの手段は，主として政府による手段を中心として形成される普遍主義的な「政治的自由主義」，市場経済を利用することで主として成立する個人主義的な「経済的自由主義」という二つの形態に分類される。最も普遍主義的な「社会民主主義」から，最も個別主義的な「新自由主義」まで，考え方の理念型を示すことができる〔図2-3〕。

　さらに，資源配分方法について，これらの経済政策群は二つの特徴ある傾向に分かれることになる。一つ目は，貢献原則である。功績に応じた配分を行い，比例的な配分原理を持つものである。「働かざる者食うべからず」という基本原則を持っている傾向である。これに対して，二つ目のものは，必要原則である。個人・集団が抱いている必要に応じた配分を行うものである。もし人びとの必要というものが平等のもとにあると仮定するならば，平等主義的な分配が行われることになる。けれど

【国民負担率＝租税負担率＋社会保障負担率】 【潜在的な国民負担率＝国民負担率＋財政赤字対国民所得比】

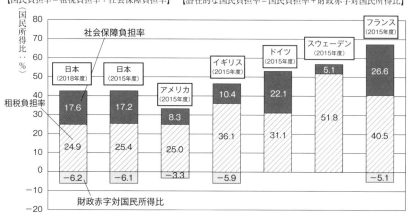

出所）日本：内閣府「国民経済計算」など，諸外国：OECD関連データ。

**図2-4　国民負担率の国際比率**

も，この「必要」の基準が人びとの中で異なるならば，異なる必要基準のもとで複雑な配分を考えなければならない。

　上記について，とりわけ注目されるのは社会保障政策である。普遍主義的な方法から個別主義的な方法までいくつかの手段に分かれる。これらの手段は，主として政府による手段を中心として形成される「公助」，家族やコミュニティ，さらに集団における協力を中心として成り立つ「共助」，市場経済を利用することで主として成立する「自助」という三つの形態に分類される。最も普遍主義的な「公助」から，最も個別主義的な「自助」まで，考え方の理念型を示すことができる。そして，図2-4に示されているように，この公助，共助，自助の相違は，社会保障負担の違いや国民負担率の差となって，現実に表れている。

　従来は，これらの手段がそれぞれ独立に行われる傾向にあったために，「公私分担」政策が模索されてきたが，けれども「市場の失敗」と「政府の失敗」という問題に直面したために，近年ドイツのA. エヴァースやスウェーデンのV. ペストフたちによって，政策手段を組み合わせたり，中間的な手段を模索したりする「福祉ミックス」政策が提案されてきている。彼らの分類によると，「政府」による手段と「家族あるいは

**図2-5　福祉の三角形（A.エヴァース）**

コミュニティ」による手段と，さらに「市場」を使用する手段が混合されて政策手段が提案されている〔図2−5〕<sup>（注5）</sup>。

　ペストフの図式に従えば，「市場」と「政府」は，インフォーマルな（非公式的な）活動を主体とする「家族あるいはコミュニティ」と異なって，取引や組織などのフォーマルな（公式的な）手段を提供する点で，共通点を持っている。近代に入ってからは，世界の中で通用する普遍的なコミュニケーションが必要であったので，このような貨幣や法律のようなフォーマルな手段が幅を利かせる世界が現出したのである。これに対して，営利的な活動を中心として活動する「市場」に対して，「政府」と「家族あるいはコミュニティ」は非営利的な世界を繰り広げてくれる点で共通している。

　このような経済政策のミックスモデルを，経験的に観察される欧米各国での福祉政策などの経済政策モデルの分類に利用したのが，エスピン－アンデルセンである。彼は，どの手段が中心を占めるかによって，経済政策のシナリオがおおよそ三つ，あるいは四つに分かれることを指摘している<sup>（注6）</sup>。

　（1）市場の効率性を重視した米国や英国などの「新自由主義」型，（2）政府による公平性の実現を考慮したスウェーデンやノルウェーなどの北欧諸国に特徴のある「社会民主主義」型，さらに（3）家族などの親密な関係を重視するフランス・イタリアなどの南欧諸国を中心とした「保守主義」型であり，（4）コミュニティなどのインフォーマルな

組織を重視するドイツなどの「共同体主義」型である〔図2-3〕<sup>(注7)</sup>。

　これらに見られるように，現実とモデルが対応関係にあることを示そうとした。現実の経済政策は状況依存的であるため，このような分類がどの程度現実に適合しており，それが有効であるかについては，いくつかの疑問や批判が提出されているのも事実である。たとえば，国営企業の数については，必ずしも社会民主主義国で多いわけでないという指摘もある。したがって，実際に根拠のある一般化が行われているかについては，慎重な吟味が必要である。単なる経験の一般化を行うのではなく，根拠ある一般化が求められている<sup>(注8)</sup>。

　第一に，米国を中心として採用されている「新自由主義」型の社会保障政策を挙げることができる。政策上の効率性を重視して，自助を中心とした政策に特徴がある。特に，米国の政策にこれらの特徴を見いだすことができる。

　まずここで，挙げることのできる新自由主義型の特徴は，最低限の保障として設けられている社会保障政策であっても，それを享受する「受給資格の範囲」が狭く限定されている点にある。たとえば，それらは生

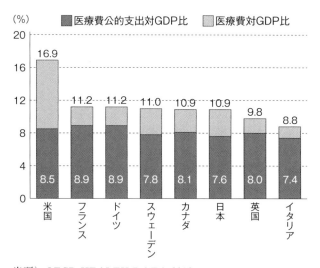

出所）OECD HEALTH DATA 2018.

図2-6　医療費対GDP比率（2018年）

活保護の適用範囲が資産調査や所得調査を通じて限定されることに見ることができる。次に，社会保険の設置範囲が狭いという点も指摘できる。このため，米国の健康保険に見られるように，私保険では「リスク分散」機能としてカバーできる範囲もきわめて限られている。

　これらの結果として，この新自由主義型のもとでは，公共経済が提供する福祉サービスはきわめて限定されるため，市場経済を利用せざるを得ないという特徴が見られる。それは，たとえば米国に見られるように医療費における個人支出の高さに表れている〔図 2−6〕。

　第二に，北欧で多く採用されている「社会民主主義」型のシナリオを社会保障政策の二番目の典型例として考えることができる。デンマーク，ノルウェー，スウェーデン，フィンランドに共通しているのは，各国の歴史を見ればわかるように，安定した社会民主主義政権が長きにわたって社会保障政策を担当したために，その特色である普遍主義的な傾向が政策に表れてきている点である。このような継続した政策の考え方はGDP や国民所得に対する社会保障費比率の高さに顕著に表れている〔図 2−4〕。

　このような量的な特徴ばかりでなく，社会保障の給付基準についても，資格範囲を最大限に広く取ることが目指され，公平性を重視する政策が採られてきている。そして，とりわけ特徴があるのは，介護などの社会福祉サービスの占める割合が，ほかの「新自由主義」モデルや「保守主義」モデルに比べて，かなり大きい比重を占めていることである。これは，民間の営利団体に福祉サービスを委ねようと考える方式とは一線を画していて，非営利的な公共サービスにその役割が期待されていると考えることができる。言葉を変えれば，市場経済からの脱却という特徴が色濃く表れている。

　第三に，「保守主義」型の社会保障政策モデルを分類することができる。南欧では，教会の強い影響力があったので，これらの勢力と結び付いた非営利団体が社会保障の多くの部分を伝統的に担ってきていた。また，集団で加入する社会保険制度に関しても，それほど違和感なくさまざまな方式で取り入れられてきていた。共助システムは古くから，準備

されていた。

　また同様にして，教会の存在は，伝統的な家族制度や堅固なコミュニティが維持されるのを助けた。この結果，家族内で調達可能なデイケアなどの福祉サービスはあまり発達しなかった。これらの国によっては，社会保険制度が未就労の主婦を対象とせず，代わりに家族手当を充実する方法を採ることもあった。このように，このモデルでは，家族主義を重視する傾向があり，その結果，新自由主義モデル同様に公共サービスを抑制する傾向を見せるが，それは市場を用いるからではなく，家族との間で代替的であったからである。

　問題は，日本の社会保障政策の位置付けである。従来，伝統的な日本的家族制度や日本的経営などが依然として有効であるとして，日本の社会保障政策は「保守主義」型ではないかと考えられてきた。けれども，日本における経済体制の変化や国民負担率の低さなどから判断すると，日本は「新自由主義」モデルに近接しつつあるのを見ることができる。いずれにしても，協力活動には，その社会に適合する協力のタイプが存在することが確認できる。この章では，交換型，支配型，互酬型などのタイプが，その社会のあり方や政策の方向性と類比的な関係を結んできていることを見てきた。

## 注と参考文献

注1）　Jean-Gabriel Tarde, Les lois de l'imitation, 1890　ガブリエル・タルド著.
　　　模倣の法則. 池田祥英, 村澤真保呂訳. 河出書房新社, 2007
注2）　Karl Polanyi, The great transformation, 1944　カール・ポラニー著. 大転
　　　換—市場社会の形成と崩壊. 吉沢英成ほか訳. 東洋経済新報社, 1975
注3）　Bronislaw Malinowski；with a preface by Sir James George Frazer,
　　　Argonauts of the Western Pacific: An account of native enterprise and
　　　adventure in the Archipelagoes of Melanesian New Guinea, 1922　ブロニスワ
　　　フ・マリノフスキ著. 西太平洋の遠洋航海者—メラネシアのニュー・ギニア諸島
　　　における, 住民たちの事業と冒険の報告. 増田義郎訳. 講談社学術文庫, 2010
注4）　Robert L. Heilbroner, The making of economic society, 1962　ロバート・L.

ハイルブローナー著. 経済社会の形成. 小野高治, 岡島貞一郎訳. 東洋経済新報社,
1972

注 5 )　Victor A. Pestoff, Beyond the market and state: social enterprises and civil
democracy in a welfare society, 1998　ビクター・A. ペストフ著. 福祉社会と市
民民主主義―協同組合と社会的企業の役割. 藤田暁男ほか訳. 日本経済評論社,
2007

注 6 )　Gøsta Esping-Andersen, The three worlds of welfare capitalism, 1990
イエスタ・エスピン‐アンデルセン著. 福祉資本主義の三つの世界―比較福祉国
家の理論と動態. 岡沢憲芙, 宮本太郎監訳. ミネルヴァ書房, 2001

注 7 )　Adalbert Evers; Jean-Louis Laville (ed), The third sector in Europe, 2004
アダルバート・エヴァース, ジャン＝ルイス・ラヴィル編. 欧州サードセクター―
歴史・理論・政策. 内山哲朗, 柳沢敏勝訳. 日本経済評論社, 2007

注 8 )　Friedrich A. von Hayek. Rules and order: law, legislation and liberty, 1973
フリードリヒ・A. ハイエク著. ルールと秩序. 矢島鈞次, 水吉俊彦訳. 春秋社,
1998

## 🔔 研究課題

1. 協力の類型タイプの違いを整理し, 比較検討してみよう。
2. なぜ近代社会ではフォーマルとインフォーマルという動きが生じた
   のか, 整理・検討してみよう。
3. 経済政策の具体的な動きを事例として取り上げて, 協力タイプとの
   適合関係について議論してみよう。

# 3 │ 協力関係のフォーマル化と インフォーマル化

この章で考えてみたいのは，近代社会の発展の中で，「フォーマルな協力活動とインフォーマルな協力活動」の関係が，人びとの協力に対して，どのような影響を与えてきたのか，ということである。社会の中の協力組織は，近代社会の動輪たる労働や資本や技術などをつなぎとめながら活動してきたが，この活動に当たっては「フォーマル（公式）とインフォーマル（非公式）」というコインの表裏のような，社会を動かす関係を必要としていた。

フォーマル的なルールが存在することで，そのルールの合意を得ていれば，人びとの社会的な協力を容易に引き出すことが，しかも合理的にできたことが，近代社会特有のフォーマル化という動きを助長した。たとえば，18世紀の A. スミスが『国富論』で描いたように，ピン工場の分業では，一人が鉄を熔かせば，ほかの一人が鉄を延ばし，切断する作業を受け持ち，生産性を格段に上げることができたのである。これは企業組織においてばかりでなく，政府組織さらには市場組織においても，近代社会では同じように考えられフォーマル化が図られたのである。この章では，フォーマル化（公式化）という近代社会特有の動きがなぜ生じたのか，ということを考えてみたい。

**《キーワード》** 公式化，非公式化，ルール，近代化，標準化，動機付け，科学技術

## 1. 近代社会の基本原理

協力活動の示す基本的な運動に，「フォーマル化（formalization）」と「インフォーマル化（informalization）」がある。一人で行う活動には，ルールが必要ではないが，複数の人びとが参加する活動には，意図的な，あるいは暗黙のルールが存在する必要があり，それに従って，複数の人びとの間に「協力」という関係が成立することになる。意図的なルールに従う場合に，フォーマル（公式的）な活動が行われ，暗黙のルールに

従う場合に，インフォーマル（非公式）な活動が行われる。

　フォーマル化の進展は，近代社会の進展の中で，協力体制の分化を進め，より専門的な分野で効率的な協働が生ずる可能性をみせる。これらの分化現象が正当に理解されるためには，ここで有効な異化作用が生み出され，同時に，共通のコードによって相互に協力する人びとが同化される必要がある。これによって，協力における専門化と分化がさらに進むことになるだろう。他方において，インフォーマル化ではまったく逆方向を見せることになる。同化作用が先に表れ，これを通じて組織の同一性が保たれることになる。

　実際にフォーマル化によって，人びとの協力関係にどのような変化が起こるのか。社会学者のN.ルーマンは，イスラエルの家族コミュニティの仕組みである「キブツ」における変化を事例として挙げている。「キブツ」は，従来ユダヤ教によって支えられた自律的な共同生活を基盤として存在していた。けれども，新国家となったイスラエルの経済生産過程へ次第に組み込まれていった。この過程で，キブツを運営する経済性や収益性が重視され，経済計算に基づいた生産を行うことが求められるようになった。この結果，キブツでは未分化で，無限定的であった共同体的な生活は失われ，機能的で限定的な分業体制を認める生活へ転換していった，と指摘されている。

N. ルーマン
〔ユニフォトプレス〕

　また，中国の伝統的な村落を事例に挙げているが，伝統社会から近代社会へ移行した現代社会が，ほぼ普遍的に経験してきたフォーマル化運動をここにも見ることができる。これまで，「家族経営でなりたっていた村に工場ができて賃労働が入ってくると，家族によって統率されていた政治秩序ではもはやうまくいかないようになり，新しい政治秩序が形成されなければならなくなる。その場合，一般化を達成する手段として，全体システムの成員役割にかかわる一定の期待を公式化するという方法

48

が有効である」(Luhmann＝沢谷ほか訳　1992：pp. 111-112) と指摘されている。

　このような事例が共通に示していることは，キブツや伝統的村落においての協力関係の事実が存在する中で，どのような動きとなって表れているのだろうか。これらのフォーマル化という社会の動きの中で，共通して観察できるのは，「分化」という運動作用である。協力におけるそれぞれの人が担う機能や役割が専門分化して表れるという現象を，共通に見ることができる。

　フォーマル化における分化作用は，人びとがメンバーとして所属する集団の範囲，あるいは役割の境界を変化させる可能性がある。つまり，人びとの協力のあり方へ影響を与えることになる。従来所属していた集団の役割が機能分化することによって，より純粋で普遍的役割がフォーマル化によってその人に期待されるようになる。もっとも，小さな集団では，人びとの協力体制の最終的な調整は，「連帯」などの感情レベルの強い共通価値によって達成されることが多い。ここでの協力関係は，機能分化があまり行われておらず，強い感情的な紐帯によって支えられている。このような連帯的な同一性を持つ集団は，狭い範囲，小さな境界の中でしか維持することができないために，規模が小さく，発展への展開も少ないといえる。感情によって結びつけられる範囲は，家族，親族，コミュニティなどのインフォーマルな集団において，典型的に見られるものとなる。

　これに対して，一度これらの連帯による紐帯の外に出て，外部の秩序の中に身を置くことになると，感情的な結びつきによる協力関係が制限されてしまう事態が表れることになる。社会一般に普遍的に通用するルールのもとでないと，協力を築くことができないからである。特定の人，たとえば，母親や妻や子供の協力を求めるのであれば，感情に訴えることができるが，第三者の，つまりこれまで協力関係を持ったことのない人びとと広く一般に協力を求める場合には，感情レベルで協力関係を結ぼうとしても，うまくいかないであろう。

　とりわけ，大きな集団に発展すればするほど，協力体制を築くために

は，階層構造を取る必要が出てくる。なぜならば，1対1の感情的な対応ができなくなり，大勢の他者と付き合い，協力関係を結ぶルールを受け入れなければならなくなるからである。そして，自分の上司，上級の階層の人に対しては，友人として付き合うわけにはいかず，大勢の同僚の中の一人として，協力関係を結ばなければならない。上司には，ほかに付き合う多数の協力関係が存在することも，大きな集団の中では，意識しなければならないだろう。

　これに関係して，前述のルーマンは，社会学者 G. ジンメルの指摘を次のように解釈している。

　「ジンメル（1890）によって明らかにされたように，システムの分化によって，内部に対する異質性と同時に，外部に向かっては類似性が意識されるようになる。下位システムは同じ全体システムに属する他の下位システムとの違いをきわだたせるばかりでなく，それと同時に環境のなかに自らの同類を発見することになる。システムは分化によって自らの境界を壊してしまう。というのは，分化によってシステムは自らの下位システムがより

**G. ジンメル**
〔ユニフォトプレス〕

特殊な，それゆえまたより普遍的な方向づけをもつことを可能にするからである。互いに関係をもつことなく，はっきりとした区別のもとに自律的に活動する小規模な集団から，システムの境界を越えた類似性や関係を考慮に入れなければならないような複雑な社会秩序が発展してくる」（同前：p. 109）と考えられている。

　フォーマル化は，分化と同時に同化を含む全体運動として作用することになるのだが，それでも，分化が主たる動因となっていて，その特性を忠実に反映しているとみてよいだろう。しかしながら，繰り返しになるのだが，やはり分化作用は，それだけでは存在することができず，最終的には，統合的な作用をも必要としていることを明確にしておく必要がある。

## 2. フォーマル組織とは何か

　フォーマル（公式）組織とは，上記で指摘したように，同じ土俵に立つような，明示的なルール（規則）によって定義付けることのできる社会的協力のことである。典型的には，企業組織や政府組織などのように法律によってルールが明確になっている社会組織である。もっとも，組織が先か，ルールが先かという問題は常に存在しており，必ずしも定義があって，それに合法的な組織が成立した，という正統的な事例のみがフォーマル組織であるというわけではない。けれども，たとえ後付けであっても，明確なルールはフォーマル組織の必須の条件である。

　また，ここで言うところのフォーマル化とは，二分法の一種であると解釈できる。つまり，表と裏とを使い分けることで，社会的活動を成立させる方法である。表に出すフォーマルなほうを積極化させ，裏に回るインフォーマルなほうを消極化させることで，社会における活動に変化を与える近代社会のダイナミックな動きの一つである。そして，インフォーマル組織からフォーマル組織へ転換していくような，NPO組織の設立に見られるように，近代社会は，明らかに，この表に出る活動部分を積極的に後押ししてきたという傾向が顕著である。

　たとえば，すでに古典的な問題として位置付けられ，古くて新しい問題でもある，労働力というものを市場商品として扱う問題は典型例である。労働はそもそも社会的協力成立の要素の一つであるといえるが，多くの労働はかつて家族やコミュニティの中において，無償で商品化されることなく行われていた。つまり，労働は本来，インフォーマルなサービスとして行われていた。近代になって，多くの場合は不完全ではあったが，工場法や労働基準法，あるいは就業規則などのルールのもとに商品化が行われ，フォーマル組織の中に位置付けられるようになっている。インフォーマルからフォーマルへの転換の典型例である。労働のような基本的な活動でなくとも，家庭内サービスが市場サービスや政府サービスによって代替されてきた歴史も，フォーマル化の典型例として見逃すことができない。

　近年の事例をここで見ていきたい。行政によるフォーマル化のケースとして，所沢市の空き家対策を取り上げる。本来，家は私有財産だから，個人が管理すべきもので，インフォーマルな部分が大きい。けれども，近年放置される空き家が増加してきている。所沢市役所危機管理課防犯対策室の日高義行氏に話を聞いた。

日高：高齢化や遠隔地への居住・経済的な事情などで，所沢市内でも空き家が少しずつ目立つようになりました。その空き家が管理されないことによって近隣の住民の方が迷惑を受け，相談件数も少しずつ増えてきたところです。樹木や雑草などが繁茂して相談者のお宅に木が倒れてきたとか，葉っぱが落ちてきて雨どいが詰まるとか，害虫が発生するとか，そのような相談が多く寄せられております。平成21年の4月から所沢市では空き家の相談を一本化しました。危機管理課防犯対策室を窓口としまして，当時はまだ条例がなかったものですから，所有者に対しては改善のお願い通知を法的根拠もなく送っていたところです。所有者側からは，何の根拠があってそういう文書を送ってくるのか，という話が寄せられたものですから，やはり正式に指導していくという話であれば，指導の後ろ盾となるようなものがあるのがいいだろう，ということになりました。平成22年10月に全国初となる「所沢市空き家等の適正管理に関する条例」を施行しまして，適正に管理されない空き家の所有者に対して命令を含む指導を行い，環境の改善を求めることができるようになりました。

日高：条例ができたことにより，最終的に改善されないような場合には氏名を公表し，警察との連携の可能性が開かれました。所有者に改善の行動を起こすきっかけを与えることができました。実際に条例施行前から施行後で解決率自体も15％程度上がりました。最終的な効果を求めるならば，空き家問題では所有者自体が管理していっていただくのが理想のかたちです。どこに連絡すればい

いかとか，いろいろ手伝えることがあったら言ってくださいと
か，条例がきっかけになって地域の中でコミュニケーションが生
まれてくれば，よりよい地域社会の実現になるのではないかと考
えています。

　空き家対策では，所有者によるインフォーマルな解決が滞る場合が多
く，条例化することにより，公共分野に専門分化された機能がフォーマ
ルに発揮することが可能になった事例である。ここで見られるように，
フォーマル化の方法は，そのとき採用されるルールに従うことになり，
社会の表面に出す際に，この活動が制度化されて公式組織という面を強
く持つことになる。この制度化の過程には，ルール形成が行われること
になり，うまく慣習化できたものだけがフォーマル化されて残っていく
ことになる。人びとの協力というものは，合意された明確なルールに基
づいて組織化されることになる。このような明示的なルールは，近代に
なって，近代的官僚組織や企業組織，さらには近代的な市場組織が発達
するに従って，法律が整備され制度が大量に導入され，それでフォーマ
ル組織が形成されていった[注1]。
　ドイツの社会学者 N. ルーマンが指摘するように，企業組織論では動
機付けの問題としてフォーマル・インフォーマル組織の認識が起こって
きたという経緯を見ることができる[注2]。働くことの動機付けが不足
するという根本的な問題が企業内では生ずるために，それを補うために，
フォーマル組織のほかにインフォーマル組織が存在するという説明が行
われたが，それ以上のフォーマル組織そのものの説明はいまだかつて行
われてきていないのではないか，というのがルーマンの主張である。こ
の意見は正当だと思われる。むしろインフォーマル組織が先に「発見」
されて初めて，もう半分のフォーマル組織が注目されるようになったと
いう経緯がある。つまり，組織論の草分け的な研究である，E. メイヨー
や F. J. レスリスバーガー，C. バーナードたちの研究が，まさにこのよ
うな傾向を示していた[注3]。
　それでは，実際のところ，フォーマル化はどのように生ずるのだろう

か。ここでは，組織に関係して，なぜ明示的なルールというものの存在
が重視され，これが必要とされるのかということに注目したい。ルール
に則るものと則らないものとが存在するという二分法が，フォーマル
化論の中心である。したがって，前述のルーマンは，ルールによってそ
のフォーマル組織の成員資格（メンバーシップ）が決まるのだから，こ
の成員資格を持つか持たないかが，フォーマル化の分岐点であるとして
いる。近代システムの中では，「国民」というメンバーシップ，「市場参
加者」というメンバーシップが重視され，そこには政府と市場という二
つの大きな力が働いてきた。

　また，経済精神の変化がフォーマル化を進めた。宗教的な精神が次第
に世俗の産業精神へと転換されていき，企業組織や市場組織という形を
取り，経済を大きな協力関係に合わせて調整する役割を担うようになっ
た。それまでは，この経済精神の力はコミュニティや家族の中に潜在し
埋もれており，それなりの調和を保っていた。近代化の過程で分業化と
同業者の組織化が進み，近代的な国家や市場ルールのもとで，互いに利
用し合い，より生産性の高い政治経済の組織体制を作り上げることが可
能になった。これらの組織体制が顕在化され，近代社会の中で政府や市
場のフォーマル組織として整序されていった。また同時に，個人行為の
精神的変化がこれらの組織体制の中で進んでいった[注4]。

　近代社会ではフォーマル組織がインフォーマル組織を侵食したといえ
るのではないだろうか。政府と市場，そして家族とコミュニティの変容
が，このことを表している。第2章でも指摘したが，この点で重要なの
は，「フォーマルとインフォーマル」と「公と私」という二つの近代化
の問題群が入れ替わる中で，むしろ近代社会に残っているインフォーマ
ルな部分での協力活動を，どのように評価するのかという問題である。

　これらの基本的な問題群を第2章の図2-2（p. 38参照）を参考にし
て書き換えてみると，図3-1になる。この図からわかるように，「公と
私」軸と，「フォーマルとインフォーマル」軸の交わるところで4類型
が可能となる。フォーマルの部分に属するのは，公的でフォーマルな部
分の「政府」と，私的でフォーマル組織である「市場」あるいは市場の

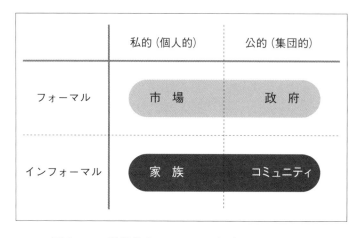

| | 私的 (個人的) | 公的 (集団的) |
|---|---|---|
| フォーマル | 市　場 | 政　府 |
| インフォーマル | 家　族 | コミュニティ |

図3-1　近代化のフォーマルとインフォーラム

中の「企業」であり，またインフォーマルの部分について見れば，私的には「家族」，公的な部分には「コミュニティ」が相当することになる。このフォーマルとインフォーマルの対比からみると，近代社会ではフォーマル部門がインフォーマル部門を押しのけ，圧倒的な優勢を保っていることがわかる。家族やコミュニティの小さな協力関係から出て，政府や市場の大きな協力関係への転換が図られたといえる。けれども，果たしてこのフォーマル化傾向をずっと続けることは可能だったのだろうか。

## 3. フォーマルな近代社会と時空間の拡大

　近代社会では，市場経済の進展と政府組織の拡大が起こり，これまで家族内やコミュニティ内で生産されていたようなサービス生産が，外部化し，市場や政府によって行われるようになってきている。フォーマル化が近代を進めてきたという面を持っている。

　たとえば，貨幣は，近代におけるフォーマルな社会的協力の典型例である。貨幣の求心力は，人びとの利得観念を刺激して，大量の人びとの動機付けを準備してきた[注5]。

　なぜこのような社会的協力の「大量生産」という事態が起こったのか

が問題となる。米国の経済学者 R. L. ハイルブローナーが三つの要因を挙げて，この説明を試みている。彼は，一体どのような強い力が心地よい安定した社会を壊し，代わりに誰も望まない社会を打ち立てたのだろうか，という近代の問題提起を行っている。ここで「誰も望まないような」混沌とした不確実な近代社会を統合するには，それに適合した近代的統合の方法が必要とされていたとする。

　上記の問題提起に続いて，彼は著書『世俗の思想家たち』の中で次のように指摘する[注6]。第一に，ヨーロッパにおいて国民国家という大規模な政治単位が次第に出現したことを重視している。つまり，農民戦争などによって疲弊を繰り返した小国の国王による初期封建制という孤立した統治は，中央集権的な絶対君主に取って代られた。たとえば，ヨーロッパの絶対王制，英国のエリザベス女王，フランスのルイ14世などが現れる。そして，国民国家のもとで，経済的取引が成り立つ条件が整備された。これらの条件は，国内のローカルな（局所的な）ものを国際的なグローバルな（地球規模の）取引に結び付けた。これらは，局地的取引から国内取引，対外取引（遠隔地取引）に広がるために必要な条件だった。すなわち，貨幣・度量衡・法律などの点で標準化が行われ，共通性が追求され長期的な取引が求められるようになった。ここでは小さな組織から大きな組織へ転換していく近代のダイナミックな動きが組織化の観点からも見ることができる。

　このような経済制度の整備には，市場システムと集権国家の力が必要とされた。つまり，個人の自由な経済活動を基礎的なところで支持するような，公共的な共通基盤が必要とされたのである。そして，このような経済活動に対する国家の介入は，一方において規制・統制を伴うものであったが，他方において広範な地域に商業取引を開放することになり，実質的には経済活動を保護することになったのである。

　実際には，小さなネットワークのもとで取引が行われ，その中でかなりの信頼性を得て，取引が盛んに行われる構造が明らかに存在していたにもかかわらず，それが大きな社会での大きなネットワークのもとで統合されるようになった。それまでには，かなり時間も費用もかかった。

経済発展の初期の段階では，国家の創り出す基礎がかなり大きな力を発揮することが知られている。

　地域の村落コミュニティでは，長老が支配するような小さなネットワークが存在し，封建社会の中であっても，それなりに完結した良い生活だったといえる。しかし，グローバリゼーションの波は，コミュニティの生活を転換し，より広いネットワークを必要とするような社会を作り出し，その広いネットワークを支えるのが国家の一つの役割ということになった。その後，さらに近代化は国民国家よりも広くなり，帝国主義や植民地主義の歴史を通過しながら，さらにグローバリゼーションの拡大が国民国家を超えて起こってきている。

## 4. フォーマル化と動機付け

　前述のハイルブローナーが挙げる経済社会変化の第二の要因は，宗教精神の衰退と産業精神の興隆という点である。このことが協力活動にとって重要であると考えられるのは，産業社会と消費社会での人びとの生活態度にこのことが重大な影響を及ぼしてきたからである。産業精神の浸透は，市場経済の中での企業組織の拡大というフォーマルな組織化を助長した。

　彼の言葉に従えば，次のようになる。イタリア・ルネサンスの懐疑的，探究的，人道主義的なものの見方の影響で，宗教精神が次第に薄れてきたことが重要であるとする。「現世は来世に肘鉄を喰らわせ，はねのけてしまった」という表現を使っている。現世中心主義が形成されていった。そして，次第に世俗生活が重視されるに従って，物質的欲求や世俗の幸福といった身近な観念が重要性を増してきた。中世の教会は商業活動や高利貸を罪悪視していたが，しかし，プロテスタントの態度は異なっていたとされる。俗界から解脱した禁欲生活を勧めるよりは，神から得た自らの能力を日々の生活の中で使うことが勧められたのである。そして，節約による蓄財と勤勉なる労働という世俗内における禁欲が人びとに広まった。このようないわば非宗教的傾向を示した，とハイルブローナーは考えた。

　また，このような宗教的な態度の転換と相呼応するように生まれてきた，富と労働に対する新たな認識は，英国のJ.ロックなどに見られる近代的合理主義の第一歩と決して無関係ではなかったといえる。宗教精神に代わって産業精神としての勤労が，生活の中で確立される必要があった。このような経済合理的精神を持った人物として，ドイツの社会学者M.ウェーバーは，米国建国時の英雄B.フランクリンを描いている。フランクリンは「時は金なり」という言葉で知られているように，働けば働いた分だけ報われると考える，近代の経済社会全般に見られる経済的な勤労態度を体現していた。

　この産業精神というものの浸透で最も重要な点は，働くことは良いことだという考え方が広まったことである。現代人のほとんどの人は，労働者として，どこかの企業に入るか政府に勤めるか，あるいは家業を継ぐという形で，必ず労働をする使命を帯びていると考えている。かなり金銭的に豊かであっても，資産を維持するためには労働をせざるを得ないし，家庭に主婦として入った人も主婦労働をせざるを得ないので，ほとんどの人が働くということに関して，人間の本質的な問題であると考えている。

　なぜ働くことがそれ程わたしたちにとって本質的な問題になるのか，なぜ働かなければいけないのかという問題は，ほぼ近代に入ってから生じたのであり，それを正当化する論理が近代システムの中には備わっていたということになる。この点で参考となるのが，図3-2である。

　ここでは，社会民主主義や新自由主義などの近代主義的傾向の強い国々と，保守主義的な傾向の強い国々との間で，就業率に差が見られる。近代主義的傾向の強い国で，労働意欲が強く出ている。労働動機の推移を見ると，神に仕えるために働くという働き方から，人間のために社会的協力を求めて働くことに，考え方が転換したといえる。産業精神が国民の中に埋め込まれており，働くことに対してかなり柔軟な姿勢を示す体制が確保されたことになる。もっとも，わたしたちがいつまでもずっと働いているのかというと必ずしもそうではない。過労は問題であり，自殺が多くなったり，あるいは病人が増えたりということが社会の中に

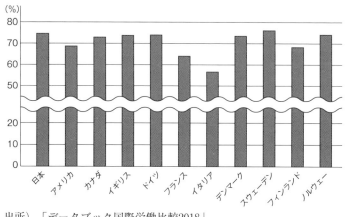

出所）「データブック国際労働比較2018」

**図3-2　就業率の国際比較（男女計）**

蔓延することは避けなければならない。つまり，労働の精神も，社会の
あり方との相関関係で決まっていることは確かなのだが，働く人びとの
動機付けがどのように確保されるのかが，重要視されるようになったと
いうことである。表立って働くことが，社会の中で認められるように動
機付けられ，働く組織が公式的なものと認められたことが，人びとを協
力の組織化へ大量に誘ったことになる。

## 5. フォーマル化と科学技術の発展

近代の経済社会変化の第三の要因は，科学技術の産業への応用という
点である。フォーマル化が科学技術の産業化と相関している。これに関
しても，単なる科学技術の発明や発見だけにとどまらず，ビジネスを通
じて，技術の動きが経済社会の奥深いところにまで浸透してきていると
いう点が，組織の問題を考える場合には重要である。この科学技術が産
業と相互作用を起こしたときに，どのような動きがフォーマル組織とし
て出てくるのかが問題である。

ハイルブローナーは次のように指摘する。「効果の浸透という点で見
逃せないのは，何といっても科学的好奇心の勃興である。技術が華々し
く開花するのはアダム・スミスの時代まで待たねばならないが，一連の

小産業的発見がその下地を用意していなかったら産業革命も起こりえな
かっただろう。印刷機・製紙工場・風車・歯車式時計・地図，その他多
くの発明は前資本主義時代すでに世に出ていた。発明という観念そのも
のが定着し，実験や創意工夫が初めて好意的な目で見られるようになっ
ていった」（Heilbroner＝八木ほか訳　2001：p. 55）と述べている。こ
こで強調しておきたいのは，科学技術の応用という点で現代の経済社会
はきわだっているということである。個別の科学的発見ではなく，産業
に結び付く公式的で標準的な技術が，人びとを協力へ導く道具として，
組織化されたことが重要である。

　西欧では，中世から近代にかけて，科学観の転換が起こる。その典型
は，キリスト教的自然観から，イタリアのガリレオ・ガリレイ，レオナ
ルド・ダ・ヴィンチなどの科学観へという動きに現れている。もちろん
科学観の転換は，ルネサンス期以前にも幾度か行われてきているから，
このこと自体は，経済組織にとっては，それほど重要なことではなかっ
たといえる。ここで，科学の発見と技術の開発の連鎖的な発展が生じて
きたということが重要である。

　なぜ連鎖的で，継続した発展が可能であったのか。ここで注目してみ
たいことは，この時期にとりわけ科学技術の蓄積が進み，それらが英国
をはじめとして起こった，いわゆる産業革命ということに影響を与えた
という点である。科学技術の発展が経済分野における産業の展開になぜ
結び付いたのか，ということである。この点では，それまでの，たとえ
ば古代ギリシアの科学的発見と比べてみればわかることであるが，科学
知識の発展そのものとは一線を画するものとなっている。

　たとえば，産業革命期の英国では，有名な J. ワットの例を挙げるこ
とができる。一般には，彼は蒸気機関を発明改良した人と考えられてい
る。よく知られているように蒸気機関というのは，石炭を燃やし，水を
蒸気に変えて，この蒸気の爆発力を利用するというものである。それま
で，牛や馬を利用して1馬力しか取り出せなかったものが，数馬力のエ
ネルギーを利用できるようになる。ところが，産業社会が成立するため
には，単に新しい技術の開発が成功したとしても十分ではない。それが

販売され，消費需要に結び付かなければ，実際には産業社会という動きにはならない。ここで，科学技術が産業・ビジネスといかに結び付いたのか，そこでどのような組織化が行われたのか，という観点が重要である。産業革命上重要なのは，ワットの技術的発明改良そのものというより，ワットが蒸気機関を使って，その後，産業のパートナーと一緒にビジネス事業を成り立たせようとした点である。彼らは独特の販売方法を編み出したことでも知られているが，社会の中の協力組織の観点からはむしろこの点が重要である。

　この結果，18世紀後半には，蒸気機関は製粉工場にも導入され，19世紀になると，機関車や蒸気汽船などの交通にも利用されるようになる。つまり，フォーマル組織としての企業がこれらの科学技術を採用して，採算のあうものとして，社会の表に出すことが必要だった。

　米国のL. マンフォードは『技術と文明』で，産業の技術段階を三つに分けて，組織との関係を描いている。この点からみると，近代化の過程では，組織は公式的なところで増大する傾向を示したといえる。彼は，中世までの「古技術」時代，そして産業革命期の「旧技術」時代，さらにそれ以降を「新技術」時代と呼んで特徴付けた。それぞれの時代は，主として使用される動力と原料に特徴があり，この技術状態が産業の組織も支配していた[注7]。

　古技術時代には，水力と木材による生産，旧技術時代には，石炭と鉄，さらに新技術時代には，電力・原子力と合金に特徴を見いだせるとする。このような技術状態が，産業・企業の人間組織にも影響を及ぼしていた。古技術時代には，地域の需要を満たすだけの生産規模でよかったから，生産組織の規模も親方を中心とした少人数の小規模なものであった。経済史のR. H. トーニィによれば，これらをつなぐ職人仲間のギルドは存在していたが，パリのような大都市でも数千人の加入者がいた程度であって，それぞれの親方は数人規模の職人を雇っていたに過ぎなかった。

　旧技術時代には，石炭が燃料として多用され，蒸気機関の発達のもとに鉄鋼業が発達していった。ここでは「工場制度」が成立するに伴って，数百人規模の組織が形成されるに至っている。14世紀には120人規模の

織物工場が現れたし，16世紀には英国で，すでに600人規模の織物工場が存在していた。明らかに，フォーマル組織の規模は増大してきていた。

　さらに，新技術時代には，大量生産が広がり，大企業が成長した。大量生産技術が実現されることになると同時に，大企業体制が先進諸国では一般的な形態となった。たとえば，Ｔ型フォードの自動車生産を行ったデトロイトの工場では，数万人規模の流れ作業による大量生産技術が使われ，大規模生産組織が形成された。

　このようにして，中世以来の産業革新は，組織に対して拡張を促す傾向を持ってきており，結果として「規模の経済性」などの経済効果が効率的な生産を助長してきた。けれども，このような傾向は，社会における組織のあり方としては，両極の一端なのであって，必ずしも普遍的な出来事ではなかった。近年は，むしろ逆に組織の縮減傾向を見せるに至っており，組織の規模に関しては，単一の傾向を示すのではなく，むしろ複雑な傾向を示すに至っている。

## 6.　フォーマル組織はなぜ必要とされたか

　社会学者のN.ルーマンによれば，フォーマルな組織を定義しようとすると，インフォーマル組織の定義から始めなければならないとする。そして，フォーマル組織に対しては，次のような特徴を挙げることができるが，理論的な定義は行われてきていない，としている。フォーマル組織は，「共通の目標への意識的な志向や仕事の計画的な調整もしくは合理的支配の手段によって，また定式化された規則，とりわけ成文化された規則や社会的方向づけの没人格性，もしくは企業経営の『職務的』期待によって，またヒエラルヒー的で分業的な職務組織によって定義されるか，これらの規定のいくつかを組み合わせることによって定義されてきた。……しかし，そこには理論的統一性が欠けている」（同前：p. 37）と考えられている。また，英国出身で米国の社会学者のR. M. マッキーヴァーは，組織のあり方を二つに分類している。つまり，アソシエーションとコミュニティを区別して描いている。アソシエーションは，フォーマルな組織であり，人びとが共同の関心や利害のために設立する組織で

あり，コミュニティは，それよりもっと広い，統合的な組織であると描いている。いずれにしても，組織を描くことは，結局のところ，フォーマルとインフォーマルの面をいずれも重視すべきだとしている<sup>(注8)</sup>。

　これらの社会学者の曖昧(あいまい)な定義に比べて，フォーマル組織はインフォーマル組織との相関関係によって成り立つとし，実際に組織を駆使した実践を行った組織論の米国人 C. バーナードによるインフォーマル組織の重要性の指摘は，さらに慎重さを感じさせる。これによれば，「インフォーマル組織とは，個人的な接触や相互作用の総合，および…人々の集団の連結を意味する。定義上，共通ないし共同の目的は除外されているが，それにもかかわらず，重要な性格をもつ共通ないし共同の結果がそのような組織から生ずるのである」。したがって，「インフォーマル組織とは，不明確なものであり，むしろきまった構造をもたず，はっきりとした下部単位をもたないということである。……形のない集合体であり，……どんなフォーマル組織にもそれに関連してインフォーマル組織が存在することが重要である」。この結果，「意識的なフォーマル組織の過程と比較すれば，インフォーマル組織は無意識的な社会過程から成り立っているが，それは，つぎのような二種類の重要な結果をもつ。すなわち　(a) 一定の態度，理解，慣習，習慣，制度を確立するということ。(b)フォーマル組織の発生条件を創造するということ<sup>(注9)</sup>」(Barnard ＝山本ほか訳　1968：pp. 120-121) と考えられている。もちろん，バーナードの定義は，企業内でのインフォーマル組織ばかりではなく，上記で指摘したような家族の周辺やコミュニティにおいても，同好会や友人関係あるいは親族関係などのネットワークにおいても通用するものである。そして，フォーマル組織に対して持つインフォーマル組織の機能は，第一にコミュニケーション機能，第二にフォーマル組織の凝集性を高める機能，第三に各人の個性を維持する機能を持つ。つまり，社会システム上，あるいは組織内において，インフォーマル部門は社会や組織の統合機能を発揮し，潜在的な価値の安定化を図るために有効な部門として存在してきている。

　おそらく，このようなインフォーマル組織の存在については，近代化

の中で多くの人が認識していたにもかかわらず，近代社会はフォーマル化を正面にすえてきた経緯をみることができる<sup>(注10)</sup>。なぜ近代社会はフォーマル化を必要としたのか。ほぼ三つの要因があると考えられる。ここで近代的な協力が結集される際には，いくつか複合的な特徴が見られた。

第一には，フォーマル化は，社会的協力をあたかも大量生産のように，大規模に作り出すことが可能であり，近代社会はこのような仕組みを求めていた。そして，企業や政府さらには市場において，近代特有の方法である合理的支配や市場交換などによって，それ以前の社会と比べると格段多くの社会的協力を手に入れることが可能となった。

第二には，人びとが社会的な協力を作り出すには動機付けの装置を必要としたが，この動機付けのための考え方の変化がフォーマル化に伴って起こった。中世までの「与えられる」ものとして，支配されるものとしての動機付けから，自らが「獲得していくもの」という動機付けの性格が強くなった。このための考え方の変化が近代社会で生じた。

第三には，科学技術の発展が近代的な協力のあり方へ変化を与えた。多くは機械技術を通じてだったが，そのことは機械設備を通じて，労働にかかわるフォーマル組織の問題への影響となって現れたのである。このようにして，近代組織はフォーマル化を一つの契機として，大量生産方式の大規模化への道を辿っていくことになる。

# 7. フォーマル化の限界

それでは今日，社会福祉分野で見られる介護サービスなどで，なぜこのようなフォーマル部門とインフォーマル部門との間において，境界中間的な組織の協力関係が増大するのだろうか。もしこれらの各部門がそれぞれに期待されている機能を発揮できれば，中間的な協力組織は不要であったはずである。ここで，これらの中で，協力関係の生成が必要となったいくつかの理由を考えていきたい。

第一に，「近代化」という社会変化は，フォーマル化を進めてきたといえる。旧体制の殻を破って新体制を形成する中で，家族やコミュニ

ティの機能がフォーマルな社会集団へ任せられるようになってきている。この過程では，家族・コミュニティよりも，市場・政府の力が優先されてきた。ところが，これに対して，市場や政府だけでは解決できないような問題が生じてきている。このような近代化への反省からインフォーマル部門の見直しが起こっている。けれども，ここでは未だ基本的に近代化という方向が捨てられたわけではないので，双方の力が均衡し合っている。そこで，これらの中間的な領域での組織化が中心となる傾向を見せてきている。

　第二に，グローバリゼーションは，これまで取引の存在しなかった地域同士や組織間を結び付けるために，取引を行う双方の間に不確実な状況を作り出してしまう。このような生活圏の広がりが起こっているところでは，たとえば市場や政府のグローバリゼーションによって，これまで共通性を持つことのなかった地域とのつながりが増えてきている。これらの生活圏には，当初は共通の情報が行き届かないことが起こってしまう。このような制度の非共通性という現象と，その結果から生ずる制度間の非対称性の存在は，他者との間の不確実な応対が迫られる状況を作り出してきている。たとえば，家族ケアによって行われていた病人や高齢者の介護が，施設ケアやフォーマル組織のケアに依存するようになる場合がある。ここでは，ケアを受ける人も提供する人もこれまでの生活習慣をすべて変えなければならない。このように，これまでの人生をすべて変えるような生活に入らなければならない場合には，生活圏の共通化という現象が生ずることになる。それぞれ異質であったそれまでの生活圏を「標準化」して，そのケアの範囲に応じた共通の生活圏を形成する必要がある。

　第三に，最も重要なことは，このようなフォーマルとインフォーマルの間でのミックス状況が生じており，ここで中間的な協力組織が生じてきていることである。これが生活の領域の上でも，また政策上の問題においても，一つの結節点を生み出し重要になっている。ここでのインフォーマル部門には，第一に社会の中では，インフォーマル組織がフォーマル組織に拮抗して存在する。つまり，家族やコミュニティが存

在する。第二に一つの組織の中で，それぞれのフォーマル組織のいわば
裏に密着して存在するインフォーマル組織を指摘できる。これらの二つ
の場合がある。双方ともに，中間段階で，構成員間のコミュニケーショ
ンの促進を図るために，インフォーマル部門を必要としている。
　ここでは，上記で指摘された現代のフォーマル部門とインフォーマル
部門との混合の可能性に関して，典型的な事例を取り上げたい。所沢市
役所の高齢者支援課の高橋淳一氏と伊藤宏康氏に，所沢市役所が行って
いる高齢者配食サービスについて話を聞いた。

高橋：所沢市の高齢者配食サービスは，所沢市が指定する配食業者がご
　　　自宅まで食事をお届けして，安否確認も同時に行うサービスと
　　　なっております。高齢者が安心して自宅で暮らし続けることがで
　　　きるように，このサービスは所沢市にお住まいの65歳以上の方
　　　であれば，どなたでも利用することができます。どの指定業者で
　　　も週6日の配食が可能となっておりますので，日曜を除くほかの
　　　日は毎日利用することができます。あとは，手渡しでのお届けを
　　　基本としていますので，利用者に異変があった場合には高齢者の
　　　総合相談窓口であります地域包括支援センターですとか市役所の
　　　高齢者支援課のほうに連絡が来るようになっています。

伊藤：配食サービスのメリットとしましては，日ごろ高齢者の方が偏っ
　　　たお食事をしてしまったり，そういった方もいらっしゃいます。
　　　お弁当を食べることによってバランスの取れた食事もできます
　　　し，日々の健康状態の改善にもなります。所沢市でやっている配
　　　食サービスはさらに見守りの機能もありまして，お弁当を利用者
　　　に渡すときに必ず手渡しで渡すというきまりがあります。手渡し
　　　で渡すことによって利用者の方の異変に気付いたり，もし異変に
　　　気付いた場合は関係機関に連絡していただいております。関係機
　　　関としましては高齢者支援課ですとか，または地域包括支援セン
　　　ターで，利用者の状態によっては救急車を要請したり，もし高齢

者の方に何か異変があった場合には業者のほうが対応する，その
見守りの機能もついております。

　社会全体の中では，家族やコミュニティの存在意義は，フォーマル部
門での役割よりは，インフォーマル部門における役割にある。けれども，
なぜ家族やコミュニティが生活の中間領域でかかわるのかといえば，そ
れは個人が政府や企業というフォーマルな部門に所属することに拮抗す
るからである。つまり，個人が生産にかかわるときに同時にインフォー
マルな家族やコミュニティが不可分な形で人びとの生活全体にもかか
わっているからである。また，組織内部について見ると，フォーマル部
門とインフォーマル部門の双方は，組織内での不可分のあり方であって，
コインの表裏の関係にある。フォーマル部門が良好に機能するためには，
構成員間相互のコミュニケーションを図るというインフォーマルな部分
が存在しなければならない。また，インフォーマルなコミュニケーショ
ンがフォーマルで有効な組織を構成して，初めて組織全体が統合的に機
能し，構成員のアイデンティティも統合される。これらの点で，市場や
政府が近代においてフォーマルに形成される中で，インフォーマル部門
というものは，表には現れないけれども，きわめて重要な役割を果たし
ていることを示している。

## 注と参考文献

注1） Max Weber, Bürokratie, 1921-22　マックス・ウェーバー著. 官僚制. 阿閉
　　吉男，脇圭平訳. 恒星社厚生閣，1987

注2） Niklas Luhmann, Funktionen und Folgen formaler Organisation, 1964
　　ニクラス・ルーマン著. 公式組織の機能とその派生的問題〈上巻・下巻〉. 沢谷豊，
　　関口光春，長谷川幸一訳. 新泉社，1992.3-1996.5

注3） Fritz J. Roethlisberger, Management and morale, 1941　フリッツ・J. レス
　　リスバーガー著. 経営と勤労意欲. 野田一夫，川村欣也訳. ダイヤモンド社.
　　1965

注4・注9） Chester I. Barnard, The functions of the executive, 1938　チェス

ター・I. バーナード著. 経営者の役割. 山本安次郎, 田杉競, 飯野春樹訳. ダイ
ヤモンド社, 1968

＊引用文中の「インフォーマル組織」「フォーマル組織」は, 上記邦訳では, そ
れぞれ「非公式組織」「公式組織」と表記されているが,本書では統一的に「フォー
マル組織」「インフォーマル組織」の語を用いるため, 表記を改編した.

注5）　Anthony Giddens, The consequences of modernity, 1990　アンソニー・ギ
デンズ著. 近代とはいかなる時代か？―モダニティの帰結. 松尾精文, 小幡正敏
訳. 而立書房. 1993

Robert L. Heilbroner, The making of economic society, 1962　ロバート・L. ハイ
ルブローナー著. 経済社会の形成. 小野高治, 岡島貞一郎訳. 東洋経済新報社,
1972

注6）　Lobert L. Heilbroner, The worldly philosophers, 1953　ロバート・L. ハイ
ルブローナー著. 入門経済思想史：世俗の思想家たち, 八木甫, 松原隆一郎, 浮
田聡, 奥井智之, 堀岡治男訳. ちくま学芸文庫, 2001

注7）　Lewis Mumford, Technics and civilization, 1934　ルイス・マンフォード著.
技術と文明. 生田勉訳. 美術出版社, 1972

注8）　Robert M. MacIver, Community: a sociological study: being an attempt to
set out the nature and fundamental laws of social life, 1917　ロバート・M. マッ
キーヴァー著. コミュニティ―社会学的研究：社会生活の性質と基本法則に関す
る一試論. 中久郎, 松本通晴監訳. ミネルヴァ書房, 2009

注10)　Friedrich A. von Hayek, Rules and order: law, legislation and liberty, 1973
フリードリヒ・ハイエク著. ルールと秩序. 矢島鈞次,水吉俊彦訳. 春秋社, 1998

## 🔘 研究課題

1．フォーマル組織とインフォーマル組織の違いを整理し, 比較検討し
てみよう。

2．なぜ近代社会では「フォーマル化」という動きが生じたのか,整理・
検討してみよう。

3．フォーマル化と近代社会の動きとの関係について, 具体的な事例を
挙げて論評してみよう。

# 4 | 近代的な協力と支配モデル

　この章の焦点は，協力タイプの中でも有力なモデルである「協力の支配モデル」とは何か，という点である。なぜ上下関係などの不平等な人間関係を，近代社会にまで導入して，人びとは協力関係を形成しようとしたのか，という点である。

　近代以前の社会では，人びとの結び付きが狭い範囲に止まるために，全人格的で濃厚な関係を形成する必要があった。このため，一度形成されると，固定的な人間関係が継承されるので，にわかに変更することのできない性質を持っていた。これに対して，近代以降の協力関係を主導することになった「支配」方式と「交換」方式では，契約によって部分的な遂行と譲歩で，共通のルールを設定することが比較的簡単にできることになった。けれども，実はこの共通ルールの設定には，表面的な意味のルールだけではなく，もっと隠された奥深い，集合的な力による共通ルールが存在していた。

　近代的な協力関係は，ここで二つに分かれることになった。二つとは，前述の「支配」方式と「交換」方式とであるが，この章では組織の中核をなす「支配」方式を見ていくことにする。近代組織では，ルールを定め，それに則って組織化が進められるという「フォーマル化」が進んだが，この過程でヒエラルヒー組織による縦関係の協力モデルが必要とされた。まずは本章で近代的な協力の支配モデルを見ていく。そして，次章で「交換」方式を見る。

**《キーワード》** ヒエラルヒー，支配，服従，統制，集権，合法的支配，官僚制，専門性，分業，弱い権力

## 1. 協力の支配モデル

　人びとは，なぜ互いに協力し合うのだろうか。近代社会が確立されて，人びとの協力活動が制度的な支えを得た結果，きわめて大掛かりで強力な制度的な装置を発達させることになった。それが，制度としての「市場」や「政府」である。これらによって，いわば協力の「大量生産」が

可能になった。市場や政府の組織では，近代的な制度のもとに，それまで以上に大量に人間関係が生成され，交換や支配などによる人びとの協力関係が形成されてきた。生活の中にある，目に見える部分の多くに，近代的な協力関係が浸透してきていた。その結果，商品をめぐる協力や行政サービスをめぐる協力は，かつてないほど大量に生み出されてきたのである。このような協力の結び付け方では，市場が行う「交換モデル」や企業組織や政府組織などの「支配モデル」が，家庭やコミュニティでの協力モデル方式を圧倒的に凌駕し，飛躍的な増大を実現していた。

## 2．ヒエラルヒーと上下関係

近代社会の進展する中で，ヒエラルヒー（Hierarchie）という方法が人びとの間の協力関係を組織化する社会的傾向が見られてきた[注1]。

ヒエラルヒーという言葉は，邦訳で階層制という言葉に当たる。語幹のヒエロという言葉が，ギリシア語の「神聖な」という言葉に当たる。つまり，そもそもは聖職者の階層的支配を意味している。

どのような人間関係においても，社会から取り出してみると，そこに上の階と下の階という，二つが対になる階層的関係がほぼ存在する。な

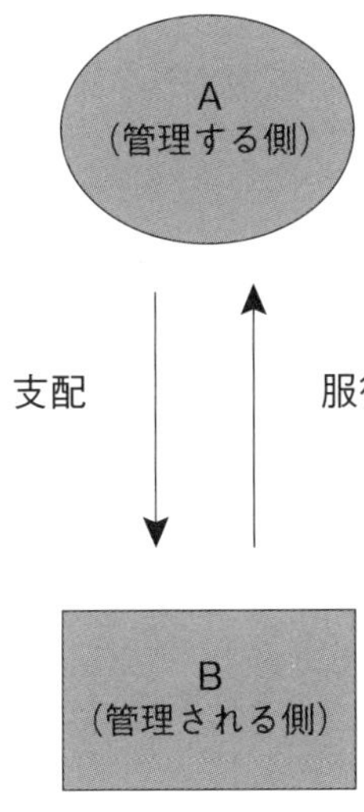


図4-1　近代の支配関係

ぜ人間は縦関係の協力関係を必要としているのだろうか。ここでは上下関係が見られるが，この上と下との間には何らかの格差が存在することになるのだが，なぜ上位が下位に対して優越を示すような行動を行う性格が発達したのだろうか。つまり，上位にあるような行動と下位にあるような行動がカップルとして観察される。このことが重層化され，連鎖を作り出すようになると，社会に対して，階層性が大きな影響を与えていくことになる<sup>(注2)</sup>。

　問題は，前述のように，なぜ近代になっても上下関係のような協力関係が存在するのか，という中心的な課題である。企業組織や政府組織や非営利組織などの内部を見ればすぐわかるように，今日の社会組織の中で階層制の見られない組織は存在しない。このような封建時代の残滓<sup>（ざんし）</sup>とも考えられるような階層関係が，なぜ改めて，最も近代的な仕組みの中核的な関係として存在するのか，という点が重要である。わたしたちの社会では，どのような集団の内部でも，典型的にこの支配関係が取り入れられていることがわかる〔図4－1〕。

　もっとも，近代以前の社会まで広げてしまえば，むしろ上下関係こそ社会を動かす主導力であったといえる。たとえば，いわば暴力的な関係に近い関係でお互いが結ばれて，実力を持った人が上に立ち実力のない人が下に従うことによって，中世の武士集団というものが形成される，というような例は数多く観察されてきた。原点には，このような実力というものによって社会に秩序を与えていくという社会が，封建社会に限らず普遍的にあり得た。これらの考え方は，社会共通のものであって，暴力や実力というものが，普遍的には権力を構成し支配構造を形成する社会というのは，典型的に人間社会では観察されてきている<sup>(注3)</sup>。

　ところが，ここで近代のように，あるいはさらに進んだ社会にあっても，これとは異なる上下関係が存在するのを見ることができる。両社会には違いがあるとはいえ，この上下関係が，むしろ近代社会にあっても最も中核的で有効な部分として認識される場合が起こっているのは，なぜだろうか。もちろん，近代になって，このような支配関係に対しての反抗や離反は何回も起こっていて，企業内の小さな改革や社会の中の小

さな革命は日常的に行われてきている。けれども，そのような中にあっても，支配関係を中心とした人びとの協力関係は，きわめて数多く生成されてきている。この点をどのように考えたらよいのだろうか。

　神奈川県庁に勤めている國重正雄氏にインタビューを行っている。県庁における官僚組織を見ながら，「支配モデル」と呼ばれている協力タイプの事例をまず見ていきたい。

國重：官僚制の特徴は，M. ウェーバーが指摘したように階層制ということにあると思います。その中で個々人が自分の仕事のアイデンティティを得られるために，これは行政組織でも企業組織でも共通しているものだと思いますけれども，その職務の分担を必ず明確化していると思います。職務分担表とか事務分担表というかたちで文書化されてイメージされております。それぞれの職員や社員は，そういう個人は職務分担を明確化することで組織の中でアイデンティティを得ることができると考えられます。（中略）今，申し上げたのは個人の例ですけれども，行政組織の中では課とか部という組織がありまして，それぞれの課が分担する業務を明示されております。その中で部や局が構成され，より上層の階層に上がることによって，より広範囲の業務を扱うようになります。業務を明確化することによって，その業務の権限が与えられます。一方で，その業務を遂行しなければいけない義務も課せられます。もし何らかの業務分担が不十分であるとすれば，それをまとめる事業本部や部局の業務全体にも支障が生じてしまいます。

國重：これは都道府県も市町村もみんな同じだと思いますけれども，いろいろな企画を実現するときには，起案をする稟議制度というものがあります。これはボトムアップ型の協力関係と考えることができます。下位の者が起案した起案書あるいは企画書を上位の立場の者がチェックしてそれを承認するというもので，わが国では行政組織だけでなくて企業組織でも採用されております。かな

り日本独特のものともいわれております。

　稟議制度では複数の階層を経て上位の者が決済を行うわけですけれども、下位の者が企画したものを上位の者がチェックあるいは修正して決済することで、その事業の企画立案を上下関係の中で協力して行うことになります。今、挙げましたのは稟議制度ですが、行政組織の中では議会に対する答弁や住民に対する説明の場面でも、下位の者が具体的な答弁や説明を行います。それを受けて、さらに上位の者がより幅広い権限に基づいた答弁や説明をすることでフォローしていくようなこともあります。これもある種、上下関係を示す中で協力活動をなしているのではないかと考えられます。

　このインタビューの中で、官僚組織におけるトップダウン方式とボトムアップ方式の協力組織が成立するのを見ることができる。このような上下関係におけるトップダウンとボトムアップ方式は、民間企業組織の協力関係でも見ることができる。次の例を新聞記事に見てみたい。静岡県の西部を本拠地としている自動車メーカーにS社がある。技術者出身の会長のS氏はトップダウン型経営者である。経営・技術の「革新」を行う方法が経営者役割の核心にあることを例示している。彼は、軽自動車や原付自転車などの新商品開発で手腕を発揮した。それは、技術者としての経験から、技術革新を主導できたのである。革新主導タイプの経営者といえる。「革新」をリードすることには、特別な責任を伴う。革新に失敗すれば、その責任を取って、その経営者の役割から降りなければならない。トップが分業上の役割として、特別な理由となるのが「革新」的であるといえる。

　工場の新設について、新聞報道は次の例を紹介している。つまり重役に相談することなく、独断で工場新設を意志決定してしまったエピソードが新聞記事に書かれている。計画実行をトップが先導し、あとから経営会議が追認するという典型的なトップダウン型の協力体制である。リスクの大きな事業を行うことができたのは、このようなトップダウン型

の経営者であったからである。日本では，大きな技術開発は公的な機関で行い，民間ではその後に応用に携わるのが一般的である。このように，経営会議をリードする強い実権を持った経営者が存在し，彼が責任を持ってリスクを引き受けることがなければ，どのような大事業でも継続して行うことはできなかったであろう。ここに，企業者の一つの形態を見ることができる。将来の「不確実性の存在」を克服しなければならないという役割こそ，企業者の存在理由の一つであり，トップダウン型の利点である。(『日本経済新聞』2006年 8 月 30日付地方経済欄掲載)

　これらのトップダウン型協力のあり方が示しているのは，縦の上下関係にも，横の交換関係同様に分担と協力とが必要である，という事態が協力体制を持つ企業組織には存在するということである。

　もう一つの企業組織における協力関係は，ボトムアップ型協力である。医薬品・化学製品の開発販売を行っている N 社では，2006年に横関係を連携させる横断型のプロジェクトチーム制度を採用した。通常の企業では，開発や各事業が縦割りで形成され，本部・事業部・各部署というヒエラルヒー組織編成を採っている。この企業でも，医薬，化学製品，研究開発などの縦割り組織が採られていた。これに対して，これらの事業部を横断的につなぐ横割り方式のチーム組織を編成する方式を採った。この特徴は，第一に，リーダーは設けるがフラットなチーム編成を採るところにある，第二に，現場からのボトムアップ型の提案方式も取り入れた，さらに第三に，事業部間の交流を促進させた，などの点にある。(『日経産業新聞』2007年 6 月 14日付 p. 26掲載)

　以上のトップダウン型やボトムアップ型という過程の相違はあるものの，上下関係のような縦関係が依然として，現代の協力組織の中に見ることができるということである。

## 3. 集団効果とヒエラルヒー

　近代の協力関係で，なぜ上下関係が必要とされるのかについて，おおよそ三つの理由が存在する。第一に，社会的協力を結集させるために，ヒエラルヒーという仕組みが必要であるとする点が重要である。この点

で最も基礎的なところにある考え方は，この組織というものがまずは集団であるというきわめて当たり前の，しかしきわめて重要な性格に注目するものである。つまり，誰かと一緒にいるということ自体が，人間の活動にとっては本質的なあり方であって，集団の中で存在するというあり方が，一人の個人にとってもさまざまなメリットが存在するということである。しかも，多様で異なる別人格の他者が一緒に協力し合うという点に，注目点があると考えられる。

　集団効果が働いて，安全や安心が集団への所属によって保証されるという機能的な効果もあるのは事実であるが，それ以上に，この集団に属するということそれ自体で，参加の効果があるといえる。このような集団効果というものが，協力関係には基礎的なところで存在する。集団内では，一人の位置付けというものが存在していて，この位置付けがその人に与えられていることによって，個人はその集団組織によって生かされる面を持っている。ヒエラルヒーという仕組みは，基礎的なところで，このような個人を集団につなぎとめる効果を持っている。

　このように集団の中に入っていく場合に，ふつう個人は自由を好むので，積極的にはなかなか協力関係の中へ入っていくことはない。けれども，ヒエラルヒーに位置付けられることで，個人は安定したアイデンティティ（自己同一性）を得られる場合がある。ヒエラルヒー関係には，このような集団組織の基本的なあり方として，まずは集団効果を及ぼすことで機能するところがあるといえる。

　また，逆に人びとが集まらなければ，そもそもヒエラルヒーそれ自体が成立しないことになる。ヒエラルヒーを発生させるのは，主として権力というメディアになるが，哲学者H. アーレントによれば，この「権力が発生する上で，欠くことのできない唯一の物質的要因は人びとの共生である」と言っている [注4]。協力の要因の一つとして，権力があるとするならば，まずは人びとの集まりがヒエラルヒーの基本を形成する。

　この意味でも，ヒエラルヒーが最初に父あるいは母と子供との関係として，つまり親子関係としての個人間の関係から始まるのは示唆的であ

る。最も原初的な意味でヒエラルヒーが親子関係という関係から始まり，人間にとって最も基本的な組織原理として，このヒエラルヒーというものがほかの組織にも転移して，さらに異なる意味を持つことになる。

## 4.　統制原理とヒエラルヒー

　第二に，この階層制という上下関係が人間社会の協力関係で維持されるためには，「統制原理」が必要とされる。あらかじめ上下関係を正当な関係として認め，受け入れておくという原則である。協力の原理として考えるならば，人びとへの強制と義務という協力関係を原則とする原理である。この原理は，市場関係における競争原理に相当するものである。いつもお互い同士が競争をし合っているのではなくて，制限された競争は多少含まれるとしても，定式化された支配と被支配の義務関係が前もってすべての参加者に共有されていることが，上下関係のある協力関係を成就させるためには必要である。もちろん，組織内においては，出世や業績，さらに共通目的に連なる競争は行われるけれども，上下関係に関しての競争というものは制御されることになる。

　この原理が有効に働くためには，あらかじめ上位者の命令・指令に従うことが，業務の原則として人びとの間に前もって共有されている必要がある。このことがほぼルーティン化され，制度として強固に遵守されており，条件反射として命令には翻意しないことがあらかじめ定められている。もちろん，この命令と服従がどの程度有効なものとして機能するかについては，組織の状況に依存するのであって，必ずしも絶対的な条件というわけではない。むしろ，支配と服従とが固定化されていることが，ヒエラルヒー組織の欠点でもあり，しかし優越した利点でもあることは強調しておく必要がある。あらかじめ固定されているために，権力の行使の場合に，効率よい情報の伝達が行われる可能性がある。もちろん，これは形式的な表面的な情報速度に関してのことであり，深層での調整を含んだ効率性は，さらに複雑な要素を含んでいる。

　後に問題となるように，統制原理はこのような固定的な協力体制の維持を旨とするものであるため，いわゆるセクショナリズム（縄張り意識）

に陥る可能性がある。競争がない状態で，互いに切磋琢磨を行いにくい状況が，その組織の中に存在するために，その組織が次第に柔軟性を失い，実力を発揮できない事態が起こり，このことが統制原理の難点としては決定的になってしまう場合もある。

## 5. 集権制とヒエラルヒー

　第三のヒエラルヒーによる協力組織の特徴は，情報の流れが集権的であるという点である。つまり，権力を持つ者のもとにすべての情報，さらにそれを基に構成される意思決定が集中される特性を持っている。ヒエラルヒー組織の上位者の意思決定において，すべての下位者の行動が定まるという形式を取る。これは，次章で述べる市場原理のように，全員の人が分権的に意思決定をし，改めて全員の合意を図ってから組織全体の行動を決定するというシステムとはまったく異なっている。上位者が重要な点についてはすべての決定を行うために，このための権限が集中することになる。

　このような集権的な組織のイメージを描くならば，しばしば樹状組織として描かれる〔図４-２〕。つまり，一番下に配置される下位者が上位者に報告を行い，その報告が民間企業では，部長，社長などのさらに

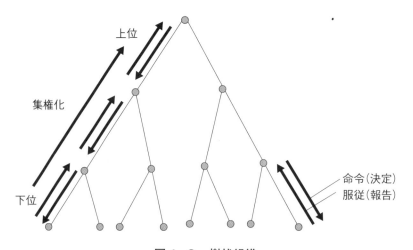

図４-２　樹状組織

上位者へというように，次第に上位に伝達されていく。この報告という情報は下位から上位へ伝えられるたびに，ふるい（filter）にかけられながら，重要な報告だけが上位へ集中されていくことになる[注5]。

　そしてまた，逆の経路を辿（たど）って，報告を集約した上で最上位者が決定を行い，命令を下していく。これが次第に下位へ伝わっていくという形式をとる。ここにはかなりの幅があり，このことが多様な広がりを持っている可能性についてはおそらく限りがないので，理念的なモデルがどれほどの意味を持ち得るのかについては疑問がある。後で見るように，今日の組織でフラット化が出現している必然的な状況があり，多元的な命令系統が支配的になる可能性も増大していると考えられるが，他方，単一の命令系統によって統御される極端な場合の可能性もあり得るといえる。

　協力というものが，人と人の間に生ずるもの（in-between）である，ということを典型的に示しているのが，権力（power）である。権力は，人びとの力を結集させて，個人の力を越えた潜在的な力を発揮させる，協力の集合活動である。権力は，活動の中にあっても，個人の体力や組織の実力として，実際に眼に見えるものとして存在するものではなく，集合的な場所でようやく得ることができる力であるからである。

　アーレントの指摘に従えば，権力は常に「潜在力（potential）」として表れるとされる。そして，前述したように，「権力が発生する上で，欠くことのできない唯一の物質的要因は人びとの共生（living together）である」と指摘している。権力が生まれるのは，英雄神話で語られるような個人の体力や実力にあるのではなく，紛れもなく，人と人の間においてである。権力は，この意味において，前述の協力性の中の性質である「介在（web）性」を体化している集合表象である。この点で，組織というものは，権力を発生させる母体でもあり，共生のメカニズムでもある。また，古代ギリシアのポリスは現代の都市と同じように，人びとの共生の中にあって，権力を発生させる条件を備えているといえる。「権力は，人びとが共同で活動するとき人びとの間で生まれ，人びとが四散する瞬間に消えるものである」（Arendt＝志水訳　1973：p. 228）。

　アーレントは，モンテスキューの「暴政」を例に挙げて説明している。暴政とは，暴君が臣下から孤立状態にあり，協力を得られなくなっている政治状況であるとしている。したがって，この形態は共に活動するという協力性の中でも，複数性（多数性）を抑圧することで，権力の発生を不可能にしてしまう。民主制や貴族制，さらに王制でさえ，これらの政治体が自然に権力を生み出すことができるのに対して，暴政は権力を生み出すことができずに無能力が生み出されるだけである，とされる。

　協力関係が同等のもの同士で行われる場合もあるが，その立場が転換する場合も存在する。権力は，活動の中で，まさにこの立場の転換の生じている例である。互いにメリットがあり，そのための互換的な関係で協力関係が行われている段階から，「同等者の中の第一人者（primus inter pares）」が立ち上がってくる。つまり，協力関係の創始者やリーダーが支配者となって現れる場合である。創始者は孤立を恐れて，他者に援助を求める。これに対して，追従者たちは，自分の協力し活動する機会を求めて，創始者へ依存する。ここには，最初は水平的な相互依存関係として存在していたのだが，この転換によって，支配者が特権を得て下す命令的な役割と，被支配者が義務として受ける服従的な役割とに分化することになる。この垂直的な関係によって，支配者は，多数の他者が結集した力を独占するのである。そして，当然ながら，支配者といえども，この集合の力を提供する服従者の協力がなければ，権力は得られない。何事も実行することができない。この支配者が独占状態にある権力が，時には，一人の人から生まれたとする英雄伝説を生んでしまうことになるのだが，実のところは，権力はまったくの集合的な力なのである。

## 6. 近代的支配の概念と弱い権力関係

　近代における権力が，ほかのものより優れて，社会的協力を導く原因となったのはなぜだろうか。もちろん，権力を行使することによって，近代においてもマネジメント（管理）を効率よく進めることができるからという考え方は以前から存在しているが，果たして効率性だけで，この問題を解くことは可能だろうか。ヒエラルヒー特有の問題が潜んで

いるとする考え方もあり得るので，もう少しこの系譜を辿ってみたい。
このようなヒエラルヒーに関連する学問分野で，きわめて古典的ではあ
るが，最も基本原型を提供していると考えられるのは，ドイツの社会学
者 M. ウェーバーである。彼は，1921年から22年にかけて著した『社会
と経済』の中で，「支配」特有の問題を明らかにしている。

M. ウェーバー
〔ユニフォトプレス〕

　前述のように支配という古くからの考え方
の中にも，近代的な意味合いがあることを
ウェーバーは説くことになる。つまり，封建
的な支配と近代的な支配との間には，多少の
変質は存在するものの，近代においても合理
的な理由があるということを体系的に明らか
にした。

　ここで重要な問題は，なぜ現代においても
未だに支配関係ということに合理的な存在理
由があるのか，ということである。結論を先
取りするならば，現代においても「権力（power）」というものが人間
の持つ力の一つの源泉であることを，人間の本質的特性として認められ
ているという点にある。もっとも，近代組織における権力は，それ以前
のものと異なるという視点がここでは重要であるが。

　たとえば，企業組織では，このような集団を管理運営する権力をコン
トロールする必要があった。集団の中でも，誰に従うのかということを
前もって決めておくことによって，いざ権力行使の場合には，〈支配─
服従〉関係が明確になり，協力関係についての共通の理解がすでに成り
立っているということが重要な視点である。いずれにしても，現実の社
会の中で，近代的な制御はされているものの，権力というものが小さい
集団や大きな集団の中で，実際に働いていて，わたしたちはそれを基本
原理として利用しているということを，ウェーバーは近代社会において
も認めたことになる。

　なぜ支配というものが近代においても存在するようになったのか。そ
れは，ウェーバーの指摘する，いわゆる正統性の考え方にある。ウェー

バーは支配の概念をまとめたところで，伝統的な支配やカリスマ的支配
と並んで，合法的支配を挙げている。伝統的な支配やカリスマ的支配が
前近代的な正統性しか持っていないのに対して，唯一合法的な支配のみ
が，近代的支配観念として生き残るであろうことを予言した。

　ウェーバーは，支配関係を次の三つに分類しており，第一と第二の支
配関係は明らかに第三の支配関係と異なることを指摘する。

　第一に，「伝統的支配」を挙げている。これは，封建時代の主従関係
などを想定すればよいと思われる。この場合に，たとえば王に忠誠を誓
い，王からは安堵を与えられるような関係が想定される。これによって，
その人の地位が確定され，その結果，権威に基づく支配関係が生ずるこ
とになる。また，親子関係の職業選択の中にも，伝統的な支配を見るこ
とができる。代々父親の仕事を子供が受け継ぐという形で，親方と弟子
の師弟関係が形成される。職人などの育成に手のかかる職業では，この
ようにして延々と継承されていくことになる。

　第二に，後世にまでその名ゆえに影響を与えることとなった，いわゆ
る「カリスマ支配」の関係がある。カリスマというのは超人のことであ
る。たとえば，キリストのような人間を超えた存在がおり，この超人に
帰依する人たちがいる。つまり心底から超人を信じきって，あらゆる行
動を共にするような，絶対的な意味での〈支配―被支配〉関係が存在す
る。これに逆らうことはまったくできないような，絶対的なカリスマ的
な支配というものも，特に宗教関係などの中に存在することをウェー
バーは指摘した。

　これらの伝統的，封建的な支配のあり方に対して，近代になるに従っ
て，これらの支配関係は合理的ではない，とほぼ否定的な評価が与えら
れることになる。封建的な関係は民主的な関係に，カリスマ的な関係は
次第に集団的関係に，というように民主化されていくという方向を辿っ
ていった。けれども，民主化される中でも，近代的な意味での支配関係
が合理的に働くことが厳としてあることを，ウェーバーは指摘すること
になる。彼は，このような近代的な支配関係のことを「合法的支配」と
呼んだ。近代官僚制というものがこれに当たる，と確認されることにな

る。具体的には，近代国家を支えている官僚組織というものを観察して，彼らが国家という一つの大きな組織を運営し，マネジメントしていく際に合理性のあることを指摘する。近代官僚制では，目的を設定し，それを達成するために手段を行使するが，このことは，組織というものを形成する中で，最大限の効果を引き出してきた。産業社会の初期においては，このような〈目的―手段〉関係を重視する道具主義的な管理法が盛んに行われたという経緯が存在する。

# 7．近代官僚制の存在理由

　ウェーバーは，近代に観察される「権力による支配」というものが，企業や政府組織の中では，いわば「薄いネットワーク」で結合されているという性格を持っていることを初めから見抜いていた。現代においても，支配関係が優越をもって社会に広がる可能性を指摘していたと解釈することができる。

　彼は，支配原理が使われている近代官僚制の特徴を表す言葉として，精密に動く「機械」のようなものであるという言葉に執着している。きわめてメカニカルで無機的なものとして，官僚組織を見つめている。官僚組織内部では，機械内部と同様に，たとえば工場などの歯車が正確にかみ合って動くがごとくに，人間が働いていると支配関係をみたのである。人と人とが機械のごとくに組み合わさってできているのが官僚組織である。このような官僚制の精密機械的な特性は，あらゆる産業社会の組織の中でも一つの典型として常に見られる。つまり，感情的組織ではなく，強い支配を強いるものではない組織構造を持っていると考えた。

　ウェーバーは，このような官僚組織の特徴を次のように詳述している。官僚制的組織があらゆる人間関係の中に積極的に進出する決定的な理由は，ほかのあらゆる形に比べて，それが純技術的な関係であるからである。第一に近代官僚組織は，技術関係として優秀であるとみた。彼が指摘する性質，すなわち「精確性・迅速性・明確性・文書に対する精通・継続性・慎重性・統一性・厳格な服従関係・摩擦の防止・物的および人的費用の節約」などは，きわめて人間関係の中でも中立的で技術的過程

を特徴付ける性質であると考えられる。すなわち，官僚制は「専門性」という特徴を持っている。官僚集団は，専門家の集団であるという点で特徴があり，それぞれ部門ごとに専門家が集まることで，その部門の仕事を正確に行い，精通しているという利点がある。このことは，精密機械のごとくの正確さを強調しており，技術的な役割を以って，優越することを宣言していることになる。このことは，それまでの官僚制が支配を中心としていたのとまったく異なり，経済学者の J. K. ガルブレイスたちが強調したように，権力が技術的な支配を理由として君臨する傾向を示していることになる<sup>(注6)</sup>。

　第二に近代的官僚は，「計算可能な規則」を持っていて，本来的に支配的構造を安定に導こうとする性質を持っている。近代社会は技術的にみて，「計算可能性」なるものを要求している。つまり，将来の不確実な状態を安定に導くような，技術的専門性を近代官僚は要求されているといえよう。官僚制は，ウェーバーが引用しているように，「怒りも興奮もなく」という原理の支配下にもあると指摘される。まさに，感情的に「薄い」人間関係を要求しているのである。つまり，「官僚制が『非人間化』されればされるほど，また，公務の処理にあたって愛憎や，あらゆる純個人的な，一般に計算できない，いっさいの非合理的な感情的要素を排除すること——これは官僚制固有の特性で，官僚制の徳性として称讃されているものであるが——が完全にできればできるほど，それだけ官僚制は資本主義に好都合な特有の性格をいっそう完全に発展させることになる」(Weber＝阿閇<ruby>阿閇<rt>あとじ</rt></ruby>・脇訳　1987：p. 35) と考えられている。

　つまり，官僚制には「規律」が求められる。官僚の権限を律するルールが存在していて，このルールの定めた権限の範囲内のことしか行ってはいけないとされる。限定されたルールは，組織を運営する上ではたいへん厳格な面を持っていて，公平性の保たれる可能性がある一方で，硬直的な組織が出来上がってしまう場合もある。文書主義と呼ばれるような動きとなって現れてしまうこともある。このような組織では，柔軟な決定ができなくなってしまう原因ともなる。

　官僚制の持つこのような特徴は，近代的な企業や官僚組織に共通して

いる部分が多く，感情中立的であり，ネットワークとしてみるときわめて機能限定的である。職務に正確が求められ，迅速に遂行されなければならないと同時に，均質なサービスが求められることになる。さらに明確な筋道がはっきりしていて，機械のごとくのメカニズムとして統一性を持っていて，継続性が確保される必要がある。だから，機械のようなものであるとウェーバーは指摘する。

　近代官僚は特定の人に対して奉仕するのではなくて，不特定多数の市民に対してサービスを行うべきであるという性格を持っている。このことは結局のところ，官僚組織というものが公式的な組織であるという性質を表している。このように合理的な理由を持ち，専門的で分業を行い，ルールに基づいて公平なことを行い，なおかつ永続的な仕事をするという近代的な合理性を持った管理組織の可能性を，彼は現代において追求した。これらの理由において，支配という人間関係が近代に残る理由がある，とウェーバーは官僚制を観察した結果，結論付けることになる。もちろん，その後の展開を見れば理解できるように　このような官僚制の性質は，あらゆる協力組織の中でも普遍的な現象として定着することとなった。

## 8.　まとめ

　近代組織の中に，なぜヒエラルヒーという上下関係が存在するのか，ということをここで見てきた。この最も重要な視点で，たいへん示唆的なのは，やはりこの章で注目してきたように，ウェーバーの官僚制に関する議論である。

　なぜ現代においても，ウェーバーなのか。それは，権力の位置付けを近代において逆転させてしまった，という点で重要な議論であるからである。通常，権力が強く作用すればするほど，そこで働く権力関係がより有効になると考えられる。つまり，上下関係が有効に働くのは，上位の持つ権力が強いから，より下位のものに対して，影響力を行使できると考えられるためである。ところが，近代になって，人びとの協力関係を一般的な形で実現させるためには，王政のような絶対的に強い権力に

よって支配を貫くことは，現代社会の中では困難になってきているという認識が存在していた。

　官僚制の特徴を扱った文献の冒頭で，ウェーバーは次のような指摘を行っている。官僚制の職務には専門性や上下審級の別や，さらに非人格性などの特徴のあることを挙げているが，その中でもとりわけ次の点を第一に挙げている。

　「近代官吏制度に特有な機能様式を表せば，つぎのごとくである。規則，すなわち法規や行政規則によって，一般的な形で秩序づけられた明確な官庁的権限の原則がある。すなわち，（1）官僚制的に統治される団体の目的を遂行するに必要な規則的な活動が，いずれも職務上の義務として明確な形で分配されている。（2）この義務の遂行に必要な命令権力が，同じく，明確に分配され，かつそれらに割当てられた（物理的または宗教的あるいはその他の）強制手段も，規則によって厳格に制限されている。（3）かように分配された義務を規則的かつ継続的に遂行し，それに対応する権利を行使するための計画的な配慮。それは，一般的に規制された資格をそなえた者を（官吏に）任命することによって行われる。

　これらの三つの契機が，公法的支配にみられるばあいは，官僚制的〈官庁〉となり，私経済的支配にあっては官僚制的〈経営〉となる。かような意味で，この制度（官僚制）は，政治的，教会的な共同社会の領域では近代国家において，また私経済の領域では資本主義のもっとも進歩した諸組織において，はじめて完全な発達を遂げた」（同前：p. 7）と述べられている。

　ここで指摘されているように，法規や行政規則などのルールが官僚制の権限を秩序付けていると考えられている。このことは，つまり権力がきわめて制限されており，「権限」という薄い権力でしか支配されないのを見ることができる。

　このことは，はっきり言ってしまえば，近代的な権力というのは，有効性において，それ以前の時代とはきわめて異なっており，強い権力の働く世界ではなく，弱い権力の働く世界へ移行したことを，ウェーバーは認識していたと解釈することができる。弱い権力であっても広い権力

であることによって，かえって，全体への影響力を増したのだといえる。
ここに，近代的な支配がなぜこれほど大規模に広がったのかを説明して
いるのを見ることができる<sup>(注7)</sup>。

## 注と参考文献

注1）　Max Weber, Bürokratie, 1921　マックス・ウェーバー著. 官僚制. 阿閉吉男,
　　　脇圭平訳. 恒星社厚生閣，1987

注2）　Max Weber, Soziologie der Herrschaft, 1921　マックス・ウェーバー著. 支
　　　配の社会学. 世良晃志郎訳. 創文社，1960-1962

注3）　Max Weber, Wirtschaft und Gesellschaft: Grundriss der verstehenden,
　　　1921　マックス・ウェーバー著. 支配の諸類型. 世良晃志郎訳. 創文社，1970

注4）　Hannah Arendt, The human condition, 1958　ハンナ・アーレント著. 人間
　　　の条件. 志水速雄訳. 中央公論社，1973

注5）　Chester I. Barnard, The functions of the executive, 1938　チェスター・I.
　　　バーナード著. 経営者の役割. 山本安次郎, 田杉競, 飯野春樹訳. ダイヤモンド社,
　　　1968

注6）　John K. Galbraith, The new industrial state, 1967　ジョン・K. ガルブレイ
　　　ス著. 新しい産業国家. 斎藤精一郎訳. 講談社文庫，1984

注7）　Charles H. Cooley, Social organization: a study of the larger mind, 1924
　　　チャールズ・H. クーリー著. 社会組織論—拡大する意識の研究. 大橋幸, 菊池美
　　　代志訳. 青木書店，1970

## 🔘 研究課題

1．M. ウェーバーの支配概念を整理・検討してみよう。
2．なぜ近代以降においても，支配概念が有効であったのか。議論を整
　　理しつつ，自分の考えをまとめてみよう。
3．官僚制の近代的な特徴を整理・検討してみよう。

# 5 | 協力の交換モデルと 「囚人のジレンマ」問題

　協力活動の一つの典型例として，交換モデルが存在する。二人のAとBとの間で交換行為が行われることで，結果として双方に有利な状況が現れる場合がある。それぞれに自己利益が生ずることで，相互の交換行為が行われ，そこに双方の協力活動が成立すると考えられる。このような自己利益に基づいた協力活動が行われるか否かについては，行為の動機付け問題，さらに踏み込んで個人や集団の心理的な問題として考えられてきた系譜が存在する。長期的に協力活動が成立するためには，人びとの間にある複数の心理状況が対立状況にあったり葛藤を起こしていたりする可能性があるが，それらが調整される必要があるからである。自己利益と社会利益とがいかに整序されるのかという問題点が，協力活動の本質的な問題として，常に意識されてきた。この章では，個人利益から始まり，集団利益，社会利益として現れる，交換モデルにおける協力の可能性について考えてみたい。

**《キーワード》** 交換，贈与，互酬，自給自足，自己利益，集団利益，囚人のジレンマ，コミットメント，社会的交換

## 1. 交換という協力活動はどのようにして成り立つか

　経済社会の中で，人間が最も頻繁に行う協力活動の一つに，「交換（exchange）」を挙げることができる。毎日のわたしたちの生活が，市場における貨幣や商品などを媒介として，他者と結び付いていることを考えればわかるように，交換は現代経済生活の中で最も利用されている協力モデルだといえる。財を購入する消費，財の販売にかかわる生産などの具体的な経済活動の多くも，さまざまな取引交換の上に成り立っているのであるから，このような交換行為の派生した姿にすぎないのだと言えないこともない。

　さて，それでは交換とはどのようなことを指しているのだろうか。ひ

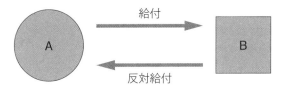

図5-1　交　換

と言で要約すれば，売り手と買い手が相互に相手を求め，そこに直接的あるいは間接的に何らかの便宜が生じることである。たとえば，一人の者（A）が物品を持っていて，これを他の者（B）に渡したとする（給付）。これに対して，この物を受けとった者（B）が，それを贈った者（A）にほかの物品を返したとする（反対給付）。つまり，AからBへという行為と，BからAへという行為，この二つの行為がセットになっている一組の関連を交換と考えている〔図5-1〕。通常，AがBに財・サービスを提供し，その対価としてBがAに貨幣を支払う，という貨幣的交換が現代の経済社会では数多く見られる。このとき成立する，この一対の行為のセットを交換と呼ぶが，この交換関係によって，AとBとの間で，取引関係という協力活動が成り立つことになる。

　交換関係の形成を協力活動の視点からすると，どのように見ることができるだろうか。AはBの活動に対して，貢献を行ったことになるし，BはAの活動に対して，もう一つの貢献を行ったことになるから，交換モデルは双方的な協力モデルとして作用していることがわかる。

　しかし，考えてみると，人間がこの交換という仕組みを便利なものであると，近年ずっと考え続けてきたことは，たいへん不思議なことのようにも思われる。なぜならば，ほかにも一方向的に協力活動が行われる「贈与（gift）」，循環的に協力が持ち回る「互酬（reciprocity）」，協力が狭い範囲で完結している「自給自足（autarky）」などのように，資源配分に関しては交換とほぼ同じように働く仕組みが存在するにもかかわらず，交換という観念だけが現代経済社会で特別に優勢を誇っているからである。これはなぜだろうか。

　たとえば，第2章における協力モデルの比較図〔図2-1（p.35参照）〕

を見ればわかるように，一方向的な動きである贈与（あるいは支配）関係が確立しているならば，少なくともＢにとってはＡを通じて必要なものが手に入るのである。また，贈与関係が鎖のように循環して結ばれるならば，最後には交換関係と同様の効果をもたらす，いわゆる互酬関係を形成することも可能である。さらに言うならば，もし自給自足経済で十分足りる場合には，そもそも交換関係を必要としなかったはずなのである。しかしながら，実際には，意識的であれ無意識的であれ，交換関係が多用されているのが現実なのである。それには，近代社会特有の理由があったといえる。

　いずれにしても，交換観念は人間の協力活動の根底に常にあるといえる。Ａの持っているものをＢが手に入れ，その代わりにＡの必要としているものをＢが与える。そうすれば，ＡとＢ双方ともに便益を得られたり，あるいはそれぞれの義務を果たすことができたりする，という観念が人間社会には発達してきたといえる。暗黙のうちに，わたしたちは，この観念がたいへんＡとＢの相互的に便利なものであることを認めていることは，ほぼ間違いがない。

　けれども，このように言ったからといって，交換という観念はそれほど明確なものでもない。時には広い意味において，交換は前述の互酬関係まで含んで指示される場合もある。また，時には，さらに一方的な贈与関係さえも交換関係の部分的な構成要素として認められ，交換観念に含められる場合もある。また，財の交換から範囲を広めて，財の外部環境や取引の条件などの間接的な交換でさえも，交換の意味に含ませるならば，協力の交換モデルはかなり広い範囲の協力活動を含むことになる。つまり，交換に見られるいわば相互的関係（相互性）というのは，場合によってさまざまな意味を持ち得る，ということにも一応注意を払っておくべきだろう。

　交換モデルの事例として，映画サービスに関する「交換モデル」の事例を見ておきたい。ここでは，横浜市にある映画館「ジャック＆ベティ」の支配人梶原俊幸氏にインタビューしている。

梶原：基本的にはジャック＆ベティは映画館ですので，お客さんにお越しいただいて映画を見ていただくことにあります。その映画に対してチケット料金として，一般的には新しい作品だと，1,800円という料金を頂いて映画をご観賞いただきます。それ以外にも，売店でパンフレットを販売したりお菓子をお求めいただいたりというのもありますけれども，一番はやはり主軸の営利活動としては，映画を見ていただいて，映画の料金を頂くということになるかと思います。

梶原：ほかの多くの映画館は今，シネコンと呼ばれる大型の施設に入ったものが多く，そのようなところは大きな会社が運営しているチェーン映画館になるわけです。シネマ・ジャック＆ベティという映画館は，独立系ともいいますけれども，うちの会社だけが一つの映画館を運営しているという映画館です。だからこそ，どのような作品を上映するかを完全に自分のところで自由に選ぶことができるところがメリットだと思っております。そのような意味ではヒット作品を借りてくることもできれば，ほかでは見ることができないような作品を上映することもできます。その中で，われわれ映画館として上映していきたいという方向性もあります。また，お客さんの趣向もありますので，動向を読みながら運営しています。大きな要因は横浜の周りにあるシネコンでは，上映している作品はどこでも同じものであるので，東京では上映されているけれども横浜では上映されていない，という作品が非常にたくさんあるわけです。そのような作品を横浜の映画ファンの方にも見ていただこうということで，シネコンではやっていないような小規模な，だけど良作だという作品を選んで上映しています。

　交換モデルでは，上記で述べられているように，基本的には，映画館は料金をもらって映画サービスを提供し，観客は料金を払って映画サービスを受け取るということになる。このサービスと貨幣とのやりとりが

終了してしまえば，協力関係は完結してしまうことになる。もちろん，ジャック＆ベティでは，映画上映に併せて，それ以外の社会文化活動を行っていて，ここでは協力の交換モデルでは説明できない活動が行われているのも確かである。けれども，映画の上映サービスに限っていえば，映画館と観客双方ともに，自己利益を追求する協力関係を取り結ぶことになる。

## 2. 自己利益還元モデル

なぜ人は交換という形態を取って，協力活動を行うのだろうか。この問いは古くもあり，また新しいものでもある。もし起源を求めようとするならば，おそらく記録の残っている人間の歴史ぎりぎりの時代までさかのぼることが可能であろう。また現代のように，至るところ交換で埋めつくされた社会では，なおさらこの現象は何回も問われて当然のものであるといえよう。

その中にあって，18世紀，英国の経済学者 A. スミスが次のような指摘を行い，後世に大きな問題を残したことはよく知られている。

「人間の本性上のある性向，すなわち，ある物を他の物と取引し，交易し，交換しようとする性向……。

いったいこの性向は，これ以上は説明のできないような，人間性にそなわる本能の一つなのか，それとも，このほうがいっそうたしからしく思われるが，理性と言葉という人間能力の必然的な帰結なのか」(Smith ＝大河内監訳 2010：p. 30) [注1]。

**A. スミス**
〔ユニフォトプレス〕

人間は本性的に何かを交換するという相互的な性向を持っているという指摘は，確かに人間の一側面をとらえていると思われる。そして，後で述べるように，これはたいへん興味深い示唆であると考えられる。スミスは，上記に続いて以下の指摘を行っている。人間は，どのような活動を行う場合であっても，仲間の助けをいつ

も必要としている。表立っての場合もあるが，潜在的な助けである場合もある。この場合に，その助けを仲間の博愛心にのみ期待してみても無駄である。むしろそれよりも，もし彼が，自分に有利となるように仲間の自愛心を刺激することができ，そして彼が仲間に求めていることを仲間が彼のためにすることが，仲間自身の利益にもなるのだということを仲間に示すことができるなら，そのほうがずっと目的を達しやすい，とスミスは考えた。

　他人にある種の取引を申し出るものは誰でも，このように提案する場合が多い。「私の欲しいものを下さい」，「そうすればあなたの望むこれをあげましょう」というのがすべてのこのような申し出の意味なのであり，このようにしてわたしたちは，自分たちの必要としている他人の好意の大部分を互いに受け取りあう，とスミスは考えた。そして，「われわれが自分たちの食事をとるのは，肉屋や酒屋やパン屋の博愛心によるのではなくて，かれら自身の利害にたいするかれらの関心による。われわれが呼びかけるのは，かれらの博愛的な感情にたいしてではなく，かれらの自愛心（self-love）にたいしてであり，われわれがかれらに語るのは，われわれ自身の必要についてではなく，かれらの利益についてである」（同前：p. 32）[注2]。

　ここで重要な点は，後で述べるように，交換によって協力活動が生ずるには，自己利益のためなのか，それとも社会利益のためなのか，という理由がそれぞれ存在しているという点である。

　ここには一つの問題がある。スミスが言うように交換性向が本来人間の身に付いている属性と考えるのであれば，何時いかなるときにも互いの状況を理解して，無制限に交換が生じてしまうはずである。しかし，実際には，必ずしもそうなるとは限らない。やはり，交換が生じるには相応の条件と理由が必要とされている。この観点から，スミスを批判したのが，オーストリア学派のC. メンガーである。彼は『経済学原理』の中で，次のような事例を挙げている。ここで，穀物を作っている農民（A）と葡萄酒を作っている農民（B）との間の交換を想定している。

　「経済活動を行う一主体 A は，ある財の具体的数量を支配しているが，

C. メンガー
〔ユニフォトプレス〕

それが彼にとってもつ価値は，経済活動を行う他の主体Bの支配下にある他の財の一定数量のもつ価値よりも小さい。他方で，後者〔B〕の価値評価では，同一の二つの財数量について反対の関係が支配する。つまり，第二の財の同一数量のもつ価値は，彼にとって，Aの支配下にある第一の財の同一数量のもつ価値よりも小さい。（中略）この関係のもとでは，……経済活動を行う両主体の意志が合致しさえすれば，財の交換によって，交換が行われない場合よりも良好な，あるいは完全な先行的配慮を彼らの欲望満足のために実現できるのである。（中略）自分の欲望をできるかぎり完全に満足させようとする努力，自分たちの経済的状況を改善しようとする配慮，これに導かれて，人々は，……この関係を探究し，自分の欲望満足の改善という目的にそれを活用しようとするのである。その結果，われわれが先にあげた事例では，先述したような財の移転が実際にも生じることになる。ともあれ，これこそが，われわれが『交換』という言葉でよんでいる経済生活における諸現象全体の原因なのである」（Menger＝八木ほか訳　1984：pp. 289-291）と述べている[注3]。

　ここでメンガーの考えている，交換が生じる原因に疑問の余地はない。彼は「交換の可能性があるとすれば，それは個人の満足がより大きくなる場合に限られる」と考えている。この考え方は，わたしたちの，いわば功利主義的に抱く日常感覚にたいへん合っているものといえる。わたしたちは，ある物が必要だからその必要を充足させるために，物を購入し交換を成立させているのである。目先の自分の利益のために，市場へ行って自分の欲しい物を手に入れるのである。自己利益が交換を行う理由であり，両者の間に協力活動が生まれる第一の理由であるとする典型的な交換モデルが，市場理論の中に接ぎ木されたといってよいだろう。

　個人の欲望充足という主観的価値のレベルに，交換という協力活動の利点を見いだしているのである。この考え方は，交換という経済社会の

基本的仕組みを個人の欲望レベルに戻して考えようとするものである。したがって，考え方の性質からすれば，個人主義的な還元の方法だといえよう。A. スミスは「人間の本性」に根ざしたものというたいへん漠然とした言い方にとどまったのであるが，C. メンガーはさらに進んで個人の主観的価値にまで原因を還元している点に特徴を見いだせる。メンガーは19世紀の後半に活躍した人であるが，当時のこのような考え方は今日に至るまで経済学の効用理論からゲーム論の系譜の中で，一つの大きな潮流として生き続けてきているといえる。このような意味において，経済学上の主流を形成しているこのような財の交換システムを，ここで「経済的交換」と呼んでおきたい。

　このような経済的交換は，どのような条件のもとで成り立つのであろうか。第一に，このような経済的交換が行われるためには，二者以上の人びとの参加が必要である。そして，一人では不可能なことでも，二人以上の協力によって力を合わせることによって，今まで得ることができなかったものも得ることができ，より大きな力を発揮することが期待されている。交換は相互的な協力活動というものの最小単位を構成し，社会における協力関係の基本的な原型の一つを示しているといえる。

　第二に，交換として認められるためには，交換に参加する二者それぞれが自分の効用に照らして相互利益を得るという「双方有利的」な状態が保証されていなければならない。古代ギリシアのアリストテレスが「交換の正義」と呼んだ考え方である。ここでは，AがBに物を贈ったならば，BはAにお返し（反対給付）を行うことで，双方ともに以前よりも有利な状態を作り出すことになる，というものである。有利な状態が自己利益に還元されて判定されるという個人主義的特徴が存在するといえる。自己中心的（セルフィッシュ）なプレーヤーが登場するゲーム論的な交換モデルでは，とりわけこの点が強調される[注4]。

　第三に，交換ではこの一連の行為の最後に，全体としての「調和」状態が達成される可能性があると考えられている。交換の正義に照らして，参加者の公平性の成り立つことが，交換成立の必要条件となっているのである。自己利益が最終的には，社会利益と整合性を持たなければ，

協力活動は成立しないとする，きわめて幅の狭い調和状態を想定していることがわかる。

## 3. 協力関係の社会性

　二人の間で双方の協力が確実に得られるならば，その方法を拡大して集団や大組織にも敷衍(ふえん)していくことができるはずである。小集団の協力活動から，大集団の協力活動へ論理を導こうとする意図が，ゲーム論やエージェント論の中には存在していた。ところが，二人関係における協力のあり方と集団における協力のあり方とは，かなり異なることがわかってきている。つまり，協力の二人関係と集団関係との間には，社会性にかかわる大きな問題が横たわっていることが知られるようになった(注5)。

　社会的協力モデルの中で，交換モデルはどのような位置付けがなされるであろうか。交換モデルが，人びとの中でたいへん重要視されてきていることは，歴史が証明している。近代になって，市場経済の発展は，主としてこの交換モデルが一般に広まったために起こったことである。問題は，なぜ交換モデルが，協力モデルの中でも，これほど中核を占めるようになったのであろうかという点である。このことが，協力ということを考える上でも，肯定的にも否定的にも重要な視点となる。

　簡単にいえば，交換モデルは瞬間的に相互性を実現するモデルとして評価されている。ＡとＢとがいて，「ＡからＢへ，ＢからＡ」という一対の関係があり，このとき同等のものが直ちに交換されるために，双方の合意が得やすいという特徴が顕著である。この点は，ほかの社会的協力モデルには，存在しない特徴である。

　この瞬時的な双方有利化が主たる機能であるが，もう一つ，社会的協力では作用している重要なことがある。それは，英国のＪ. ロックなどによって，いわゆる「腐敗原則」という考え方として，17世紀に指摘され，それが時代を超えて，交換モデルの利点として，容易に用いられるようになった。腐敗原則とは，簡単にいえば，他者が所有しているものの中で潜在的に「腐敗」してしまって，社会的に資源が無駄になってい

るような財に対しては，その他者から譲渡を受けて，つまりは交換によって，より効率的に活用することは，社会的に合理的であるとする考え方である[注6]。現代では，有休資産を有効利用しよう，という考え方として流行っている。

　基本的な考え方は，交換によって，他者との間の交換が行われることだけにとどまらず，他者のこれまで活用されていなかったものまでも，交換の対象として顕在化させられるという点にある。この点が交換モデルの重要な協力的性格であるといえる。個人の属性，あるいは所有物で潜在化していたものを他者が見つけ，それをこれまでの交換財に加えて，交換の対象として顕在化させることが，交換モデルには含まれている。

　けれども，この交換における協力モデルが個人主義的な合意に基づいているために，いわゆる「囚人のジレンマ」などの問題を常に抱えていることが知られている。つまり，この協力モデルには，自己利益，個人利益優先のための限界が存在する。次節で，この点を追求しておきたい[注7]。

## 4.　自己利益追求モデルのジレンマ

　前述のように，二人の間に交換関係を取り結ぶ中で，合理的な協力関係が生ずることが見られる。自己利益が見込めるから，相手に協力するというモデルが成立する。けれども，これらの合理的な関係には，当事者同士間に直接生ずる関係以外の要因が生ずるために，経済における「外部性」や「不確実性」問題を生じさせたり，さらには社会関係における「ジレンマ」問題などを生じさせたりして，交換の協力モデルが失敗したり成立しなかったりすることも知れるようになってきた。当時興隆してきたゲーム理論の中で，1950年代後半から指摘されるようになった[注8]。

　合理的で「理性的」な二人の間で協力が行われるか否かを考えた場合には，次の「囚人のジレンマ」と呼ばれるような，非協力状態が現れることが典型例として知られている。その囚人のジレンマ（prisoner's dilemma）とは，どのような現象なのだろうか[注9]。

囚人Ａ

| | | 自白しない | 自白する |
|---|---|---|---|
| 囚人Ｂ | 自白しない | 双方とも，2年 | Ａは0年，Ｂは5年 |
| | 自白する | Ａは5年，Ｂは0年 | 双方とも，3年 |

図5-2　囚人のジレンマ

　たとえば，ある犯罪で共犯の疑いをかけられている二人の容疑者（Ａ
とＢ）がそれぞれ独房に入れられていて，尋問する検事に以下のように
もちかけられる状況を考えてみよう。ＡとＢ二人が共に黙秘をすれば，
犯罪を立証できないため，二人は軽い余罪で起訴され，共に2年の刑が
科せられる。一方が自白し，他方が黙秘した場合には，自白により共犯
の事実は定まるが，自白した者は司法取引で釈放され，黙秘した者には
情状酌量の余地なしなので5年の刑が科せられるとする。もしＡとＢ
二人とも自白した場合には，犯罪の事実が定まり，自白を考慮した上で，
3年の刑が科せられる，と考える事例を見たい〔図5-2〕。

　この場合の「囚人のジレンマ」ゲームには，個人が選択を行う上で，
三つの局面がある。第一に，ＡとＢは，黙秘するかと自白するか，言
い換えるとＡとＢの間の「協力」か「非協力」かのどちらかを選択す
ることができる。第二に，ＡとＢにとっては，黙秘（協力）を選択す
るよりも自白（非協力）を選択する方が望ましい結果が得られる（つまり，
2年の刑より0年の刑，5年の刑より3年の刑が望ましいという状況が
存在するとする）。けれども，最終的に第三の場面として，ＡとＢ二人
ともが自分にとって個人的に有利な自白（非協力）を選択した場合の結
果は，二人が黙秘（協力）を選択した場合の結果よりも，双方ともに悪
い結果（つまり，双方とも3年）になってしまうという状況が現れるこ
とになる。

　ここで，何が問題になっているのかといえば，それぞれのゲームのプレーヤーが自己利益優先に振る舞うのか否かというポイントである。自己利益優先がここで合理性の基準であれば，第一に，Ａがまず黙秘すると２年の刑で済む可能性があるのに対して，自白すると刑に問われないことになる，という選択に直面することになる。この場合に，Ａが黙秘しＢが自白するのをＡが許してしまえば，Ａは５年の刑を受けてしまうことになる。そこで当然，ここで自白するほうが合理的だということになる。ところが第二に，Ｂにとっても同じ選択が行われているならば，最終的な選択はＡもＢも自白してしまうことになり，結局双方ともに３年の刑を受けることになってしまうだろう。自己利益を追求して，合理的に判断した結果，最初の状態よりもかなり不利な立場に立たされるジレンマに陥ることになる。自己利益の追求は，最終的な自己利益を実現することにはならない，という矛盾を起こすことになる。つまりは，協力活動には，個人的な判断だけでは好ましい結果は招来されずに，それ以外の相互的な判断や集団的な判断が必要とされることを示している[注10]。

　ゲーム論は，前述のように1950年代から盛んに研究されるようになったものだが，囚人のジレンマ状態についての，類似の指摘は以前から行われていた。有名な例は，『人間不平等起源論』のルソーの「鹿狩り」のエピソードである。鹿狩りでは，参加者全員が協力して，大きな包囲網の輪を作り，それを徐々に狭めていって，最後に鹿を仕留める。このとき，その輪から鹿を逃がしてしまわないように，絶えず外へ出ようとする鹿を一人ひとりが監視しなければならない。ほかのことに気を取られて，包囲網の壁を突破され逃がしてしまうと，協力してきた皆に損害をもたらすことになる[注11]。

　ところが，このとき輪を狭めていた一人のハンターの目の前を野ウサギが通り過ぎたとする。このハンターがどのような行動を取るのかが注目されることになる。第一の可能性では，このハンターが当初のように，鹿に集中していれば，最後には皆で鹿を得ることになるだろう。第二の可能性では，このハンターが自分勝手に確実に自分のものとなるウサギ

を追いかければ，このハンターは獲物を手にすることができるが，ほか
のハンターは鹿を見逃してしまうことになる。さらに，第三の可能性で
は，ほかのハンターもウサギを追いかけてしまえば，結局誰も鹿を取る
ことはできなくなってしまうだろう。いずれにしても，個人利益が優先
されると，集団利益が損害を被ることを教えている。

　近年になって，ほかにも囚人のジレンマを使ったエピソードは，数多
く語られるようになっている。その中でも，ホフスタッターの「オオカ
ミのジレンマ」は，参加者同士の心理状況を読み込んでモデル化してい
る点で，集団的な合意を得ることが難しい事例として，よく利用され
る(注12)。十数人の人が部屋に座っていて，ボタンを渡されている。10
分間の間，誰もボタンを押さなかったら 1,000 ドルもらえるが，もし誰
かがボタンを押したら，押した人は 100 ドルもらえるが，押さなかった
人は 1 ドルももらえないとする。このとき，第一に，全員がボタンを押
さなければ，ゲームの後で平均 100 ドル弱の報酬を全員がもらえる。集
団全体の利益は 1,000 ドルとなる。第二に，一人がボタンを押せば，そ
の人は 100 ドルがもらえる。このとき，もし自分が押さなければ，ほか
の誰かがボタンを押す可能性があるだろうと考えてしまうだろう。報酬
は，ボタンを押さないよりは押したほうが多い。一人だけの利益は 100
ドルになるかもしれないが，集団全体の利益は十分の一になってしまう。
第三に，第二の他者の行動を考えた人は，先にボタンを押してしまった
ほうが自己利益は最大になることに気づくことになるだろう。その結果，
全員が報酬を得られるような社会全体の利益を最大にすることよりは，
自己利益を最大にするように行動し，集団は崩壊することになるだろう。
「オオカミのジレンマ」というのは，このようなモデルである。

　この「オオカミのジレンマ」に似通った事例が，米国映画「バットマ
ン」シリーズの中の一作，「ダーク・ナイト（闇の騎士)」に取り上げら
れた(注13)。爆弾の仕掛けられた 2 隻のフェリーの登場するシーンがあ
る。片方は囚人の乗った船で，もう片方は一般客の乗った船である。こ
こで，悪役のジョーカーは，双方の非協力的な悪を引き出すために巧妙
な罠を仕掛ける。どちらの船にも，相手の船を爆破できる起爆装置を与

える。果たして，どちらが先にスイッチを押すかという，悪の仕掛けを
ジョーカーは映画の中で設定した。先にスイッチを押せば，もう片方の
持っている起爆装置も消滅させることができるから，もし自分が助かり
たいと思うならば，先にスイッチを押す必要がある。もしスイッチを押
さなければ，相手が先にスイッチを押す可能性に，絶えず不安を感じる
ことになってしまう。だから，双方が先を争って爆弾のスイッチを押す
ことは，合理性を追求するならば，理論上絶対確実な結論と思われたの
だった。少なくとも，ジョーカーはそのように自己利益を優先させるだ
ろうとして，「合理的に」判断した。ところが，囚人たちも一般客も，
起爆装置のスイッチを最後まで押さなかったのだ。最終的には，市民や
囚人たちは，ゲーム理論の合理性に基づかない，「不合理」な行動をとっ
たことになるのだが，実際には最も望ましい状況を選択したことになっ
ている。つまり，ゲーム論的にみて，合理的な判断であっても，実際の
社会では，それが社会合理性を持っていない場合のあることが知られる
ようになった。

　前述のジャック＆ベティ支配人へのインタビューの中でも，映画文化
の長期的な存続に関して，「囚人のジレンマ」が存在しているといえる。
映画館側からすれば，シネコンと呼ばれるような観客をたくさん動員で
きる人気の高い映画だけを集めて採算性を中心に上映を続けると，名画
座と呼ばれるような上映活動は無視されてしまう可能性がある。他方，
観客側からすれば，娯楽性の強いシネコンへばかり行くと，観客が時々
見たいような佳作名画のような映画は見られなくなってしまう。シネコ
ンだけが残ってしまうと，独立系の多様な名画が見られなくなる。映画
館の側が採算性だけを追い求めると，映画文化の多様性は阻害される。
また観客が娯楽性のものばかりを追い求めると，これも名画座が存続で
きないことになってしまう。ここにジレンマが存在するといえる。

　このような考え方が発達するに従って，この合理的な個人による，囚
人のジレンマ状況でも，そのゲームが「1回限り」で行われる協力活動
と「繰り返し」行われる協力活動とでは，その協力のあり方が異なるこ
とが，心理学者 A. ラパポートや R. アクセルロッドらによって明らかに

された。

　それ以前から提起されていた，囚人のジレンマを乗り越えるような協力タイプがあり得るかが試された。ラパポートとチャマーの実験では，囚人のジレンマに直面した二人の参加者が，1回限りではなく，何回も繰り返しこのゲーム対戦を行ったときに，どのような行動パターンを取るのかが報告された。その結果，同じパートナーと繰り返してゲーム対戦を行う場合には，囚人のジレンマに陥る非協力状態から脱して，協力状態を選択する傾向のあることが知られるようになった。なぜ協力状態が選択されるのかといえば，同じ対戦者の場合には，協力には報酬が，非協力には報復が繰り返し予想できることになるので，合理的に行動する人であれば，次の回，その次の回の協力を期待でき，協力を選択することが合理的となる[注14]。1970年代後半になって，アクセルロッドは，どのような理論が勝ち残るのか，コンピュータ上で協力理論モデルを募って，互いの成果を比較するトーナメントを戦わせた。集まったプログラム同士を戦わせたのである。この中で，常に勝ち抜くプログラムが現れた。それは，ラパポートの上記で見た「しっぺ返し（Tit-for-tat）」プログラムであった[注15]。

　前述のようにこのプログラムは，最初は相手に協力を行い，その後は相手と同じことをお返しする，つまりは「しっぺ返し」する戦略であった。なぜ常勝するのかという理由は，このモデルが協力者に対しては「親切」であり，協力を誘因するインセンティブを与えている。他方，非協力者に対しては報復的であり，協力における裏切り行為が生じた場合にはそれを防止する機能を備えているからである。この結果，協力が長期的に継続されることになるのである。

## 5. 他者利益追求（利他主義）モデル

　1回限りの「囚人のジレンマ」モデルのような古典的な自己利益追求モデルには，限界の生ずることがわかったが，それではもう一つの考え方で，個人主義の中にも継続的に保たれてきている，他者に良かれと行動する利他主義的な協力モデルにはどのような働きがあるかについて検

討してみたい<sup>(注16)</sup>。

　AとBとの間で，利他主義的な協力を行うことで，個人的にみて，直接的，間接的な利益が得られる可能性があると考える。協力相手が利益を得られることが，自分にとっても利益と認識できるような，協力モデルである。実際には，相手の利益が自分の利益となって現れる場合には，交換モデルでは，相互利益の場合が知られている。これは，前述してきた自己利益追求モデルへ還元できる。これに対して，相手の利益のみが生ずる場合であっても，利他主義モデルでは，自分にとって実質的な利益がなくとも，あたかも利益があったかのように考えるものである。行動経済学者のJ. アンドレオーニによって紹介された，利他主義の中でも，他者を助けることによって，感情的な報酬を間接的に得るとする「感情的満足（warm-glow）」と呼ばれる考え方である。直接にも間接にも，まったくリターンを求めない純粋な利他主義に対して，間接的で「不純な（impure）」な利他主義の考え方を認めるものである。この考え方では，たとえ実質的な利益が生じなくても，時には「自己満足」や「自己犠牲」の場合であっても，相手との協力を選択したほうがよいと考えられている<sup>(注17)</sup>。

　利他主義の欠点は，全員が利他主義であれば，全面的なよい協力モデルになることがわかるが，他者が利己主義者である場合，あるいは，集団において一人でも利己主義者が混じっている場合には，それらの利己主義者の行動を互いにチェックし，抑制することができないという欠陥がある。このため，利他主義の社会には，もし利己主義者を排除しないならば（利他主義者は利己主義者を排除しないから，利他主義であり得るから），合理的な個人行動が公共にある共有地を荒廃させる傾向を示す「共有地の悲劇（tragedy of commons）」という状態や，初期的な占有者がすべての果実を独占してしまう傾向を示す「勝者独占（winner-takes-all）」という状態が現れ，結果として，利他主義の社会は利己主義者が支配権を持つことになってしまうだろう<sup>(注18)</sup>。

## 6. 個人主義と集団主義の間の「コミットメント問題」

　このような利他主義の考え方から，さらには「繰り返し」的囚人のジレンマモデルから，集団的な考え方へは，ほんの少しの距離しかない。しかし，先を急ぐことはないだろう。これらの中間に存在する問題として，経済学者ロバート・フランク著『オデッセウスの鎖』が提起した「コミットメント問題（commitment problem）」を考えてみたい。

　目の前にある自己利益追求の誘惑に対して，この短期的な判断をひとまず停止して，長期的で，より協力的な関係を引き出すことが可能か，とフランクは問うたのである。社会には，個人が合理的に行動するけれども，それがうまく解決されなくて，むしろ非合理的な感情にまかせて行動するほうが社会的にうまくいく場合のあることを示した。彼は，人間の道徳感情（emotion）には，その場での情動（affect）と異なって，協力行動を「義務的な関わり合い（commitment）」に没入させ，協力の参加者に対して，あたかも鎖のように縛り付け，協力に導くような効能があると考えた。この個人の抱くコミットメントによって，個人が短期的には得られないが，長期的には得られるような利益を獲得する可能性があることを示した[注19]。

　たとえば，フランクが挙げている例に，二人の友人がパートナーシップを結んで，レストランを開く事例がある。一人は経営を担当し，一人は料理を担当する。もしレストランの儲けをめぐって争い，双方ともに自己利益のみを追求したならば，片方は経理をごまかすことは簡単にできるし，もう片方は料理の質を削って自分の儲けを増やすことも簡単にできてしまうだろう。ここでパートナーシップの相手を合理的な自己利益追求型の人間であると仮定して，その相手は必ず自分を欺くに違いないから，そのときの対抗措置を考えておかねばならない，と考えるならば，それは「愚かな合理主義者」になってしまい，せっかくの双方のチャンスを逃してしまうことになるだろう。このようなことを慎重に検討するような利己主義者であれば，そもそもそのような合理主義の経営者は，資金を出そうとしないだろうし，また合理的なパートナーで，付き

合いの薄い人同士ならば，自分がだまされる前に，先に相手をだました
ほうがよいという考え方が合理的である。もっとも，現実は逆の傾向を
見せ，このような将来に続く長期的な問題については，必ずしも「理性
的」に考えて問題を解決することはしない，とフランクは考えた。経済
学者のJ. M. ケインズが的確に指摘したように，「血気（animal spirits）」
という感情的で，いわば動物的な勘に従って，非合理なコミットメント
によって解決するのがふつうであろう。

## 7. 交換モデルの2類型

　協力を交換によって成立させる場合には，これまで見てきたように，
受け取りに対しては，必ず反対給付で応えなければならないが，このと
き，反対給付を行う理由が，交換の ① 内生的な要因による場合と，
② 外生的な要因による場合とが，現代に至るまでの経済社会の中で観
察されてきている。人びとの自発的で，内生的な見地から協力の交換モ
デルを考察した例を，経済的交換モデルとし
て見てきた。これに対して，外生的な交換の
見地から見たのが，フランスのE. デュルケー
ムである。「あらゆる交換は，明示的あるい
は黙示的な契約である」と彼は考えた。ここ
でいう契約とは，当事者相互によって確認さ
れる合意の上に成立する約束，つまりこれま
での用語を使えば，コミットメントのことで
ある。したがって，AとBが商取引を契約
すれば，その契約は，その合意によってそれ

E. デュルケーム
〔ユニフォトプレス〕

からのち，法や習慣などの社会的な約束事として，AとBに対して強
制的効力を持つことになる。
　このような外生的交換の成立条件には，次の三つがあると考えられて
いる。
（1）責任や義務などを引き起こす「有責」「負い目」という観念の存在。
（2）法律などによる「社会的強制力」の存在が義務を生じさせている。

（3）交換とは所有権の移転であると考え，「契約」という社会的約束事
　　によって効力をもつと考えた。

　外生的なものであれ内生的なものであれ，交換制度を導入することに
よる共通の利点が存在する。それは，それまでバラバラであった個人が
交換に参加することによって，一つの社会的な秩序を形成するという点
である。個人によって大きく異なるさまざまの種類の目的や知識が，社
会的に調和することが期待されている。

　デュルケームは，『社会学講義』の中で，このような交換の原因を次
のように表現している。「ある交換を行おうとしている二人の個人ある
いは二つの集団を想定し，ある事物を別の事物または一定の金銭と交換
する場合を考えてみよう。当事者の一方は，その事物を引き渡す。その
ことだけで，これを受けとる側は，ある義務を約することになる。すな
わち，それと等価のものを返還するという義務である」（Durkheim ＝
宮島・川喜多訳　1974：p. 222）と指摘している[注20]。

　デュルケームにとっては，交換は社会的約束であるから，そこには責
任，義務が付いてまわることになる。取引が契約されたと同時に，取引
の受け取りに対して支払いを返さなければならないことが義務づけられ
る。受け取る側は，受け取ったことによって，いわば負い目を背負うこ
とになる。

　ここで問題なのは，このような責任・義務を引き受ける，いわば「有
責の観念」あるいはもう少し緩い言い方を取るならば，前述のコミット
メントとでも呼ぶべきものが，どのように形成されるのかという点であ
る。受け取る側は，このとき社会的な強制力の支配下にあるといえよう。

　もちろん，その社会的な力が，法律のような厳格な形態をとるのか，
道徳・商習慣のような緩い形態をとるのか，という違いはあるかもしれ
ない。しかし，いずれにしてもこの考え方のもとでは，交換の生じる原
因を社会レベルに求めていることは確かである。このような義務によっ
て生ずる交換は，その背後に社会的強制力というべきものの存在を想定
している。交換に見られるこのような社会的強制力は，暴力などによる
強制とは異なり，法律などの合法的な手段や宗教などの慣習的な手段に

よるものである。このように社会の中に設定されている強制力は，交換
の当事者の中から自分で生まれるものでもないし，また当事者間に自然
に生まれるものではない。つまり，これらの外側に発生する強制力によっ
て交換が成立するという意味で，このような種類の交換制度は，外生的
秩序を形成しているということができる。社会の中にあらかじめこのよ
うな強制力が設定されているから，交換が行われると考えるのである。

　つまり，デュルケームは，交換とは所有権の移転であると考え，この
ことは「契約」という社会的約束事によって効力を持つと考えた。たと
えば，「つけ（借買い）」で店から商品を購入したとき，その商品の所有
権が購入者に移ることになるが，ただしそれは支払いを完済しなければ
ならない，という社会的義務が果たされたときのみである。ここでは，
契約を守らなければならないという義務的なコミットメントが社会的に
強制されているのである。

　さらにもう一つ，「抵当慣行」という例を挙げることができる。この
慣行は，借金に対して返済の義務を負っていることを，担保を提出させ
ることで，この返済という負い目を明確に示させるものである。ここで，
この負い目，すなわち有責観念がどこからもたらされたものなのかとい
えば，この場合には，明らかに社会にすでに確立されている法律や道徳，
あるいは慣習などの，個人にとっては外生的な社会的強制によるものと
いえる。なぜ交換を行うのかという問いに対して，経済学者であれば「欲
しいから」と答えるが，社会学者であれば「社会的義務であるから」と
いうことになる。このように，社会的強制力に還元して，交換の生じる
原因を求める解釈を，ここで「社会的交換」と呼んでおきたい。

　いずれにしても，外生的なものであれ内生的なものであれ，交換モデ
ルを導入することによる，共通の利点が存在する。それは，それまでバ
ラバラであった個人が交換に参加することによって，双方有利化のイン
センティブを得て，一つの社会的な秩序を形成するという点である。個
人によって大きく異なるさまざまの種類の目的や知識が，社会的に調和
することが期待されている。この点で，交換モデルは協力の秩序を創出
する一つの制度を形成するものといえる[注21]。

　しかしながら，協力の交換モデルには，個人主義的な経済的交換であっても，集団主義的な社会的交換であっても，いくつかの無理があることは否めない。交換で，単に個々の欲求が充足されるからといって，自分勝手な非協力を常に排除できるとは限らないし，義務や責任が個人を縛り付けるにも限度がある。つまりここでは，欲求が相互に合致する必要があり，また社会的強制力が力として通用する正当な理由が交換そのものの中に見いだされなければ，最終的には強制力を失うだろう。

　以上で見てきたように，この章では，協力タイプの中でも最も近代社会で利用されるようになった「協力の交換モデル」について考えてきた。この中で双方有利化やコミットメントなどを原因とする「交換モデル」の成立可能性とその限界について検討した。

## 注と参考文献

注1・注2）　Adam Smith, An inquiry into the nature and causes of the wealth of nations vol. 1・2, 1776　アダム・スミス著．国富論．大河内一男監訳，玉野井芳郎，田添京二，大河内暁男訳．（中公クラシックス）中央公論新社，2010
Tom R. Tyler, Why people cooperate: the role of social motivations. 2013
注3）　Carl Menger, Grundsätze der Volkswirtschaftslehre. 1871　カール・メンガー著．一般理論経済学〈1・2〉．八木紀一郎，中村友太郎，中島芳郎訳．みすず書房，1982-1984
注4）　Ethica Nicomachea　アリストテレス著．ニコマコス倫理学〈上・下〉．高田三郎訳．岩波文庫，1971-1973
注5）　Raimo Tuomela, Cooperation: a philosophical study, 2000
注6）　John Locke, Two treatises of government: in the former, the false principles and foundation of Sir Robert Filmer, and his followers. are detected and overthrown　ジョン・ロック著．市民政府論．鵜飼信成訳．岩波文庫，1968
注7）　Raimo Tuomela, The philosophy of sociality: the shared point of view, 2007
注8）　Thomas C. Schelling, The strategy of conflict, 1960　トーマス・シェリング著．紛争の戦略—ゲーム理論のエッセンス．河野勝監訳．勁草書房，2008
山岸俊男著．社会的ジレンマ—「環境破壊」から「いじめ」まで．PHP新書，2000

注9）　Michael Taylor, The possibility of cooperation, 1987　マイケル・テーラー著. 協力の可能性―協力, 国家, アナーキー. 松原望訳. 木鐸社, 1995

注10）　Matt Ridley, The origins of virtue, 1997　マット・リドレー著. 徳の起源―他人をおもいやる遺伝子. 岸由二監修, 古川奈々子訳. 翔泳社, 2000

注11）　Jean-Jacques Rousseau, Discours sur l'origine et les fondements de l'inégalité parmi les hommes, 1755　ジャン゠ジャック・ルソー著. 起源. 川出良枝選, 原好男, 竹内成明訳.（白水iクラシックス）白水社, 2012

注12）　Douglas R. Hofstadter, Metamagical themas: questing for the essence of mind and pattern, 1985　ダグラス・R. ホフスタッター著. メタマジック・ゲーム―科学と芸術のジグソーパズル. 竹内郁雄, 斉藤康己, 片桐恭弘訳. 白揚社, 2005

注13）　The dark knight［based upon batman characters created by Bob Kane；story by Christopher Nolan & David S. Goyer ； screenplay by Jonathan Nolan and Christopher Nolan；directed by Christopher Nolan］　クリストファー・ノーラン監督・脚本・原案・製作；ジョナサン・ノーラン脚本ワーナー・ホーム・ビデオ, ダーク・ナイト, 2008

注14）　Anatol Rapoport; Albert M. Chammah, Prisoner's dilemma: a study in conflict and cooperation, 1965　アナトール・ラパポート, アルバート・M. チャマー著. 囚人のジレンマ―紛争と協力に関する心理学的研究. 廣松毅ほか訳. 啓明社, 1983

注15）　Robert Axelrod, The evolution of cooperation, 1984　ロバート・アクセルロッド著. つきあい方の科学―バクテリアから国際関係まで. 松田裕之訳.　HBJ出版局, 1987

注16）　Ichiro Kawachi; S.V. Subramanian; Daniel Kim, Social capital and health, 2008　イチロー・カワチ, S.V. スブラマニアン, ダニエル・キム編. ソーシャル・キャピタルと健康. 藤澤由和, 高尾総司, 濱野強監訳. 日本評論社, 2008

注17）　James Andreoni, "Why free ride? strategies and learning in public goods experiments. " *Journal of Public Economics*, vol.37, no. 3, December 1988

注18）　Elinor Ostrom, Governing the commons: the evolution of institutions for collective action（Political economy of institutions and decisions）, 1990
Robert H. Frank; Philip J. Cook, The winner-take-all society, 1995　ロバート・H. フランク, フィリップ・J. クック著. ウィナー・テイク・オール―「ひとり勝ち」社会の到来. 香西泰監訳. 日本経済新聞出版社. 1998

注19）　Robert H. Frank, Passions within reason: the strategic role of the emotions, 1988　ロバート・H. フランク著. オデッセウスの鎖―適応プログラム

としての感情．山岸俊男監訳．サイエンス社，1995年

Robert Boyd; Peter J. Richerson, Solving the puzzle of human cooperation, in *Evolution and Culture,* 2005

注20） Émile Durkheim, Leçons de sociologie: physique des mœurs et du droit, 1950　エミール・デュルケーム著．社会学講義— 習俗と法の物理学　宮島喬，川喜多喬訳．みすず書房，1974

注21） Samuel Bowles; Herbert Gintis, A cooperative species: human reciprocity and its evolution, 2011

Michael Argyle, Cooperation: the basis of sociability, 1991

## 🎣 研究課題

1. なぜセルフィッシュ（自己本位）な個人同士による協力活動はうまくいかないのか。「囚人のジレンマ」問題などを例示しながら，説明してみよう。
2. 協力活動の交換モデルには，どのような種類が存在すると考えることができるか。身の回りの事例を考えながら，タイプ分けを自分で考えてみよう。
3. 協力の交換モデルが現実の生活の中で，どのように作用しているのか。具体的な作用を挙げ，説明してみよう。

# 6 | 影響力と協力の互酬モデル

　この章では，献血制度などの事例を取り上げながら，「協力の互酬モデル」について考えていきたい。協力タイプの中でも，社会で見逃されがちな潜在力や影響力を通じて，人びとが協力し合うモデルを見ることができる。

　影響力に関して注目したいのは，人を動かすには，どのような潜在的方法があるのかということである。他者を「協力」に導くためには，単に交換や支配などのフォーマルな方式だけでは十分ではない。影響力などの潜在的な力を必要としている。どのようにしたら，影響力が生ずる可能性があるのだろうか。社会的協力を潜在的に支持する力には，どのような特性があるのかについて，この章で検討したい。影響力に注目するのは，支配モデルや交換モデルよりも，ネットワーク形成の特性を持っている点である。

《キーワード》　影響力，権威，信頼，ハロー効果，期待，互酬，献血

## 1. 献血と協力活動

　日本赤十字社の血液需給に関する推計が 2010年 11月 10日付『日本経済新聞』朝刊に載った。それによると，「手術などで使う輸血用血液製剤を確保するために必要な献血者数は 2030年に約 547万人となり，約 124万人分が不足する恐れがある」という発表であった。日本の献血者数は 1985年に最多数である約 870万人（延べ人数）にまで到達したが，2007年までには急減して約 494万人に低下した。必要と予想される献血者数は 2020年には，約 537万人に増加する見通しである。そして，2027年には約 549万人となり，需要のピークとなる。また，献血者数の減少は続くと推計され，2030年には血液需要は約 547万人分に対し，献血者による血液供給は約 423万人にとどまり，約 124万人分が不足する，とする 2010年当時の予測が掲載されている。

けれども，2010年・2014年の推計を見直す記事が同じく『日本経済新聞』2018年3月8日の電子版に載っている。この推計では，輸血の使用割合が高い高齢者の増加を見越し，ピークとなる2027年には延べ約545万人の献血者が必要となる一方，献血する人は約459万人にとどまるとする推計をまとめていたが，この2014年の需要推計を見直し「献血率が微増すれば，ほぼ賄える」とする新たな試算をまとめ，2018年3月6日に開かれた厚生労働省の血液事業部会で報告している。出血を控える手術など医療技術の進歩で，予測に反して輸血用血液製剤の供給が減少に転じたためとしている。これらの数値は，日赤が持っている過去5年の輸血用血液製剤の供給本数や延べ献血者数のデータから推計され，さらに国立社会保障・人口問題研究所の将来推計人口などの推計も加味された結果である。

　そもそも，ここで問題となるのは，なぜ献血が行われるのかという基本的な点である。血液が不足するのであれば，血液市場を設置して需給一致を図るような売血制や，政府による強制・義務による血液政策なども考えられる。それにもかかわらず，日本では献血制度が採られている。この制度の持つ社会的協力の潜在的な意義が存在すると考えられる。なぜ献血が行われるのかについて，日本赤十字社血液事業本部広報担当の中野顕彦氏にお話を伺った。

中野：どのように集められるかということでは，日本では「献血」というかたちで血液を集める方法を採っています。献血とは何かと申しますと，無償の善意に基づく血液の提供ということです。集められた血液については検査し，安全性を確認し，輸血用血液・血液製剤とし医療機関に届けています。「安全な血液製剤の安定供給の確保等に関する法律」，私たちは血液法と呼んでいますが，これに基づいて業務を行っています。この法律の中に，国内で使う輸血用血液と血液製剤は，国内の献血で確保されるということが定められています。

中野：かつては一般に，枕元輸血とか生血輸血では，「預ける血液」と書いて，預血という制度がありました。それは，献血制度が本格化する前の段階で，民間の血液銀行でも行っていたことがあります。血液を提供したという証明書を，たとえば10人分なら10人分集めて医療機関に持っていって，預けた血液を返してもらうというかたちで輸血が行われていた時期もありました。ただ，枕元の輸血に関しても，預血に関してもそうですが，売買血とあまり大きく変わらないという欠点があります。

　現在は，献血ということで無償の血液の提供を受けていますから，その血液は誰か個人のものとか，そういった考え方ではやはりないと思います。献血する方と，血液を受ける方，患者さんの中に利害関係は発生しませんので。その中で，われわれ日本赤十字社がきちんと管理をして，安定的に血液を届けられるという制度が今，出来上がっているというのは非常に喜ばしいことかと思います。

　献血制度では，自分の利益のために血液を提供するという売血制度と違っているという点がポイントになっている。形式的には自己利益のない中で，なぜこの献血センターに来て献血をするのかという，個々の献血者の動機はどのようなところにあるのかが問題になる。そこで，動機とその調査について質問した。

中野：献血者の動機はどういうところにあるのかについては，厚生労働省のほうで調査をしておりまして，平成23年度に実施している調査があります。これは10代，20代の若い方に限った調査ではあるのですが，「献血に来るきっかけは何ですか」というところをお伺いしたところ，一番多かったのは，「自分の血液を誰かの役に立たせてほしい」というような思いからという方が多いようです。

　ただ，実は2番目に多いのが，「何となく」という理由なのです。

これがむしろ非常に面白いと思うところがあって，掘り返せばきっといろいろあるでしょうけれども，一義的な回答がそこにくるというのは，献血という制度がある程度，皆さんの中に入っている部分があるので，そういう選択肢になるのかなと。社会貢献をしたいと思ったときに，献血というかたちをとってみようと思ってもらえたのかと思います。

　中野氏は，調査を一つ提示し，「自分が良いことをした」というのが第一の動機であり，「何となく献血をする」という第二の動機がたいへん面白いということをおっしゃっている。何となく献血をするというのは，言葉で言えば，特定の目的で行うのではなく，一般的目的で献血をするという意味になる。影響力を行使するような，互酬制システムの中で，個人が自分の利益のためでもないし，社会の利益のためでもなく，これらとは別に，この「何となく」という言葉が出てきている。わたしたちの生活の中で，このような集団効果として表れるような，何か明確に意識をするのではなくて，社会の中でインフォーマルな形で効果が持続されるような，協力活動がモデルとしてあり得るということが，ここで認識しておきたいことだと考える〔図6-1〕。

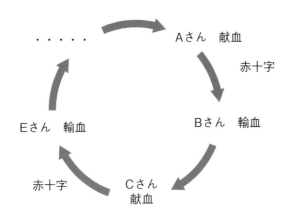

**図6-1　社会的協力の互酬タイプ**

## 2. 影響力の「基本的な原理」としての互酬

　影響力に見られる基本的な考え方には共通原理があり，いわゆる「互酬（reciprocation）」と呼ばれる法則性に則っている。もちろん，互酬原理には，緩い「ギブ・アンド・テイク」がその中心にあるのだが，それと並んで，これらの共通性の中でも，ほかの協力原理よりも効果が高く，最も重視される点は，この中に「集団効果」が存在することである。つまり，影響力による協力によって，直接的にもたらされる便益よりも，間接的にもたらされる社会的な潜在力に特別な魅力がある。

　むしろ，後者の社会的な効果があるからこそ，この影響力は存在価値があるといえる。R. B. チャルディーニ著『影響力の武器 第2版』は，次のように指摘している[注1]。

　「このルールは，他者から何か与えられたら自分も同様に与えるように努めることを要求する。返報性（互酬）のルールは，行為の受け手が将来それに対してお返しをすることを義務づけるので，人は自分が何かを他者に与えてもそれが決して失われるわけではないことを確信できる。このルールに将来への義務感が含まれることによって，社会にとって有益なさまざまな持続的人間関係や交流，交換が発達することになる」（Cialdini＝社会行動研究会訳　2007：p. 92）とまとめている〔図6-2〕。つまり，「お返し」という義務感が交流，つまりネットワーク形成を発達させると指摘されている。

　この中で重要な点は，もし給付者が一方的に与えても，あとで返って

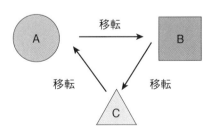

図6-2　互酬（reciprocation）

くるという予想が立つので喪失感が少なく，「将来への義務感」という
ものが醸成されるという特質であろう。後で述べるように譲歩・好意・
期待・信頼などが，互酬パターンに付着して作用を及ぼすのである。こ
れらが社会的効果を持っていることを示しており，先に強調したように，
社会的ネットワークを発生させる原因を生成するのである。互酬には，
集団効果が存在する，という認識が注目に値する。このように，互酬の
法則は，あらゆる組織文化に共通する社会規則の一つである。それは，
集団効果の中の中核的な働きであって，人びとの身体の中に子供の頃か
ら染み込んでいて，無意識のうちに働いている場合も少なくはない。イ
ンフォーマルな影響を社会組織に与える可能性が存在する。

　おそらく，互酬はパターン認識の一つであって，集団の中にこのパター
ンが存在するか否かによって，その中にあって活動する人びとがはまっ
ていく協力体制の質が決まってくるのだと考えられる。互酬による影響
力というのは，その組織に不断の環境として時間をかけて醸成されてい
ないと有効ではなく，活動する者を支える不変の環境からの情報の一種
であるという側面を持っている。だから時には，負の影響力に堕してし
まう潜在力も存在し得るし，さらに擬似的な影響力にとどまってしまう
ものも存在する。心理学者 A. R. コーエンと D. L. ブラッドフォードは，
「良い行動には見返りが，悪い行動には報復が戻ってくる」という言葉
を取り上げ指摘しているが，このように直接的な見返りや報復が直ちに
生ずるか否かを判定するのは，影響力の場合にはたいへん難しい[注2]。

　この互酬では，最初に給付者 A が反対給付者 B に何か好ましい，あ
るいは望ましい給付を行い，B はその見返りとして，C を通じて，ある
いは社会を通じて間接的に，A に対し何かを返すという形で反対給付
を行うため，両者とも前よりもよりよい状況を実現することが可能にな
る。また悪い影響力の場合には，A が B に対して敵対行動をとり，B
が社会を通じて間接的に，A に復讐をするという，両者とも悪い状況
に移っていく影響の及ぼし合いも社会には存在する。いずれにせよ，社
会的に間接的な影響力を持つことによって，社会において影響力に基づ
く人びとのネットワーク形成を通じて，協力関係あるいは非協力関係が

形成されているといえる。

## 3. 古典的な影響力としての「権威」

　近代においては,縦型の協力関係として「権力(power)」によるヒエ
ラルヒー関係が形成されており,これまでの章で考察してきた。けれど
も,それと並んで,あるいは時には相伴って,さらに「権威(authority)」
による互酬関係が成立することが知られている。これは,いわばイン
フォーマルな影響力によるものであり,組織における互酬モデルを構成
しており,人びとの協力関係を形成する有力な作用であるとされている。
その関係は,権威に対して,尊敬（服従）という協力関係を返すことで
成り立つものである〔図6-3〕。

　典型的には,家族関係やコミュニティ関係の中で見られる長老支配な
どである。また,これらの古典的な権威の事例を歴史に求めるならば,
ナチスの反ユダヤ主義行動やベトナム戦争における米軍のソンミ村事件
など,表に出たものだけでも数多く挙げることができる。

　典型的な古典的権威の例として,米国の心理学者 S. ミルグラムの『服
従の心理』に載っている実験を取り上げたい (注3)。以下,実験の手順
どおりに説明を行っていくことにする。まず,この実験を主催する研究

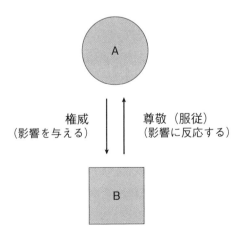

図6-3　権威と尊敬（服従）の関係

者Aが二人の実験参加者（BとC）を雇う。次に，「この実験は，罰を与えることが学習にどのような影響を与えるかをみるものです」とAはBとCに説明する。くじによって，実験参加者Bを「教師」役に，実験参加者Cを「生徒」役にする〔図6-4〕。

「生徒」としてのCには，単語リストを渡して暗唱できるくらいに覚えてもらう。「教師」としてのBには，研究者Aの指示に基づいて，生徒の記憶をテストし，間違えるたびに電気ショックを生徒に与える役をあてがう。ここで，電気ショックは命に別状ないと伝えてある。実験が始まって程なくすると，次第にCは少しずつ，単語を間違えるようになる。テストが進むにつれて，罰としての電気ショックがより強くなっていき，間違えるたびに15ボルトずつ上げられていく。テストはどんどん進んでいくが，疲れが出るに従って誤答率は高まっていくので，電圧数は，75，90，105と進んでいく。

被験者Cは，だんだん耐えられなくなる。「終わりにしてください。この部屋から出してください」と叫ぶが，教師はやめない。さらに，195，210，225と上げられていき，もう答えるどころではなくなって，

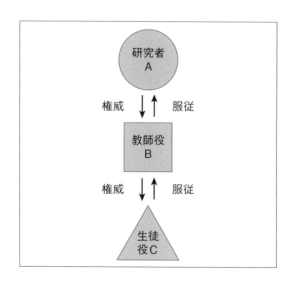

図6-4　ミルグラムの実験

絶句するが，それでも電圧はどんどん上げられていく。答えのないことは間違いと判断して，さらに電圧は上げられていった。

　このミルグラムの実験では，「教師」は，研究者が実験の終了を告げるまで，忠実に電気レバーを引き続けた，と報告されている。実験開始前に，心理学の教員，大学院生，学生に，最後まで電気ショックを与え続ける「教師」が被験者のどのくらいになるのか予想させたところ，1〜2％という結果だった。ところが，実際には，実験参加者全体の三分の二の「教師」は，与えられた課題に憤悶し苦しみながらも，最後（450ボルト）まで実験をやめることはなかった。そして，この結果は，年齢・性別・学歴に依存しなかったとされている。人間の理性には反するかもしれないが，これまでの人間の歴史を考えると，現実的には頷ける結果である。

　もっとも，実際には，「生徒」役はほんとうの実験参加者ではなく，「ショックを受けているようなふりをする演技者」であったとされる。というのも，ミルグラムの実験は，ほんとうは「罪のない他者に対して，苦痛を与えることを指示された場合に，普通の人がどのくらいまで与えようとするのか」を知るために行われたからである。

　社会心理学者のチャルディーニは，この実験結果から見て，権威の持つ「影響力」の強さを実証したと解釈している。ミルグラムの実験は，人びとの間に権威に対する深い義務感としての服従が強く存在していることを支持している。この場合，研究者と教師役との間には，明らかに古典的な権威に基づくような，強い義務感が観察される。ここで，研究者は相当な権威を持っていると信じられているため，このような権威と服従との強い関係が存在してしまったといえる。けれども，今日の世の中にあっても，たとえば企業・官僚組織などの中に，大なり小なりのこのような古典的な権威主義が強い影響力を保っているのを，日常生活の中で少なからず見ることができる。

　近代になって，このような厳格な権威の行使に対しては，まだ数多く見られるにもかかわらず，否定や反発が強まり，多くの場面で「権威の失墜」が観察されるようになった。このため，有効な影響力とはならな

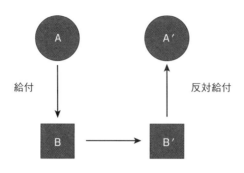

図6-5 「互酬」の持つ影響力

い状況が続いてきている。けれども，もう少し柔軟な形態をとるような影響力は集団内ではまだまだ健在であり，日常の組織の至るところで観察されている。たとえば，親子関係や師弟関係などのような，信頼関係を必要とするような場合には，より緩い「権威 — 尊敬」の協力関係が行使されるようになっている。互いに「影響力」を及ぼし合うことで，協力の互酬モデルを形成する場合が多くなっている〔図6-5〕。

## 4. 好意とハロー効果

　ここで，ほかの影響力の事例をいくつか見ておきたい。まず「好意（liking）」という影響力について考えることにする。今，Ａがこの好意という影響力を使用して，Ｂを協力に導くような状況を考えてみたい。このとき，Ａの側に何らかのＡを「好きにさせる」条件が存在し，それを使用する。このとき，ＡはＢから「好意」という好ましい承諾を得ることができるので，協力関係を引き出すことができる。ＢがＡを「好きになる」条件としては，魅力・親密性・友好・才能・親切・誠実・知性・外見・服装などがある。

　なかでも，人びとの好意を引き出す条件として，最もわかりやすいのは人びとの外見である。顔や身体などの魅力，笑顔のような友好性，誠実さを表す服装などを挙げることができる。もし今，Ａがこのような魅力を持った人であるならば，Ｂがその魅力に好ましい感情を持つことで，ＡはＢに対し影響力を及ぼすことが可能になる。このときに生ず

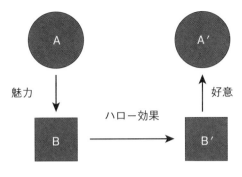

**図6-6　「好意」の持つ影響力**

る作用をハロー効果という。ハロー効果のハロー（halo）は「光輪」と訳され，仏の後ろに描かれる丸い輪のことで，本体があってその周りに及ぼす効果である。つまり，実体が直接的に影響を与えるのではなく，実体の持つ周りの効果を通じて，間接的にほかの人に影響力を行使するのである〔図6-6〕。

　世の中には，いくつかこのような「好意」の例が存在する。友人を作る場合が典型である。その友人が好ましい魅力として，たとえば，話し方が魅力的であったり，外見がハンサムであったり美人であったりすると，その実体が外見と同じような魅力を持っているのではないかと思い接近する。そこで，実際に話してみて，うまくいく場合もあれば悪い場合もあるが，実体がそのとおりであれば，外見のハロー効果が効き，その人の魅力を受け入れ，AとBは友人関係を保つようになる。外見や服装がハロー効果を及ぼし，人間関係の中に影響を及ぼす。

　カナダ連邦選挙（1974年）の結果を事例として，前述のチャルディーニは取り上げている。それによると，魅力的な候補者は，魅力に乏しい候補者の2.5倍の票を獲得していることが，調査によってわかったとしている。また，チャルディーニは，これらの「好意」による影響力が実社会の中で積極的に活用されている事例を紹介している。人びとが「魅力」的な人に従う性向を持っていることを利用して，店頭セールスやブティック・スタッフには，外見のよい人物を配置する傾向のあることを指摘している。また，ペテン師や詐欺を働く人びとには，「ハンサム」

や「美人」が多いことも無関係ではないとしている。

　さらに，販売業界の活用例を紹介している。「魅力的な人」は罪を犯しても有罪になりにくく，雇用されやすく，高い給料を得やすい，そして，親切で，面白く，能力があるとみられやすいことなどを，一般に対して宣伝し，「魅力」にはハロー効果の存在することを知らしめて，製品販売に結び付けるような，積極的な利用のあることを指摘している。

## 5. 譲歩の影響力

　第二に，影響力の事例としてよく使われるのは，「譲歩（concession）」である。消極的な影響力行使の方法である。たとえば，AがBに対して影響力を行使する場合に，通常は権威のもとに積極的に影響力を発揮するのであるが，この場合，逆にAが自分のほうに欠点があったとまず譲歩をみせる。AのほうがBより権威がないものと宣言し，戦略的に退く態度をみせる。これを見て，BはAが退いてくれるのなら，B自身も身を退いたほうがよいと考え，互いに譲歩に対して反対譲歩を返す。このことで，退いたが故に大きな仕事は成し遂げられないものの，小さな仕事に関しては達成することが可能になる。積極的に何かを進めようというのではなく，消極的に互いが身を退くことで，わずかの協力を引き出すことができる。いわば，2歩退くことで1歩進むという影響力の与え方である。今日でも，社会の中でかなり有効だといわれている。

　ここでは，チャルディーニの挙げる，ボランティア募集の事例を見ておきたい。カナダの地域精神衛生局で，2年間にわたり，1日2時間無報酬で働くというボランティアの募集を行った。この要請を承諾する割合についての調査が残されている。これによると，通常2年間にわたって無報酬で毎日2時間働くなどというボランティアには，あまり応募しない。そこで，第一に，最初から1週間に2時間のボランティアを募集した場合には29％しか承諾がなかった。これに対して，第二に，2年間にわたって毎日2時間はどうかという大きな要求をしておいてから，その後で1週間に2時間と要求を下げたところ，実に76％が承諾をした。つまり，譲歩を行ったことによって，受け入れる人たちが増えたことに

なる。インフォーマルな影響力が社会や組織の中で意外に大きな力を発揮する可能性のあることを示している。

## 6. 期待とピグマリオン効果

　第三に，「期待（expectation）」による影響力の行使も，協力活動の中で潜在力として，有効な働きを行ってきている。たとえば，事例として，リーダーシップを発揮しようとする上司Aと部下Bとの協力関係を見ておきたい。A. R. コーエンとD. L. ブラッドフォード著『影響力の法則』で，「人は，よい成果を期待されると，その期待に応えようと頑張る傾向がある」ことを指摘しており，逆に，駄目だと思われている人は，悪い行動をとると解釈されている。ここで，リーダーの上司Aは，部下Bの才能，プライド，貢献できる能力，興味関心，さらには，Bが重要だと思っていることを見つけ，育てることが大事であると主張されている[注4]。

　組織における労働意欲やインセンティブの問題は，社会組織の究極の問題である。ここで重要な点は，労働意欲やインセンティブを高める方法は，単に賃金上昇や地位の昇進だけではないという点である。影響力はその代替的，あるいは補完的な有力要因となり得る。

　たとえば，部下の労働意欲やインセンティブを確保する方法として，影響力が駆使される場合がある。このとき，上司Aは部下Bがどの程度貢献できる能力を持っているのか，どのようなことに興味関心を持っているのかをよく見て，それを承認し，部下を育てることが大切になる。このように，相手を育て，パートナーシップを築き，インセンティブを引き出す効果のことを，「ピグマリオン効果」と呼ぶ〔図6-7〕。

　このピグマリオンという言葉は，19世紀の劇作家バーナード・ショーが同名の戯曲で使ったことで有名である。ギリシア神話に出てくる神話上の人物を示している。「ピグマリオン」は，その後映画とミュージカルに仕立てられ，「マイ・フェア・レディ」というミュージカルになった。英語教師のもとに，下層階級から出てきた女性が弟子として入り込む。最初，英語教師は彼女を見下していたが，英語が上達するに従って見直

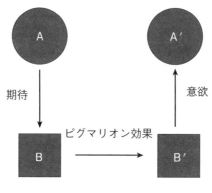

図6-7 「期待」の持つ影響力

し, 最後は自分の妻にするという物語である。才能や能力がないとされた相手でも, 自分のパートナーとして承認し, 育てることによって, 重要な人物になるという影響力行使の事例にもなっている物語である。このようにして, 期待を相手に伝えることで, いつもと異なる特別な力が作用するということが, 「期待」にはあり得る。

## 7. まとめ

人間社会には, このように影響力を行使して, 協力関係を形成する傾向が存在する。前述のように, 影響力を行使する場合に多く利用されるのが, 互酬的方法である。影響力を行使して, 人を動かすためには, 相手との間の信頼関係が重要である。相手(他者)の状況を理解し, 互いに譲歩したり, 好意を操作したり, さらには期待を利用したりして, 協力できる関係を築くことが求められる。

一般的な言葉で言うならば, いわば「連合(association)」の持つ影響力が効いているのだ, とチャルディーニは指摘している。人びとは, 何らかの「好ましい事象(positive traits)」との連合を作り出し, 影響力として作用させる。これらの多くは社会的に好ましいと証明されたもの, すなわち社会的証明(social proof)のあるものが多いが, これらと結び付くことによって, 他者の目に印象付けを行い, それらとの結び付きから, 成功や成果を導き出そうとする傾向がある。組織の構成員・

広告担当者・政治家・商人などは，自分あるいは自分の扱う商品と，好ましいものとを結び付け，ここに連合原理を適用して，望ましい状況を共有しようとする。

影響力行使によって，望ましい事象と結び付け，そこに新たな展開を呼び起こそうとする，という影響力の特別な作用が存在するのである。これが外部的な効果を発揮することになる。このことは，広告宣伝でよく使われる。

たとえば，ポスターが典型例である。商品を宣伝するためにポスターに商品を掲げるが，商品だけをずらりと並べたポスターはほとんど存在しない。必ずそこに別の何か好ましい人物，モノなどを併載する。化粧品や香水の場合には，有名な女優を一緒に記載する。その女優のことは全員が知っていて，皆が好ましいと思っているほうが望ましい。消費者は，その女優と結び付けて，商品の印象を受け入れ，商品のイメージ形成を行うことになる。

組織のアイデンティティ戦略にも，このことは利用される。トップには，組織全体のイメージアップを図ることのできる，看板になるような好ましい人物を据える場合が多い。このような例は，日本企業が業績不振に陥ったときに外国人経営者を招いて，トップに置いた例などを挙げればよいと思われる。このように影響力を行使し，結合し連合することでイメージを変えるという間接効果を及ぼすことが可能になる。

たとえば，地元のスポーツ応援団も典型的な事例である。応援しているチームが優勝に近づけば近づくほど，人びとは「われわれのチーム」などという言葉遣いをするようになる。これに対し，負けが込んでくると「われわれのチーム」という人たちはどんどん減ってくる。つまり，好ましいことには自ら，あるいは組織を連合させ，組織全体を元気付けるために，影響力が使われるという例がある。好ましいものを結び付け，全体的に影響を及ぼすことで，協力関係がより好ましいものになる可能性があるといえる。

これらの影響力の作用で注目しておきたいのは，前述の集団効果である。インフォーマルな効果が持続されることで，もし給付者が一方的

に与えても，後に返ってくるという期待が保証される。このため，「将来への義務感」が人びとの間に生成されるのである。影響力を通じて協力し合うことによって，直接的な利害が形成されることは確かだが，それ以上に，それらの間に集団特有の，不確実性を縮減するという協力の集団効果が，間接的に発揮される特性を見ることができる。

## 注と参考文献

注1) Robert B. Cialdini, Influence: science and practice, 1985　ロバート・B.チャルディーニ著．影響力の武器―なぜ，人は動かされるのか［第2版］．社会行動研究会訳．誠信書房，2007

Claude Lévi-Strauss, Les structures élémentaires de la parenté, 1968　クロード・レヴィ＝ストロース著．親族の基本構造．福井和美訳．青弓社，2000

Marcel Mauss, Sociologie et anthropologie, 1950　マルセル・モース著．社会学と人類学 第1．有地亨ほか訳．弘文堂，1982

注2・注4) Allan R. Cohen ; David L. Bradford, Influence without authority, 1990　アラン・R.コーエン，デビッド・L.ブラッドフォード著．影響力の法則―現代組織を生き抜くバイブル．高嶋成豪，高嶋薫訳．税務経理協会，2007

注3) Stanley Milgram, Obedience to authority: an experimental view. 1974　スタンレー・ミルグラム著．服従の心理―アイヒマン実験．岸田秀訳．河出書房新社，1975

## 研究課題

1. 「ミルグラムの実験」の意味について，整理・検討の上，自らの考えを論述してみよう。
2. 「互酬」は社会的な協力関係を築く上で，どのような効果を及ぼしているのか，論述してみよう。
3. 「ハロー効果」は，どのような効果を持っており，影響力に対してどのような作用を及ぼすのか，論述してみよう。

# 7 | 近代的協力モデルと大規模化組織の発展

　近代になって，なぜ人びとは企業・市場・政府組織において，協力体制の規模拡大を図ろうとしたのか。近代の協力モデルの特徴の一つは，協力組織の大規模化を目指した点にある。近代社会で見られるようになった，自動車産業や鉄鋼産業などの「大量生産」方式による工場体制は，製品生産という物的な生産においてはもちろんのことであるが，人びとの協力関係を結合させる点でも，大量に進む仕組みを編み出していて，一つの頂点を示すものであった。大規模体制下で人びとの結合を促進する体制は，あえて部品生産で一度分断した人びとの関係を，フォーマル組織のもとで再構成して，結果として製品生産において人びとの協力関係を増産することを目指すものであった。

　これまでの章で見てきた「協力の交換モデル」という意味でも，また「協力の支配モデル」という意味でも，社会的な協力が一つのピークを形成するのが，20世紀初頭の大量生産方式であった。たとえば，当時米国のフォード自動車がT型を生産することによって，「大量生産（mass production）」という言葉を生み出すと同時に，この生産方式の中で人びとの協力関係がさまざまな形態をとって展開されていった。大勢の人びとが工場へ集められたが，そこでは，製品が大量生産されたばかりでなく，人間の協力関係も大量生産されたのである。

　この章では，なぜこれほど大量の協力関係を結集させることが可能になったのであろうか，という点を考察する。それまでの熟練によるクラフツ労働中心の世界ではまったく考えることができないほどの人びとの大量組織化が可能になったのだが，それはなぜだろうか。組織というものの示す高い生産性の理由はいくつか存在する。それらの中で古典的な理由となってきたのは「規模の経済」である。19世紀から20世紀にかけての大企業体制が成立した理由にもなっている。「規模の経済」については，現代においてどの程度有効性があるのだろうか，この章で考えていきたい。問題は，規模の経済性ということが，これまでの経済学の中では，主として生産設備の点に結び付けられてきたという点である。むしろ，原点に帰ってみるならば，規模というのは，

協力体制が制度化されたときの人的規模でもある。人数が多くなるということは，当然ここでの関心事である，社会的協力関係の「規模の問題」になる。
**《キーワード》**　規模の経済，範囲の経済，互換性，組立ライン，テイラー主義，大量生産，企業結合

## 1. 流れ作業と生産性

「組立 (assembly) ライン」が「解体 (disassembly)」から始まったことは，有名な話であり，協力活動の一つの集合の典型を示唆している。映画監督ルネ・クレールやチャップリンなどの撮った映画で取り上げられた，この「流れ作業 (flow production)」の原型が，シカゴの精肉業者による食肉の「解体」ラインにあったことを，ヘンリー・フォードは自叙伝でわずかに紹介している。小説家のアプトン・シンクレアの著した『ジャングル』の前半では，この精肉工場の流れ作業を克明に描いて，すでに数十年続いて発展されてきた生産現場の革新と腐敗を一般の人びとに知らしめた，と『アメリカン・システムから大量生産へ』を著したD. A. ハウンシェルは書いている。

この方式が，フォードの自動車工場で採用されて生産性を飛躍的に上昇させたのである。つまり，自動車工場の組立ライン方式では，人間の労働を機械に置き換えることが重要な意味を持っていた。これによって，人間は動かさずにモノを投入し，それを最大限動かすことで生産性を上昇させた。アセンブリーという言葉は，集める，集結するという原義を持っていて，まさに大規模に集結させることが生産において行われるようになったのである。ここで，生産における大規模化の原則が確立したといってもよいだろう。

組立ラインは次のように導入されたと上記のハウンシェルは記している[注1]。1913年4月1日，フォードのフライホール磁石発電機組立部門の労働者たちは，それまでは一人一人が多数の部品を使って，発電機の全体を一つ一つ組み立てていたのだが，その以前の方法を捨てて，特定の部品をナットで発電機の部分に組み付け，次の労働者へそれを渡す

ことを，職長から求められた。そして，同じ手順を何度も，9時間にわたっ
て繰り返した。この結果，以前には29名が1日当たり35〜40個の発電
機を組み立てていたが，ライン作業では，同じ人数で1日当たり1,188
個を組み立てたのである。さらに翌年には，作業者は14名に減らして，
1日8時間で，1,335個を達成したのである。流れ作業では，一定の速度
で製品の発電機を移動させれば，「作業の遅い者を速くさせ，速い者を
抑制させる」ことができ，労働者の作業ペースを均一に保つことができ
たのである。ここで，何が起こったのであろうか，を認識することが重
要である。

## 2. 協力の大規模化と組立ライン

　フォードのT型車の生産は，大量生産方式によって，近代的協力の典
型である「規模の経済」を追求したのである<sup>(注2)</sup>。経済史のR.バチェ
ラーによると，1911年には，販売台数は3万9,640台であったが，1917
年には74万770台に急増しており，さらに1921年までには，年間100万
台を超える販売台数を記録するに至っていた。1927年にT型は生産が
停止されるが，最終的には約1,500万台が製造されたのである<sup>(注3)</sup>。
　なぜこの方式がそれほど重要な協力体制として考えられるようになっ

**フォードT型車の組立ライン**
〔ユニフォトプレス〕

たのだろうか。ここで，ベルトコンベア方式の流れ作業で有名な「組立ライン」と並んで，この大量生産方式を構成した，いくつかの観点を取り上げてみたい。

　フォードのT型車の大量生産方式組織（いわゆる，フォーディズム）が成立するための必須条件としてよく挙げられるのが，「互換性（compatibility）」，「組立ライン（assembly line）」，「テイラー主義（Taylorism）」という事態である。分割・再結合・統合を驚くべき規模のもとで実現した方式である。この中で，とりわけ「互換性」という性質が重要なものとして取り上げられた。互換性とは，製造する機械の構成部品について正確に規格を同じにして，いかなる部品をとっても，ほかの機械への組付けが可能であることである。このことは，機械生産の効率性が増すことを指摘しただけでなく，むしろ分業という人間の協力のあり方へかなりの影響を及ぼすことを示している。

　これについては，前述のハウンシェルの著書で，1808年にシメオン・ノースという兵器業者が次のような手紙を書いていることを記している。「ピストルの契約をアメリカ合衆国にも，私自身にも有益にするために，ピストルが一挺も完成しないうちに，総費用のうちのかなりの額を使い切ってしまわねばならない。労働者にピストルの特定部分を2000個作らせたほうが，ピストルを少数ずつ完成させる場合に比べて，労力が少なくとも四分の一節約できることに気がついた。それに仕事の速度が上がるのと同様に出来映えもよくなる」（Hounshell＝和田ほか訳　1998：p.40）というように，互換性が機械生産を向上させるばかりか，分業の利益を促進することが指摘されている。この方式は，時には労働争議などの難しい事態を引き起こす原因となったものであったが，この方式が追求されたために，交換可能な仕事の構成単位であるモデュール（module）に組織が細分化され，再び構成されるという繰り返しが，近代の協力組織の本質になっていった。

　ここで，製品の部品互換性が高くなれば，それぞれの部品が異なる場所で生産されることが可能なので，高度な分業が成立されることになる。このことによって，生産体制の組み合わせを自由に組み換えて行うこと

による経済効果が見込まれることになる。これによって，互換性が確保されるならば，生産性を高くすることができる。

　前述のバチェラーによれば，この互換性という考え方は，18世紀後半のフランスで，啓蒙主義運動の中で生み出されたと指摘されている。本来は職人経済のように固定的な生産関係が支配的であったのだが，これに対して，製品生産の一部分を切り取って別に生産を行い，部品の生産に関して自由に組み合わせることができる，という考え方であった。このことは，J. ロックをはじめとする自由主義の考え方に近いものであった。利用されていないものを見つけ，それを最大限効率よく使用するという，獲得主義的で組織的な生産にとっても，この教義は当を得たものであると解釈された。そして，現実の組織も，この合理性に基づいて構成されていった経緯がある。現代のアウトソーシングの考え方に通ずるものである。

　問題は，製品を作るときの物的な分業の問題ではなく，人びとが結集される仕組みとしての協力の問題としてとらえ直すことができる点が重要である。互換性の提起している問題は，まさにその問題であって，分業体制が進めば進むほど，そこでは，「熟練労働」という本来は分断できない仕事が，互換可能な「非熟練労働」に変えられるという現実が存在するということが注目されたのである。このような考え方は，機械化あるいは分業化への特徴として，つまりは機械側の工夫として考えられてしまう場合があるが，実際には協力組織がどのように構成されるのかという，人間関係の問題であるのだ。

　このようにして，組織の協力体制は，互換性に基づいて，一連の仕事の最小単位であるモジュールに切り分けられることになるが，この細分化には当然限界があることが知られている。たとえば，細分化したからといっても，熟練労働と同等の仕事は得られない分野はある。また，モジュール部分を切り離した途端に全体がおかしくなる組織体も存在する。そして次には，それが組立ラインに乗せられるように，テイラーが主張した秒単位の「科学的管理法」で統合されることになるが，フォードの大量生産方式の場合には，そこに無理があった<sup>(注4)</sup>。

## 3.　大規模組織の経済的特徴

　大規模組織の経済は，企業組織や公共組織によって生産の組織化が行われ，それが通常は集団的な協力関係を形成するという点で特徴がある。ここで重要なのは，それではなぜこのような経済で見られる協力体制は発展し，大規模化するのか，という点である。組織経済の発展の中でも，特にその中心的な作用を及ぼすのは，組織内外における協力体制の規模拡大である。企業経済の進展する中で，生産組織が規模の拡大を目指し，大企業化が進むという傾向の中に，近代的な協力の典型を見ることができる。それでは実際に，大規模な協力体制にはどのような利点があるのだろうか。この点が，近代社会に産業化という動きが生ずる最大の原因の一つであると考えられる。

　もちろん，すべての経済現象が大規模化へ向かって進むというわけではなく，その時代や経済の状況に応じて，全体の中で規模が重要な要因であるときが存在する。ここでは，このような動きに伴って，中小企業の役割，企業集団や企業間ネットワークの働きが重要な要素である場合も見られた。英国の経済学者 L. ハンナが暫定的に作成した欧米と日本の「製造業の純産出高に占める上位百社の割合」でも，日本とイタリア以外の各国では，19世紀から20世紀にかけての100年間に，中小企業は全体に占める比重が高く繁栄を続ける中で，他方，大企業の比重も同時に高まっている[注5]。先進諸国の多くの国々で，その中のいくつかの時代において，規模の経済を利用した産業社会を作り出してきた傾向を見ることができる[注6]。

## 4.　「規模の経済」とは何か

　大規模な企業経済の発展する一つの理由は，人びとの経済的な協力のあり方が「規模の経済（economies of scale）」を追求してきた点にある。一企業の規模を大きくすることで，製品の単位当たり費用が引き下げられることを，ここで広義の「規模の経済」と呼んでおきたい。米国経営学の A. チャンドラーによれば，このような規模の経済とは「単一の製

品を生産したり流通したりする単一の業務単位の規模を大きくすること
によって，生産や流通の単位費用が引き下げられたときに生ずる経済性」
であるとされる<sup>(注7)</sup>。

　たとえば，溶鉱炉をもつ製鉄業で典型的に見られるように，機械設備
などのような固定費用の高い生産体制を保っている産業では，ある一定
以上の生産量が保たれて，はじめて生産費用の低い効率的な生産を行う
ことができる。この点では機械や工場だけに固定費用がかかるわけでは
なく，人間関係においても，常用雇用の熟練労働者，特殊な知識情報な
ども企業にとっては固定的に費用のかかるものである。この固定費につ
いては，生産量が増大すれば，単位当たりの費用が低下することになる。
英国の経済学者 A. マーシャルは，次のような物的施設についての「規
模の経済」の例を挙げている<sup>(注8)</sup>。「一本の
高い煙突は，小さな溶鉱炉の排煙もできるが，
同じように大きな溶鉱炉の排煙も行うことが
できる。一人の門衛は 500 人の人間を，50 人
の人間と同じように容易に受け入れることが
できる」。生産にかかる固定費用を生産量で
割れば，単位当たりの固定費用が算出される
が，この数値は生産量が多くなればなるほど
低くなる。

**A. マーシャル**
〔ユニフォトプレス〕

　このように固定費を削減できることは，「規
模の経済」を追求する理由の中でも重要な観点である。もし一人ずつが
それぞれ自分の手工業の作業場を持つならば，一時的にしか使用しない
ような固定資本や固定費用について，それぞれが無駄な費用を負担しな
ければならないことを意味している。一つの工場で共通に使えるものを
共同で負担することには，固定費を低下させ生産コストを削減するメ
リットがある。固定費は全体の生産費用の中でも大きな部分を占めるの
で，これを削減できる効果はたいへん高い。

　しかし，ここで一人の門衛が 500 人ではなく 5 万人の人間を受け入れ
ることができるかといえば，必ずしもそういうわけにはいかない。同一

規模で生産を行うと，そこには規模の限界が存在し，いわゆる収穫逓減の状態になる。追加的なコストが増大することで，最適な生産規模を維持できなくなる。けれども，この場合でも門衛の数を増やせば生産規模は拡大することになる。つまり生産要素を増大させれば，また収穫逓増になる可能性がある。このように産業化の過程では，各企業はあらゆる機会をとらえて，労働力あるいは資本などの生産要素を結集して，生産規模を拡大しようと考えるが，ここには規模の経済性という利点があると考えられる。

　さらに，同じく「規模の経済」の一つの類型として，「範囲の経済（economies of scope）」を挙げることができる。規模の経済の中でも複数の製品に関する規模の経済として，範囲の経済が観察される。ここで範囲の経済とは「単一の業務内の諸過程を複数製品の生産・流通に用いるときに生ずる経済性」である，と前述のチャンドラーによって考えられている。この範囲の経済は，言い換えると，さまざまな生産組織が同一地域に集結することによって，企業間あるいは企業内部に局地的な経済性を得ることである。

　この「範囲の経済」の一つの特徴は，必ずしも大規模生産において生ずるとは限らない点である。たとえば，小企業が同一地域に集結することによって，あたかも大企業が一貫生産を行っているかのような生産効果を，範囲の経済では達成することができる。集結によって，生産物相互の移動時間が節約できるなどの効果があるからである。ここでは，生産組織をさまざまに組み合わせ結合させることによって，協業による生産時間の節約を図ることが期待されることになる。

　たとえば，郊外型のショッピングモールは，「範囲の経済」についての典型例である。ショッピングモールにはたくさんの専門店が集まるので，消費者はショッピングの手間を省くことができる。広い地域にそれぞれ時計

A. チャンドラー
〔ユニフォトプレス〕

屋や家具屋などが点在していると，ショッピングの移動に時間がかかることになる。ショッピングモールでは，複数製品の販売が1カ所で行われているために，すべての専門店が一度に利用できる。そこでは，消費者にとってメリットがあるだけでなく，あたかも企業が自動的に集まっているかのような効率的な販売を行うことができ，販売の生産性が上がることになる。

　このような規模の経済性が発揮されるときには，生産設備や販売設備が拡張されるが，多くの場合にこれらは生産技術や販売技術の「革新（innovation）」に原因がある。たとえば，生産機械の技術革新が起こり，機械の性能がよくなれば，製品1単位当たりの生産費用を低くおさえることができる。このような技術革新を行うことのできる企業ほど，生産性が高いといえる。ここで問題となるのは，このような技術の研究開発費負担である。このような費用は，小企業にとっては大きな負担となるが，大企業にとっては比較的小さな負担で済ますことができる。

## 5. 生産・流通・消費に見られる「規模の経済」

　このような規模の経済が発揮されるときに，問題となるその「規模の経済」がどのような種類のものなのかを明確にしておくことは，たいへん重要である。このような企業の規模には，いくつかの系統があることは知られている。一つは，生産で生ずる規模の経済であり，もう一つは，流通・販売で生ずる規模の経済である。

　前者の生産についての規模の経済を考えるならば，労働力を結集する場合には労働力についての規模の経済効果が期待できるし，また資本設備の拡大でも資本に関する規模の経済を期待できる。このときに，歴史的に見ると，生産における規模拡大は，はじめは労働集約的な産業において労働力を動員することで，大きな成果を挙げた。工場制度が形成されて，労働者が1カ所に集められ，生産が集中的に行われる仕組みが成立するようになった。大規模な雇用が行われ，労働者の勤労意欲が総動員され，分業の利益を図るような種類の規模の経済が求められた。このような工場制はさまざまな産業で見られたが，特に繊維産業，木材・家

具産業，印刷・出版産業などで労働力結集の大規模化が行われたが，結局のところ労働力による生産性の上昇には限界があった。そして，その後，資本集約的な産業，とりわけ重工業などが規模の経済を発揮するようになった[注9]。

　たとえば，原初的な場合を考えてみたい。2人の労働者がいて，穴を掘っている。この2人がもし素手で穴を掘るならば，ほんのわずかしか掘ることができないが，ここで人数を増やせば，より仕事ははかどることになる。2人よりは10人のほうがより規模の大きな「生産」を行うことができる。おそらく，10人ならば2人より5倍以上も掘ることができるだろう。このように労働の規模を大きくして分業の利益を図れば，この段階で相当の規模の経済を期待することができる。けれども，ここで2人だった労働者を10人にし，100人にするというようにたくさんの労働者を雇っていくと，当然賃金は上昇し，たくさんの人を企業が雇えば雇うほど生産コストが高くなっていく。

　ところが，ここでシャベルを1本与え，2人が交代で穴を掘れば，おそらく素手で行うよりその何倍もの量を掘ることができる。つまり，そのシャベルに当たるものが，いわば資本ということになる。このような道具を与えることによって，同じ2人であっても，作業が圧倒的に進むことになる。アダム・スミス以前の時代であれば，労働集約的な生産が多かった。つまり，たくさんの人を雇って働かせれば，多くの儲けを得た。素手で掘る方法では，当然道具を使う方法と比べると，生産性が上がらないことになる。この段階では，労働者をもう10人雇うよりはシャベルをもう5本買ったほうがよほど穴を掘る効率がよいことになる。したがって，今まで100人雇っていた労働者を半分の50人にして，その代わりシャベルをもう10本買うというように，労働よりは資本を使ったほうが生産性の上昇を期待できることになる。資本の生産性という考え方が出てくる。生産的であるのは労働ばかりでなく，資本も生産的であることになる。ここで，労働の規模拡大を図ると，労働力をより多く使うようになって賃金が高くなる。この結果，ほかの生産要素を使うようになる。このように，労働から資本へ生産要素が移動していく効果を

19世紀の経済学者 D. リカードは指摘した。もっとも，景気が悪くなると実質賃金が低下して，逆に資本から労働への代替が生ずるが，このことをいわゆる「リカード効果」と呼んで20世紀に復活させたのは，経済学者 F. A. ハイエクである。現実にどちらの生産要素が使われるかは，そのときの経済事情によって異なる。

　いずれにしても，19世紀から20世紀に入ってくると，そこで技術が進歩したり，そこに新しい生産の要素が現れてきたりすることによって，労働者をたくさん使うよりは，労働者を節約するためにほかの生産要素を使ったほうが有利になってくる。生産の規模についても，その規模の内容が変化することになる。つまり，機械生産の普及は，さらに規模の経済を促進することになった。手工業では道具として使われる機械は限られるが，機械工業では人間の手を経なくても自動的に人間の代わりをしてくれるものが機械として入ってくる。分業過程の中で機械生産が相当な比重で占められるようになると，これによって生産技術の革新というものが資本設備の充実を促し，企業では規模拡大が図られることになる(注10)。

　さらに今日では流通・販売での規模の経済も重要になってきている。ここでは，大量輸送や大量販売の利益が見込まれることになる。大量輸送のような規模の経済の発揮については，近代になって鉄道・船舶・航空機，さらに通信の発達は大きな作用を及ぼしている。また，大量販売については，百貨店・チェーンストア・通信販売・量販店などの発達が規模の経済を促進したと考えられる。これらの中でも，たとえばマーケティングという販売術の普及は，需要がどのように動くのかが不確実であったころと比較すれば，大量販売を飛躍的に確実に行う可能性を持ったものであった。これらの発達は，流通や販売に関する規模の経済を発揮するために必要なものであった。

　また，消費者の需要のあり方が，規模の経済を引き起こす場合のあることも知られており，このような場合にも規模拡大が有利に働く。たとえば，ネットワーク形式の需要を形成するような「電話」が好例である。1 人の人だけが電話を利用しても，ほかに誰も話す相手がいないから，

そこには需要は生まれない。しかし，2人，3人，4人というように，交信する相手が多くなればなるほど，より通話の需要は多くなる。加入者が増えれば増えるほど，規模の経済性が累積的に発揮されていくという面を持っている。ネットワーク外部性と呼ばれるような，このような形態の規模の経済も存在する。このようなネットワーク型の需要のあり方では，生産量が増えれば増えるほど，さらに利益も膨らむことが知られている。通常の企業経済では，生産量が増えるに従って収穫が逓減するが，このタイプでは収穫逓増を示すような規模の経済を発揮する。さらに，規模の経済は経営の手法によっても，効果的に発揮されることがある。合併・吸収などの企業合同は，どちらかの1社からみれば一夜にして規模の経済が発揮される環境が直ちに整うことになる。そのときに雇われている人の中で固定費に当たる部分，たとえば管理・経理部門は削減することが可能である。また，遊休の資本設備を廃棄して，有効な生産組織を形成することができるようになるかもしれない。

　このようにして，規模の経済は，生産規模を拡大する中で実現されてきた。けれども，このことは一つの企業で新たな雇用を増やし，生産設備に新規投資を行うことだけで達成されてきたわけではない。これらの生産上の規模拡大に加えて，前述の流通・販売上の規模拡大，さらには経営上の規模拡大がほぼ同時に行われてきた。合併・吸収などの企業合同も，規模の経済性を発揮する上で重要な手段であった。

## 6.「規模の経済」と金融

　ビジネスという金融的な考え方が，産業社会の中で急速に前面に出てきた時期がある。19世紀後半の米国では，金融の動きが市場における産業組織のあり方や，企業内部の組織のあり方に多くの作用を及ぼした。金融というのは，資金の余っているところから足りないところへの融通を行うことであるが，このことは単に資金が移動する貨幣的現象にとどまらずに，企業組織自体を変化させる産業的現象を含んでいる。金融・信用制度の発達は産業体制全体に大きな影響を与えてきた。

　金融が産業体制を支える役割を演ずるだけでなく，金融自体が産業を

変化させ，産業の主導権を握るような事態が生ずるのは，19世紀後半の米国においてである。この点では，この時代以降，金融の力は産業主義自体を大きく転換させる原動力になったといえる。産業革命の時代には実質的な技術革新や機械生産というものが産業体制を大規模生産へ導いた。けれども，この時代には金融の新商品開発，資本市場の拡大，さらに買収・合併などのような，金融的革新や組織上の革新というものが，大規模生産を運営する上で大きな意味を持つようになったといえる。ひと言でいえば，それは金融が企業経済の中に浸透してきたということである。金融的革新によって，資本主義が膨張する傾向が生ずるが，単に拡張が進むだけでなく，株式などの金融資産を通じて買収・吸収が行われ，金融をもって企業結合を図っていこうとするビジネスの本質的な方法が現れてくることになる。

　このような金融による企業間操作には，J. ロックフェラーが結成したトラストが初期の段階では最も有名であるが，これ以外にも19世紀後半の米国で行われた，合併・合同・持株会社などの企業結合（business combination）が含まれる。今日では，このような企業結合の方法も多様化してきているが，基本的なものについては以下の分類が当てはまる。経営史家 H. クルースの分類に従えば，（1）合併（merger）とは，企業結合する両社のうち，存続する企業が他社を併合するものであり，（2）合同（consolidation）では，複数の企業が互いに統合を図り，新たな法人を設立するものである。そして，（3）持株会社（holding company）では，親会社がそれぞれの独立している子会社の議決権を握っているものである。

　ほとんどの産業社会では，このような企業結合という産業の運動が，周期的に繰り返されることになる。このような動きは，産業主義の進展とともに19世紀以前にも少しずつ小規模には現れてきたのは事実である。しかし，19世紀の終わりに米国で興隆した動きは，それまでの動きとは比べものにならないほど大規模であり，産業社会全体に大きな影響を与えるものであった。この点では，産業主義というものが一つの曲がり角にきており，合併・合同・持株会社などのような金融的な革新によっ

て産業が再編成される必要があったということを示している。

## 7. 企業結合と「規模の経済」

　それでは，なぜこのような企業結合は行われるようになったのだろうか。ここで最も注目したいのは，「所有の結合」を行うことによって規模の経済性の得られる点である。企業結合が行われると，企業株式の所有権を一体化することになるから，そこでは資本金のより大規模な企業を生み出すことになる。所有権の結合が行われることになる。このため，合併や合同の結果，これらの企業は，以前より大規模な生産能力を得ることになる。大企業はこのような方法によって，大規模の経済性を発揮することができる。

　このような規模の経済性は，本来は生産技術の発達や生産管理の進展に従って，つまり一つの企業が発展する中で，自己投資を行い，資本設備を充実させることで達成されてきていた。ところが，このような技術革新などの企業発展によるのではなく，むしろ金融的革新によって，短期的に規模拡大が図られる点で，企業結合特有のメリットがあると考えられる。これまでのように製品開発の技術を高めたり，生産工程を工夫したりという形態をとって，産業的によく働き，よりよい技術を開発して拡大させるのではなくて，単に企業結合という方法で所有の結合が図られる。一挙に，資本金の額を倍にしたり，あるいは生産構造を倍に拡張したりということが可能になる。これは時間をかけて生産の拡大を図っていくやり方と比べると，短時間で規模拡大ができるという点で，金融的な企業家にとってはたいへん魅力のある方法である。とりわけ，生産技術上の規模の経済より，流通技術・販売技術などの管理経営面での規模の経済で利益の期待できる点で，これまでの規模の経済性とは大きく異なるものであった。

　この方法を頻繁に使ったのが，米国で「鉄鋼王」と呼ばれた A. カーネギーである。彼の使った結合の方法は，垂直的な統合と呼ばれている産業組織の結合方法である。垂直的な統合というのは，生産過程のラインすべてを企業結合によって統合していく企業結合の方法である。製鉄

会社の場合には，原料である鉄鉱石を採取する会社を合併し，最後にできた製品を販売する会社まで自分の傘下に収めるような統合のやり方である。つまり，生産ラインの最初の原料投入から製品の販売に至るまですべてを，会社の傘下に収め一つの意思決定のもとに置き，これによって一貫した生産・販売の調整ができるという利点を手に入れることになる。このカーネギーの自伝に載っている有名な諺がある。経済学では，リスクを分散させる方法として，「一つの籠にすべての手持ちの卵をみんな入れてはいけない」という一般法則がある。けれども，カーネギーはこれとはまったく逆で，「よい卵をみんな一つの籠にいれて，その籠から眼を離さない」というのが正しいとした。彼は，何事によらず，めざましい成功に至る真の道は，精力をいろいろな分野に散らしてしまうのではなく，一つの道を選んで行うことだ，と考えていた。したがって，「終生の仕事と決めた事業に時と注意を全部つぎ込むだけでなく，自分の資本の最後のドルまでつぎ込みなさい」として，鉄鋼の生産に全精力を集中し，あらゆる鉄鋼生産の事業を内部に取り込むような，上記の垂直的な統合に励んだ。

　いずれにしても，機械技術を使った大規模な産業は，過剰に生産的である。つまり，市場で需要が収益を生み出す価格で応ずる以上の生産量を，機械生産は過剰に供給してしまう可能性を持っている。したがって，産業の発達にまかせていたのでは，産業が成立できない場合が出てきてしまうことになる。たとえば，石油産業の発生当時の19世紀後半の米国では，原油掘削量の供給過剰のために多くの業者が倒産することになったことも，その一例である。

　このような場合に，市場の働きを制限するという考え方が現れてくることになる。価格についての協定を行って，カルテルなどの市場制限が行われる。19世紀の終わりに行われた市場制限で，とりわけ目立つのはプールという考え方である。プールというのは，各企業に生産量の割り当てを行って，価格の維持を図ろうとする方法である。たとえば，この方法は当時の鉄道業で顕著に行われた。当時の米国シカゴ近辺では，民間の鉄道業によって幾重にも同じ路線にたくさんの線路が敷かれた。こ

のため，貨物の輸送や顧客の輸送が過当競争の状態に置かれていた。このため，運賃の値下げや，あるいは貨物を獲得するためにリベートのような運賃払い戻しなどのさまざまな競争が行われた。このような競争は直ちに経営に影響を与え危機をもたらすことになる。このような状況を食い止めようとして行ったのが，プールなどの市場制限であった。プールのようななだらかな形で企業が協定を結んで，市場の競争を制限することから，さらに進んでトラストなどの企業結合を図ることによって，一つの企業の内部に市場を取り込んでしまうことが可能になった。つまり，企業結合の目的の一つは，市場というさまざまな意思決定がさまざまな目的のもとにバラバラに市場に存在するのではなくて，その市場を全部，企業の一つの支配のもとに取り込んでしまうことにある。これによって市場の競争というものを排除することができるため，企業にとってたいへんな利点があることになる。このような競争の制限が始まったのがビジネスという考え方の一つの特徴であった。ビジネス経済は本来市場経済を基本にしていたわけであるが，市場経済の基本的原理である競争というものを制限せざるを得ないという傾向を示すようになったのが，この時代であった。

　結局のところ，企業はこのような結合によって「予想収益力の上昇」を得ることができるメリットがある。企業の収益力は，ここで企業結合による規模の経済性でも上昇することになるし，また大規模化による市場の制限でも上昇することが知られている。このようにして，実質的な産業能率が上昇したり金融による効率的な資本結合が行われたりすることで，企業結合による収益力の上昇が起こる可能性があると考えられる。

　企業結合が行われる場合には，通常双方あるいは片方の企業価値が高められる目的で行われる。また，どちらかの所有している有効な「営業権」というものが将来の予想収益を確実なものにするために，結果として企業価値が高まることがある。米国の経済学者 T. ヴェブレンは，企業結合はグッドウィル（goodwill）を増大させる考え方であるとしている。グッドウィルとは「のれん」と訳されるように，商標・ブランド銘柄・特許権・著作権などの狭義の「のれん」と，企業間の安定した慣習

取引・信用・企業の評判などの広義の営業権・既得特権を含むものである。ヴェブレンは，企業価値というものが物的な有形資産によって測られるより，むしろグッドウィルのような非物質的な無形資産によって測られる場合が多いと考えた。グッドウィルの価値の高い，あるいはグッドウィルを多く持っている企業ほど，ほかの企業に比べて格差利益を得ることができると考えた。つまり，規模拡大は，予想収益増大をもたらし，企業価値や株価を上昇させることで，利益をもたらすと考えた。

　この章で見てきたように，組織において規模の効果を追求することは人びとの間の結び付きを飛躍的に増大させることになった。ただし，通常のままであれば，このような大規模組織は簡単には成立できないが，フォードの例に見たように近代になって互換性を高めたり，金融的結合を図ったりすることで，大規模の協力体制が成立したのである。けれども実は，この大規模化ということ自体に問題が潜んでいたのである。人びとの協力を結集するシステムが大規模化するに従って，協力の質も変化し，次第に近代特有の病理現象を示し始めることになる。

## 注と参考文献

注1・注2）　David A. Hounshell, From the American system to mass production, 1800-1932 : the development of manufacturing technology in the United States, 1984　デーヴィッド・A. ハウンシェル著. アメリカン・システムから大量生産へ：1800-1932. 和田一夫，金井光太朗，藤原道夫訳. 名古屋大学出版会，1998

注3）　Ray Batchelor, Henry Ford: mass production, modernism and design, 1994　レイ・バチェラー著. フォーディズム―大量生産と20世紀の産業・文化. 楠井敏朗，大橋陽訳. 日本経済評論社，1998

注4）　Otto Mayr ; Robert C, Post, Yankee enterprise, the rise of the American system of manufactures, 1981　オットー・マイヤー，ロバート・C. ポスト編. 大量生産の社会史. 小林達也訳. 東洋経済新報社，1984

注5）　Leslie Hannah, Delusions of durable dominance or the invisible hand strikes back : a critique of the new orthodoxy in internationally comparative business history 1980s, 1995　レズリー・ハンナ著. 見えざる手の反逆―チャン

ドラー学派批判．和田一夫訳・著．有斐閣，2001

注6）　Paul Mantoux, La Révolution industrielle au XVIIIe siècle: essai sur les commencements de la grande industrie moderne en Angleterre, 1905　ポール・マントゥ著．産業革命．徳増栄太郎，井上幸治，遠藤輝明訳．東洋経済新報社，1964

注7）　Alfred Dupont Chandler, Scale and scope: the dynamics of industrial capitalism, 1990　アルフレッド・D. チャンドラーJr. 著．スケール・アンド・スコープ—経営力発展の国際比較．安部悦生ほか訳．有斐閣，1993

注8）　Alfred Marshal；Mary P. Marshal, The economics of industry, 1879　アルフレッド・マーシャル，メアリー・マーシャル著．産業経済学．橋本昭一訳．関西大学出版部，1985

注9）　Leslie Hannah, The rise of the corporate economy, 2nd ed., 1983　レズリー・ハンナ著．大企業経済の興隆．湯沢威，後藤伸訳．東洋経済新報社．1987

注10）　Siegfried Giedion, Mechanization takes command, 1948　ジークフリート・ギーディオン著．機械化の文化史—ものいわぬものの歴史．GK研究所，栄久庵祥二訳．鹿島出版会，1977

## 🎸 研究課題

1．なぜ人びとの協力活動・組織は大規模化したのか。その理由について，比較検討してみよう。

2．なぜ協力の「大量生産」が可能となったのか。「規模の経済」「互換性」などを中心に整理・検討してみよう。

3．金融と「規模の経済」がどのような関係にあるかについて，考察してみよう。

# 8 | 近代的協力組織の限界とジレンマ

　大規模化を目指した近代組織には，協力の形態としていくつかの限界のあることが，最も中核にある意外なところから明らかになった。前章で見た自動車工場や電器製造工場のように，近代組織における大規模化は，賃金を上昇させれば労働者は集まり生産性が上昇し，働く待遇や環境を改善すれば上司の命令に従うという，大量生産方式による経済原理と支配原理とで成立させられてきた。協力モデルとしては，交換型と支配型の混合モデルが有効であった。

　ところが，これらの原理原則だけでは，協力組織はうまく働かない現象が現れてきており，効力には限界の生ずることがわかってきた。社会の中の大規模な協力組織を見直すことになったのは，多くの研究者が参加して，1927年から32年にわたって電気器具の製造工場で行われた「ホーソン実験」と呼ばれる一連の調査であった。米国のAT＆T関連会社であるウエスターン電機会社の「ホーソン工場」という，近代組織の見本のようなところで，一つの謎が解かれることになった。研究の中心人物であるオーストラリア生まれのハーバード大学経営学者 E. メイヨーは，この研究に携わる前に「照明」という環境が作業員とその仕事に及ぼす作用について，生産性には何の影響も出ないことをすでに知っていた。二つのグループに分けて，片方のグループの照明度を減少させ，他方の減少させないグループと比較した。けれども，そこに重要な相違は現れなかった。実験を引き継いで，給料を上げたり休憩時間を増やしたり軽食を与えたりすると生産性は向上するのだが，その後，給料を下げ休憩時間を減らすなどの待遇の悪化は影響を与えず，かえって生産性が上がりさえした，という結果をみせた[注1]。

　メイヨーはこの状況を次のようにうまく言い当てている。「ある一つの要素がすべての人びとの上に働いて，この要素が存在すれば必ず同一の結果が生まれるのではない」という状況が明らかになった。近代組織の存立理由の基礎である，賃金や権力による社会的協力の生成という虚構が崩れた瞬間であった。組織には協力に至るまでに多様な要素が作用し，これらの間にある隠れた潜在力の働きを見逃すことができないことが認識されたのである。

《キーワード》　ホーソン実験，官僚主義化，動機付け，ルーティン化，オルソンのパラドックス，組織の硬直性，組織の柔軟性

---

# 1.　大規模と小規模の協力組織

　C社のビデオカメラ工場では，1995年以前には「組立ライン生産方式」が採られていた。120メートルのコンベアラインが5本あり，各ラインに約100人が配置され，1日5,000台の生産が行われていた。これに対して，1996年には組立ライン生産方式を廃止して，いわゆる「セル生産方式」が導入されることになった。そして，約10年経った2004年には，31セルが存在し，各セルには，13人が配置されている体制に変わっている。ここでは1日1万2,400台が生産されている。この10年間で，1日の1人当たり生産性は，10台から31台へ飛躍的に上昇している。なぜこのような生産性上昇が生じたのだろうか。規模の経済性を持ったライン生産に対して，セル生産はいかなる優位性を持っているのだろうか。大規模生産の批判的な動きとして，現実に現れてきたのが，このセル生産方式である。経営管理学の坂爪裕は著書『セル生産方式の編成原理』で，1995年からほぼ10年間にわたるC社のビデオカメラの組立工場を取り上げて，上記のような事例を紹介している。

　ここで大規模生産に対抗する原理的な方法として，「並行性」あるいは「並行分業」という間接的な性質を指摘している。つまり，数キロにわたるベルトコンベアによって，すべてを一つのライン生産方式に統合するのではなく，いくつかの同じラインに切り分けて，それらを並行的に運営するのがセル生産方法である。極端な場合には，一個人が一つのラインを受け持つ方式を採用することになる〔図8-1〕。

　ここで，分業のあり方が転換したといえる。ライン生産で採用されている分業では，それぞれの専門性を重視し，その仕事の役割や機能ごとに分割され，分業が成り立っているので，いわば「機能別分業体制」であるといえる。これに対して，セル生産方式では，並行して走っているセルごとに完結した分業体制になっているので，「並行分業体制」であ

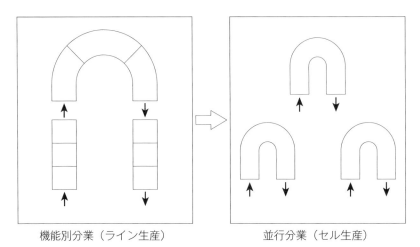

機能別分業（ライン生産）　　　　　　並行分業（セル生産）

**図8-1　ライン生産からセル生産へ**

るといえる。C社においては，この10年間に，「機能別分業」から「並行分業」へ生産体制が変化したことになる。大集団主義から小集団主義への転換である。

　この並行分業の特徴は，どのようなところにあるだろうか。協力体制において，二つの要因が存在する。第一に，生産体制の問題がある。セル生産は，ライン生産のように規模の大きな生産体制を必要としないから，柔軟な生産調整が可能である。景気に合わせて，大きなラインを止めることは困難があるが，セル生産であれば，セルの数調整で小規模な調整が可能になる。このため，多品種少量生産に合っている。

　第二に，働くインセンティブ（誘因）の問題がある。セルの中では，組み立て作業の全体が見通せるために，全体的な生産計画を小回りの効く形態で可能となり，労働者は自分の仕事に対して，一体感を持つことができるようになる。機能的な分業では，仕事が細分化される傾向にあるが，それに対して並行分業では，分割されずに，仕事への責任が要求される。

　なぜ規模の経済を追求する大集団方式から，小集団を中心とする生産体制への転換が起こったのだろうか。大集団における協力にはどのような欠陥があったのだろうか。

## 2．集合行為のジレンマ

　大規模化するメリットが，「規模の経済」という点に表れることを前章で見てきた。組織集団が大規模化すればするほど，製品単位当たりの費用を低減する効果が存在する，といわれてきた。ところが，このことは，集団の活動全体においてこのような経済効果が存在するということであり，集団内部の問題，あるいは集団間の関係についてまで言及するものではなかった。

　ここで，組織が大規模になればなるほど，協力活動が成立しないという現象が現れてくるようになった。なぜ大規模集団では，協力形成が失敗するのか。ここに，「オルソンのパラドックス（Olson's Paradox）」と呼ばれる問題が生ずることになる[注2]。たとえば，組織集団には，構成員の「ただ乗り（free ride）」が生ずる問題があると指摘されるようになった[注3]。もし集団全体の共通利益が存在するならば，それ自体が，構成員にとって「公共財」として働く場合があり，そのときに個人がこの集団に所属することで，ほかの人が構築した公共財としての「組織の社会資本」を負担せずに利用できてしまうという現象である。とりわけ，米国経済学者のM. オルソン著『集合行為論』では，組織が大きくなればなるほど，個人が集団の利益から受け取る分け前は次第に小さくなるので，個人が集団の利益のために働こうとする誘因は減少する，というパラドックスが存在すると主張されている。このような「オルソンのパラドックス」は，大規模組織を形成すればするほど，個人が共同の利益に「ただ乗り」する可能性がよりいっそう生ずることになる，と考えられることになる。

　なぜ人びとが集団に参加するのかといえば，それは集団に参加する特有のメリットがあるからだ，ということになる。個人が集団の利益のために働くのは，その個人が犠牲を払うことで得た集団の共通利益が，その集団の構成員全員に対して分配されることによる。ところが，この共通利益は，大規模になればなるほど，払った犠牲に対して，より少ない利益しか手に入れることができないという構造的な欠陥が存在する，と

オルソンは指摘した。実際のところ，この利益は集団共通の利益であるために，結局は貢献した人にも貢献しなかった人にも平等に分配されることになるために，誰もが集団の利益のために貢献しようとする積極的な誘因を失ってしまうことになる。したがって，集団が大規模になればなるほど，集団の成員は集団利益を達成するための行動をいっそう行わなくなってしまう，というパラドックスがここに現れる。オルソンは，次のように定式化している(注4)。

　「集合財から利益を受ける個人や企業の数が多くなればなるほど，個人や企業に行動をとらせるように仕向けている，集団の利益から受ける分け前は小さくなっていく。それゆえ，選択的誘因が存在しないところでは，集団行動のための誘因は集団の規模が大きくなるにつれて減少する。そのため，大きな集団は小さな集団と比べて，集団に共通する利益のために行動する可能性をほとんどもたない」(Olson ＝加藤監訳 1991：p. 68) とする。のちに，このようなパラドックスが生ずる現象について，「集合行為のジレンマ (collective action dilemma)」と呼ばれるようになる。小集団では，あまり起こりえないジレンマが，大集団になればなるほど，表面化してきてしまうことになる。

　この引用の中に出てくる選択的誘因 (selective incentives) が，このようなジレンマ状態では有効性を発揮することがある。選択的誘因というのは，個人が集合財の供給に貢献したか否かに従って，個人に対して行う動機付けである。これには，プラスの動機付けと，マイナスの動機付けが存在する。補助金などを出してプラスの誘因で導けば，集団行為のジレンマ状態にある集団も，成員が共通利益を目指すように動機付けられる。また，罰則ルールを設けて，マイナスの動機付けを導けば，ジレンマの抑制を図ることができることになる。

## 3.「オルソンのパラドックス」と官僚主義化

　たとえば，「オルソンのパラドックス」は，官僚主義化という現象として，近代の協力組織の中に現れる。官僚組織や大規模企業組織は常に拡大する性向を持っている。けれども，その組織が大きくなればなるほ

ど，成員の間で，共通利益の認識が薄れる傾向を示すことになる。18世紀に工場制が整備され，19世紀の後半から，企業組織においても大量生産方式が意識されるようになってきたが，その中で官僚主義化などの大規模化において限界のあることがわかってきた。大量生産を可能にしたのは，大規模な工場システムが形成されるようになったからであるが，同時にこれを運営する組織が発達したからでもある。このような工場制を中心とする生産体制では，技術的な発展も重要であるが，同時に組織的な革新も重要な役割を演じてきていた。工業化社会の発展に伴って，現場を担当するブルーカラー労働者に対して，工場を管理する専門職・技術職階層が台頭することになる。これに対して，経営組織の中でも，大企業体制の発達の中で「官僚制の弊害」を危惧する批判が相次いで出されることになる[注5]。このように，小組織から大組織への転換の中で，大組織の中での組織のあり方に問題が生ずることになる。

　産業社会の進展の中で，あまり目に触れることはないが，ここにいくつかの重要な内生的な動きが含まれている。これらの動きの中で，外生的な産業構造の変化以上に重要だと思われるのが，社会経済制度のあらゆる分野で見られる，官僚主義化に伴う成員の「動機付けの失敗」という内的な変容である。D. ベルは，「将来は官僚化の時代である……その権力はほぼ不滅となる」という M. ウェーバーの有名な言葉を引用して，社会の中で合理化が進み，管理が優位を保ち，社会制度とりわけ企業制度内部への官僚主義化が浸透することを指摘している。サービス産業に属する企業が増大するより以上に，あらゆる産業の企業内部で経営管理のサービス部門が増大する傾向を示すことを指摘したのである。サービス経済化の大きな問題の一つは，企業内部のサービス化であり，ここにオルソンのパラドックスが生まれる可能性が生ずることになる。官僚主義化は，大企業組織では特に避けることのできないものであり，組織内のネットワークに深刻な影響を与えてきている。企業が大規模になればなるほど，「集合行為のジレンマ」に陥り，組織的な管理がより多く必要になるからである。

　このような管理機構は，企業がさらに業務の幅を広げ，いわゆる多角

化経営（diversification）に乗り出すことでも，規模を拡大する。サービス経済化という産業構造の変化のいくつかの側面を企業側から見ると，それはこのような企業制度の経営多角化という動きと，多くの点で一致するといえる。工業化社会の進展の中で専門職・技術職が台頭することは，多くの点で官僚制問題と共通する点を持っているといえる。ウェーバーは，官僚制化によって生ずる本質的な問題点について，当初から十分認識していた。彼は，官僚制組織を精密な「機械」になぞらえており，精確性・迅速性・明確性・継続性・慎重性などの点で純技術的にみて優れていると指摘しているが，その一方で「ひとたび完全に実現されると，官僚制はもっともうちこわしがたい社会組織の一つになる」と述べて，前述のように，専門化・分業化・非人格化・組織化・既得権などに見られる，官僚制の弊害を指摘している。

　このようなウェーバーの指摘は，決して彼の時代にだけ適用されるべきものではない。今日の人びとの連結問題に直接関係する点となっている。そしてまた，国家の官僚制だけの問題にとどまらず，民間の企業組織内，あるいは，広く非営利組織内で生ずるような，現代社会の普遍的な問題である。それは，産業化が行き着くところで見せる，まさに今日的な問題だといえる。

## 4.　大規模化のジレンマはなぜ生ずるのか

　「オルソンのパラドックス」がなぜ生ずるかについては，官僚主義化の中に三つの現実的な要因があると考えられる。第一に，官僚主義化が組織の限界として現れると，それは「個人の動機付け」に影響を与えることになるが,そのことは組織構造に作用を及ぼす。オルソンによると，「集団が大きくなればなるほど，集団利益に適うように行為する個人の受け取る全集団便益中の割当てはより小さくなり，集団志向行為に対する報酬は次第に不十分になる」とする。この結果，官僚制は，インセンティブを減じさせ，人びとの積極的な創意を喪失させ，危険回避的な，保身的行動をとらせる傾向を生む。かつて，ドイツの経済学者・社会学者 W. ゾンバルトは，このことを「企業家的心性から,官僚的心性へ」と

いう傾向として紹介したことがある。官僚制のもとでは，安定性と保全性とが求められ，冒険的な企業家動機は退けられることになる(注6)。組織は所属する個人の構成員で成り立っているが，このとき会社への忠誠心を確保することが，組織の進展とともに困難になる場合がある。このようなときには，組織内の個人間の連結は分断されてしまう。たとえば，労働意欲という個人の動機付けの例を挙げることができる。一般的に言って，企業

W. ゾンバルト
〔ユニフォトプレス〕

が少人数で和気あいあいと営まれているような企業では，従業員の労働意欲はたいへん強い。ところが，企業の人数が増え，大企業組織になるに従って，構成員の労働意欲が次第に薄れていく。

　このような「個人動機付けの失敗」という事態がなぜ生ずるのかといえば，組織の中での個人の貢献が実際には正確には測定できないからであり，このことは大規模集団になればなるほど，困難な状況が顕著になるからである。企業の場合には，利益への貢献という一応の目安となる基準が存在するが，大企業になればなるほど，さらにまた公企業や公共団体，公務員，非営利組織では，このような利益への貢献から離れた部門，つまり事務サービス部門などが増大するため，ここでは個人の業績評価が困難になる。労働意欲を引き出すためには，個人業績の評価を正当に行わなければならないが，ここには組織上の限界が存在する。常日ごろ一緒に仕事を行って，個人の貢献をすべて観察することができれば正当な評価に近づくことができるが，大企業になるに従って人事評価が形式化され，標準化された尺度で業績評価が行われる傾向がある。評価される個人からみれば，全体的な評価ではなくて一面的な評価に陥りやすいと感じる場合が多い。したがって，個人が自分で考えている貢献度と，会社が評価した貢献度との間にギャップが生ずる可能性がある。このように組織の評価と個人の貢献とが一致しない場合には，個人は次第に動機付けを失って，労働意欲は低下する可能性が出てくる。このため，

個人の動機付けについて限界が生ずるために，企業組織に障害が出てくることになる<sup>(注7)</sup>。

　二番目の組織の官僚主義化の大きな特徴は，業務の「ルーティン化」と組織の「硬直性」いう問題が生ずるということである。共通利益を増大させる誘因を持たなくなるために，現状維持的な態度が固定化されることになる。もっとも，組織というものの一つの長所が，組織内での情報とコミュニケーションが慣例化して，無駄なやり取りが条件反射的に省かれるところにある。けれども，それがいわゆる「馴れ合い」になり，「惰性」で動くようになると，ルーティン化と硬直性という組織の限界が生ずることになる。条件反射的に組織の意思決定と運営が行われ，反省やフィードバックが起こらない構造が，官僚主義的な組織の中には育ってくる。このようなことが起こる場合には，組織は新たな試練に対して，柔軟な意思決定を行うことが難しくなる。ここに，官僚制特有の弱点が出てくることになる。この点で参考になるのは，経済学者 J. シュンペーターの考え方である。

　シュンペーターは『資本主義・社会主義・民主主義』の中で，マルクスの考え方を検討し，「企業家精神の無用化」という言葉を使って，企業家のルーティン化を批判している。19世紀から20世紀にかけて企業経済が発展し，大規模化していく。この中で，企業家のリーダーシップが重要になってくる。本来，企業家は古い市場を破壊して，新たな別の市場を作り出すという「創造的破壊」を行う役割を持っている。ところが，この企業家たちが儲ける対象，つまり投資対象というものが徐々に少なくなってしまったために，本来の機能を発揮できなくなっていると指摘する。投資機会が消滅していくような現象が，資本主義の中には現れてくるに従って，企業家精神の無用化を通じて，資本主義が崩壊する可能性がある，というのがシュンペーターの指摘であった。企業家が革新を行わなくな

J. シュンペーター
〔ユニフォトプレス〕

り，企業家がいわゆる「永久平和社会の将軍」になってしまうことを憂えた[注8]。

第三に，集団の成員が大規模になればなるほど，「組織化費用 (organization costs)」が高くなり，官僚主義化の限界が現れる。ここでは，形式主義・セクショナリズム・専門主義などが現れ，結局，組織の非能率や非効率をもたらす原因をつくることになる。これらの問題を調整する費用がかかることになる。とりわけ，官僚組織は「専門性」という特徴を持っており，専門家の集団であるという点で特徴があり，それぞれ部門ごとに専門家が集まっていて，その部門の仕事を正確に行い，詳細にわたって精通していなければいけない。本来，このような専門家集団を形成することで，仕事の能率を高めることができる。したがって，組織は部門別に分かれることになる。このことは，分業体制が近代組織の中心に存在することを示しているが，もちろんこれを利点として，それぞれの構成員は分業体制の中の自分の役割を受け持ち，自分の得意な役割について最大の能力を注ぐことができる体制をとる。しかし，そのことが大規模組織では，かえって欠点となって現れる。問題は，それぞれの権限というものが専門によって分離され，区分されてしまうところにある。これが組織に対して逆機能として現れる場合がある。悪い局面で働くと，セクショナリズム（縄張り根性）に陥っていき，部門間の意思疎通が機能不全に陥ってしまうことになる。この点は，大規模組織の最も危惧される事態であり，組織内の調整問題でも最も重要な論点となっている。

以上で見てきたように，経済社会の中で組織が積み上げられ企業の大規模体制が企てられ，組織の上での経済合理性を追求した結果，官僚制が高度のものになっていく。このような近代社会では，組織の合理性を追求すればするほど，最後により高度で合理的な社会が実現されるはずであった。たとえば，ヒエラルヒーの支配構造を拡大すればするほど，緊密な「強い絆」が築かれ，それを拡大すれば大きな「強い絆」が築かれるはずであった。しかし，現実は皮肉にも，組織上の合理性をあまりに追求した結果，その点では合理的な目的が実現されるが，別なところ

で官僚主義化という非合理な結果がもたらされることが現実には起こってしまうことになる。このような二次的なリスクや不確実性というものを，人間は完全には防ぐことができない。このような大規模化に伴う「集合行為のジレンマ」という問題が今日起こってきている。「規模の経済」などによってもたらされていた集合の利益が，オルソンのパラドックスなどの限界を見せはじめるようになると，大規模化という協力組織の近代的特性が色褪（あ）せることになる。

## 注と参考文献

注1） George Elton Mayo, The human problems of an industrial civilization, 1933 エルトン・メイヨー著．産業文明における人間問題．村本栄一訳．日本能率協会，1951

注2） Mancur Olson Jr., The logic of collective action: public goods and the theory of groups, 1971 マンサー・オルソン著．集合行為論—公共財と集団理論．依田博，森脇俊雅訳．ミネルヴァ書房，1983

注3） Elinor Ostrom, Governing the commons: the evolution of institutions for collective action, 1990

注4） Mancur Olsin Jr., The rise and decline of nations: economic growth, stagflation, and social rigidities, 1982 マンサー・オルソン著．国家興亡論—「集合行為論」からみた盛衰の科学．加藤寛監訳，川野辺裕幸ほか訳．PHP研究所，1991

注5） Daniel Bell, The cultural contradictions of capitalism, 1976 ダニエル・ベル著．資本主義の文化的矛盾〈上・中・下〉．林雄二郎訳．講談社学術文庫，1976.11-1977.1
Anthony Downs, Inside bureaucracy, 1967 アンソニー・ダウンズ著．官僚制の解剖—官僚と官僚機構の行動様式．渡辺保男訳．サイマル出版会，1975

注6） Werner Sombart, Der moderne Kapitalismus, 1902 ウェルナー・ゾンバルト著．高度資本主義．梶山力訳．有斐閣，1940

注7） James G. March ; Herbert A. Simon, Organizations, 1958 ジェームズ・G.マーチ，ハーバード・A.サイモン著．オーガニゼーションズ．土屋守章訳．ダイヤモンド社，1977

注8） William Hollingsworth Whyte, The organization man, 1956 ウィリアム・H.ホワイト著．組織のなかの人間—オーガニゼーション・マン．岡部慶三，藤永

保訳．創元社，1959

Joseph Alois Schumpeter, Capitalism, socialism, and democracy, 1942　ヨーゼフ・A. シュンペーター著．資本主義・社会主義・民主主義．中山伊知郎，東畑精一訳．東洋経済新報社，1951-1952

## 🔋 研究課題

1. 組織を考える上で，「メイヨーの観点」はなぜ重要と考えられているのか。整理・検討してみよう。
2. 近代組織は，「個人の動機付け」の点で，どのような難点を持っていたのか。問題点を明らかにしてみよう。
3. 近代協力組織の限界について，「集合行為のジレンマ」という観点から整理・検討してみよう。

# 9 | エージェンシー化と協力活動

　前章から4章にわたって，近代社会の中で見られるようになった「協力活動の変容」と，その中で見られるようになった「協力のインフォーマル化」について見てきている。この章では，協力活動に参加する「個人の変容」について考えたい。近代化の中で，協力活動に参加する個人は，どのように変化してきたのであろうか。

　古典的な協力論では，個人が単位となって，協力活動が成立すると描かれていたが，今日の協力活動に参加するのは，個人の一部でしかない。現代の個人は，多数の役割を同時に持っているために，一つの協力活動に提供できる個人の機能はその一部に限られる場合が多い。このため，エージェントと呼ばれる，個人の中の代理機能，あるいは個人の外からその個人を補佐する代理人が，協力活動の中で重要な意味を持つようになっている。エージェンシー（agency）という言葉は，ラテン語の agenda（なされるべきこと），または agere（実行する）に由来するもので，実行組織あるいは委託されて実際に活動する主体，あるいは「代理」主体という意味が強い。たとえば，政府の庁や局のような機関や，旅行・保険などの代理店の名称として使われ，すでに日本語にも影響を及ぼしている。同様に使われるエージェント（agent）は，社会の中で，現場で実行することが求められる「活動主体」という意味がある。今日の社会で，積極的な行動を行う行為主体を呼ぶ名称として使われている。エージェンシーあるいはエージェントは，組織で演じられる役割としては，常に二面性のあるものとして考えられてきた。二面のうち，一方では，本体から切り離されて，自由に活動を羽ばたかせるための「活動媒体」としての面があり，もう一方では，本体から切り離されたのち，その本体たる依頼人との関係を気遣う役割を持った「代理人」としての面である。心理学や経営学では実践的な能動主体として，この言葉が使用されている。他方，法律学や社会学では，一体性を持ったものの半分のものという認識が強かった。いずれの顔を見せるにしても，組織の中の個人というものが，役割の二重性，多重性を持ったものであるという性格があり，この点に注目して見るのに都合のよい考え方である。

　エージェンシーが問題になるのは，端的に言うならば，個人の内部で能動的（あるいは受動的）な部分が発生し，これが個人の外部の他者と結び付くときである。前章では，個人と社会組織がいかに結び付くかという視点から見たが，この章ではエージェンシーを考える視点から，個人の内部での問題がいかに社会組織に結び付くかを見ることになる。なぜ組織の中にエージェンシーという考え方が現れるのかを見ていきたい。

《**キーワード**》　エージェンシー，組織人格，個人人格，代理性，依頼人，代理人，プリンシパル・エージェント関係

## 1.　組織人格と個人人格の分裂現象

　協力関係の前提条件は，複数の人間との間の関係である，という点に特徴がある。それでは，一人暮らしの人には協力関係はあり得ないのだろうか。もちろん，一人になればなるほど，現実の社会では相互依存関係からは逃れることはできないのだから，ロビンソン・クルーソーとして完全な一人暮らしが現代社会に存在することは難しい。それで，どの程度，ほかの人と協力関係にあるのだろうか，このことはなかなか外側からは推測できないところがある。

　仕事関係や社交関係であれば，表面に表れるのであるが，それ以外の身の回りのインフォーマルな関係については，ふつう裏に隠れている関係として存在する。けれども，たとえば，その人が亡くなってみると，残された財産や残された人間関係から，たとえ一人暮らしであっても，かなりの人間関係を残していることがわかってくることがある。本来であれば，協力関係を結ぶ可能性がありながら，実際にはそれが潜在的なところにとどまっている関係も数多く存在する。

　組織に対して持つ個人の動機付けの点で，きわめて根本的な問題が個人の内部に存在することが，すでに組織論の古典である C. バーナード『経営者の役割』で指摘されている[注1]。つまり，組織に参加するということは，個人の性格が二つに分裂することになる，という認識である。これは，現時点で考えても，きわめて大胆な仮説であった。次の文章にそのことがよく現れている。

C. バーナード
〔ユニフォトプレス〕

「一つの石を動かしている五人の例にもどろう。われわれはさきに『石を動かすことが五人の人それぞれにいかなる意味を持つかはここでは問題ではなく，その組織全体にとっての意味を彼がいかに考えるかということこそ問題である』と述べた。強調されたこの区別はきわめて重要である。それは，組織のすべての参加者は，二重人格——組織人格と個人人格——をもつものとみなされるという事実を示す。厳密にいうと組織の目的は，個人にとって直接にはいかなる意味も持たない。彼にとって意味をもつのは，個人に対する組織の関係である。……協働的にみられた目的の側面に言及するとき，われわれは個人の組織人格をほのめかしている。（中略）換言すれば，われわれは組織目的と個人動機とを明らかに区別しなければならない。……個人動機は，必然的に内的，人格的，主観的なものである。共通の目的はその個人的解釈が主観的なものであろうとも，必ず外的，非人格的，客観的なものである」（Barnard ＝ 山本ほか訳1968：pp. 91-92）と述べている。

　個人が組織に参加し，協力を形成するときに，実は個人は人格としては二つに分裂していて，そこに個人人格と組織人格とを発生させている，という認識が述べられている。組織目的は，個人にとって，集団を形成する上で大きな意味を持つものだが，個人の動機とは必ずしも一致するわけではない。

　このバーナードの認識は，企業という近代においてきわめて成長した社会的協力の装置というものの本質的な点を突いている。なぜ個人が，これほど個人人格としては矛盾する組織に対して，参加するようになったのか。この点が重要であると考え，この問いに答えようとしている。この答えは，この二重人格を生み出すという仕組みを最大限利用することができたからである，というものだ。一人の人物を，それまでは一人格として扱ってきたのが，あらたに二人格として扱うことが可能になっ

たからである。つまり，比喩的に言うならば，これによって，個人の中
では労働生産性が何倍かになったからだといえよう。人格を分裂させ，
役割を多く引き受けた分，仕事をそれだけ多く受け持つようになったと
いうことである。

　けれども，さらに問題なのは，このように自己を分裂にまで追いやっ
てまでも，なぜ組織を形成するのか，という点である。この点は，実は
組織を考えるときには最後まで問題となる点である。個人が二つに分裂
して活動を行うことによって，それで個人は自分の領野を拡大したこと
になる。また，組織は，より組織に適した個人の部分，つまりはエージェ
ントを手に入れることになる。つまり，後で見ていくように，エージェ
ンシー化はとりわけ近代組織形成の条件となっていることが，ここでは
重要な視点だと思われる。

　ここで，個人の中で，個人人格と組織人格の比率がどのようになるの
かについては，その組織の性格に依存するので推測するしか方法はない
が，この考え方に従えば，個人の中の組織人格部分を中心に集めて，行
動集団を作ることができるかどうかが，社会的な協力の成り立つ要件で
あり，同じく組織人格が結集されるかどうかということが，実質的には
組織において問題になる。

## 2. エージェンシー論の系譜

　エージェントは，活動主体・媒体として考えられた概念であるが，活
動を行う中で，その役割を実現する最も可能性の高い部分を集めたもの
であると解釈されてきた経緯がある。組織人格によって能動化されたも
のであるという性格を強く持つ，といくつかの文脈において説かれてき
た[注2]。

　もっとも，エージェンシー議論にもわかりにくいところがいくつかあ
る。たとえば，エージェンシーという言葉が個人として現れる場合もあ
るし，組織として現れる場合もあるし，さらに機能そのものとして現れ
る場合もある，という多面的な言葉であるところである。けれども，現
実的に考えれば，今日の社会組織の中で活動する主体の現状が一般的に

は，個人などの実体に近い概念を示すときにはエージェントが使われ，抽象的な概念として使ったり複数のエージェント群を表したりするときにはエージェンシーが使用される<sup>(注3)</sup>。したがって，この区別については，あまり気にしなくてもよいと思われる。媒体を形成するものであれば，それが人間個人であろうと組織という集合体であろうと，エージェントあるいはエージェンシーと呼ばれる資格は十分存在するといえる。代行者，代理人という形態をとるのが一般的であるが，それらが組織の一部を構成する場合が多い<sup>(注4)</sup>。

実は，エージェンシー論は，生態心理学から社会工学，さらに法律学から経済学や経営学に至るまで，意味のずれはかなりあるものの，共通の概念として幅広く通用している考え方である<sup>(注5)</sup>。この場合に，俯瞰して見ると，大きく二つの系譜が形作られてきている。

第一のエージェンシー論の系譜は，「能動的な主体」としてのエージェンシーを強調するものである。これは，冒頭に述べたように，エージェンシーの語源である「実行」を意識した使い方であるといえる。自らの人間発達の過程の中にエージェンシー要素を見いだすと考える議論である。米国の生態心理学者 E. ギブソン，E. S. リードなどが使ったことで有名である<sup>(注6)</sup>。個人の発達過程を見ると，能動的な部分が現れてくる。人間が働いて，結婚し，子供を育て，年をとるという展開をする中で，能動性という人間の性格がどのように現れるのかを理論化している。環境と自分とがいかに相互作用をしながら，生態というものが形成されていくのかという心理学のあり方を追究した<sup>(注7)</sup>。

たとえば，この能動性は，人間発達の過程で，子供がおもちゃで遊んでいるときに育まれるとされる。母が「ここを引っ張れば『にゃあ』と鳴きますよ」ということをやってみせる。それに対して，自分でやってみるという積極性を身につけた赤ちゃんは，その能力を自分で伸ばしていく可能性が高くなるといわれている。組織においても同様なことが見られる。内部の誰かが革新を行い，その能動性を積極的に取り込んでいく。あるいは，「失敗したものは，その組織からは排除していく」ということを繰り返すことによって，組織は成長するといわれている。

　また近年，社会工学分野では，このようなエージェンシーの能動性に
注目して，状況を積極的に選択していく性質をモデル化し，シミュレー
ション手法に定着する方法も開発されてきている(注8)(注9)(注10)。

　これらに対して，第二のエージェンシー論の系譜は，「代理人」とし
てのエージェンシーである。他者との間で，「代理人」の契約を行う方
法である。ここで活動の対象に対して，依頼人（本人）と代理人との関
係が生ずるものである。法学の代理法分野で発達してきた考え方が強く
働いている(注11)(注12)。

　経済学では，個人や組織などの活動主体が活動を広げるときに，この
ようなエージェントを想定して，本来の活動主体から派生して活動媒体
を仮構することで，個人の活動範囲を広げることが可能であると考えら
れている。通常，このような代理関係は，二者間で行われる契約の形式
をとるが，組織の内部で行われる場合には，代理関係は同一の中の二部
門間で行われる場合が存在することになる〔図9-1〕。

　たとえば，経済的な生産性を高めていくときに使われる手法がある。
遊休資産の活用を図り，代理人である他者にこれを任せてしまう。本人
はこれ以上活用することができないけれども，ほかの人であれば，より
高度な利用ができる場合が存在する。このときに代理機能の活用を発揮
させることによって，生産性を高め，組織的な人間関係を，より有効な

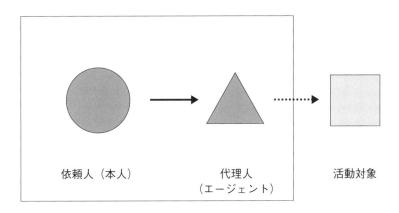

|依頼人（本人）|代理人<br>（エージェント）|活動対象|

**図9-1　活動媒体としてのエージェンシー**

ものにすることができると考える。

　あるいは，この代理関係を個人内の心理的な関係に持ち込めば，個人人格が組織人格へ動機付けを委託するモデルも考えられる。個人の人格を二つに割って，それぞれ有効に利用することで，個人のあり方を環境に適応させていくことができる。上述の組織人格の利用は，この考え方によると考えられるだろう。

　経済行為では，契約を結んで，ある人に対しての委託を行う。この場合に，本人に対して，つまり依頼人に対して，代理人をここで発生させるということになる。本来は，依頼人が自らが遂行してしまえばよいことである。たとえば，企業では，資本提供者が自分で会社を経営し，なおかつ自分で製品を作れば，すなわち一人の人が，資金提供から生産まで含めて全部やってしまえば，代理人の必要はない。一人の人が資本家であり，労働者であり，消費者であり，すべて一人でやっていれば，この世の中は，エージェンシー問題というのはほとんど発生しなかったはずである。

　このように，組織には，本体とエージェントとの間に代理関係を作り出す傾向を持っている。この本体とエージェントとの関係は，個人間の場合もあるし，組織間の場合もあるし，さらには，個人の内部における人格間の関係である場合もある。いずれにしても，これらの間に，本体から切り離されたエージェントが存在し，これらが能動化される場合がある。

## 3. 縦型組織の中のエージェント

　エージェントという考え方の内容を見てみたい。組織に参加するということは，本来の自分と組織に参加する自分の二つの役割に分岐が生じ，両方の自分を持つことになる。多くの場合には，この分裂は意識されずに，交互に同一性を保っているが，けれどもかなりの場面で，本来の自分と入れ替わっている，異なる自分を発見することになる。

　役割を引き受けている自分が，この参加する役割をうまく演じれば，自分とほかの人と協力関係を結ぶことにつながる。けれども，この役割

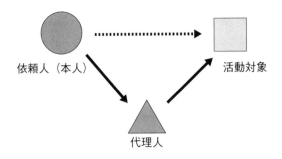

**図 9 - 2　活動媒介としてのエージェンシー**

としての自分は本来の自分とどこかで異なっている。この本来の自分と
異なる自分を分けて考えるのか否かということは，組織形成を考える上
で重要である。本来の自分をプリンシパル（本人）と呼ぶのに対して，
役割を演じる活動媒体としての自分をエージェント（代理人）と呼ぶ〔図
9 - 2〕。

　このことは，たとえば日常生活での服装規定（ドレス・コード）に，
顕著に現れている。スーツに身を包んだり，普段着であったりというよ
うに，そのときの自分の役割と一体のものとして，服装が存在している。
このように，社会では，本来の自分と違う面を見せる場合がある。とり
わけ，組織を形成する場合には，組織上の役割を持ち，本来の自分とは
違う姿を持つことになる。このように，あたかも仮面をかぶった自分，
自分であるにもかかわらず自分ではない存在をエージェントと呼んでい
る。つまり，わたしたちの内部には，本人とエージェントの自分があり，
エージェントは積極的に組織にかかわっている。

　ここで，代理となる本来の自分ではない人が，組織上の役割を演じる
ことができれば，組織が円滑に成り立つ可能性がある。つまり，役割と
しての組織に上位と下位があり得るのであって，組織を作る場合には，
エージェントという仕組みが有効に成り立つことになる。ここにもう一
つの社会が作り出されることになる。

　実際に，そこでエージェントの自分と本来の自分が，対立や葛藤を起
こしてうまくいかなくなると，個人の性格が分裂して同一性を保てな

かったり，個人が組織に適応できなかったりということが起こってしまう。また，組織の中にこのような役割を演じきれない人が所属していると，ほかの構成員とうまく協力できないということが起こる。

したがって，もし組織の中で上下関係を受け入れる者が互いに協力しあって大きな仕事をする場合には，個人にはこのエージェントとしての自覚が必要になる。個人的には，本来の自分とエージェントの自分とどのように折り合いをつけるのだろうか，社会的にいえば，代理人が作った組織をいかに運営できるか，うまくやっていくにはどうしたらいいのだろうか。

上記のような組織上の問題が出てくる。このようなエージェントの問題が現代の資本主義社会の中で特に強く働くようになってきていて，あまりに本来のプリンシパルと切り離されるようになると，問題が生じてくることになる。

たとえば，今日の金融問題の多くも，エージェントの役割が極限状態まで達した段階で，金融危機という形態で出てきたものである。つまり，貨幣はわたしたちが便宜的に造り出したものであるにもかかわらず，制御できなくなっているエージェントの一つなのである。生み出された貨幣によって，かえって本来の活動主体である人間のほうが支配されてきてしまっていることが，今日の金融問題の基底に存在するといえる。

## 4. プリンシパル・エージェント問題

代理関係には，依頼人と代理人との間に，情報の非対称性やモラル・ハザードなどの，両者間に生ずるギャップ問題が生ずることになる。このエージェントが出現することによってさまざまな問題が生じることがあるというのを，「プリンシパル・エージェント問題」と呼んでいる。ここでいうプリンシパルは依頼人，エージェントは代理人ということだが，依頼人が委託した仕事への期待と，実際に代理人が行う仕事の実績との間に差，つまりエージェント・スラック（agent slack）ができてしまう現象である。本来の仕事を発生させる依頼人本人が主体であるはずなのだが，しかし，実際に活動する主体は代理人のほうになり，本来の

主体ではない活動主体が実質的な行為を形成している状況が存在する。

　実際に活動を行う主体がエージェントになっている。ところが，今日活動を担っているエージェントたちは周りの環境からさまざまな影響を受けている。たとえば，エージェントとしての金融機関であれば，製造業の企業からも，企業の利用者である消費者からも，また政府からも作用を受ける。この環境との相互作用を起こしているものが，今日の経済主体の特質となっている。この相互関係は，外部の環境とエージェントたちの間で起こっていて，相互関係の過程でさまざまな経済問題を派生させる。つまり，活動する主体が環境との間でさまざまな反応を起こす。わたしたちの日常生活を考えると，ロビンソン・クルーソーのように孤島で一人の生活する場合には，食べ物も着る物も一人ですべてのことを行い，ほかの人に頼らずに生きていける人には，エージェントとの契約という問題は起こらないが，今日の世の中ではほとんどの活動において他者との関係で生きている状況がある。

　つまり，エージェントの問題では，他者との関係が重要になってくる。わたしたちが何かを行おうとした場合に，本来の自分と仕事を依頼した相手の代理人という人たちとの関係が存在して初めて自分の活動が完結する。つまりすべての活動について，依頼人と代理人が存在する世の中になっているというのが，今日の経済社会の顕著な特徴である。

　経済学が想定する市場関係であれば，生産者と消費者とが横の関係を形成しているが，今日の市場というのは，生産者間，あるいは時には，消費者間でも，委託関係で人と人とが結び付いている場合が多いといえる。多くの市場取引は，生産者本人や消費者本人は参加せずにそれぞれの代理人同士が経済取引を行っている場合が多いといえる。それは，今日のように，グローバリゼーションが発達し，取引関係の距離が長くなればなるほど，代理人が活躍する人間関係が発達することになる。

　この場合に，組織の形態が問題となる。横関係ばかりでなく，縦関係で，組織の形成が行われる可能性が高くなる。つまり，依頼人と代理人の関係は縦関係を形成することになる。仕事を依頼する立場と依頼される立場が成立することになる。もし依頼人と代理人との上下関係がうま

くいかない場合には，今日の組織問題で生じているような人間関係の摩擦が生ずることになる。

このように考えてくると，プリンシパル・エージェント問題は，組織の上下問題を説明する考え方であるといっても過言ではない。今日の社会でなぜ上下関係が存在するのかといえば，それは依頼する人と依頼される人が存在するからだといえる。そして，この両者のギャップを支配関係で解決してきたのが，ヒエラルヒー組織であるといえる。しかしながら，これまで説明してきたように，組織問題では支配関係のみでは，説明のつかない状況が存在する。

## 5. プリンシパル・エージェント問題の事例

ここで，ウェブサイト作成の委託業務を行っている企業に勤めている小倉拓氏にインタビューを行って，実際の組織の中で観察されるプリンシパル・エージェント問題を見てみたい。小倉拓氏は，彼が過去に相談に乗ってきたクライアント企業の中で，プロジェクトがうまく動かず，失敗しているケースにしばしば遭遇したという。なぜプロジェクトがうまく動かないのかを観察して，考える日々が続いたそうだ。その当時，小倉氏はデザインや商品生産や事業プロデュースを請け負うある会社に勤めていたが，クライアント企業からの仕事内容というよりも，むしろクライアント企業自身の中に問題があるように感じていた。

小倉氏のところには，現在使っているウェブサイトが古くなったので新しくしたい，新しい機能を付け足したい，あるいは別の見せ方にしたいというような，ウェブサイト制作の依頼がある。ところが，それが単なるウェブサイト制作の契約関係にとどまらず，小倉氏たちに期待されている別の役割があることにやがて気付く。クライアント企業が抱えている課題の中でも，クライアント企業が「このようにしたい」という無意識的に願っている，目的がはっきりしない漠然としたものを探り当てることが必要だとわかってきたのだ。

なぜ，単にウェブサイトを作ればそれで済む，というわけにはいかないのか。それは，ウェブサイトがうまく働かない原因が，ウェブサイト

そのものというより，むしろクライアント企業の内部に原因がある場合が多いからである。クライアント企業の仕事の方法，あるいはプロジェクトのやり方がうまくいっていないのである。そこで，小倉氏たちがそのプロジェクトの中に入って，プロジェクトの流れを整理し，クライアント企業のスタッフの力をうまく使えるように，人やコミュニケーションの流れを調整していくという役割を果たすことも多くなったのだ。

　この話にはたいへん重要な問題が含まれている。プロジェクトというものが，一連の流れ，プロジェクトにつながる人びとの関係性に寄っていることがわかるからである。ここでのクライアント企業すなわち依頼人が，エージェントである小倉氏，つまり代理人に仕事を出すときに，仮にこれが完全な分業体制の仕事ならば，互いにそれぞれ得意なところをやればそれで足りる。Ａさんが得意な業務とＢさんの得意な業務を組み合わせればうまくいく。A.スミス以来の経済学の分業理論である。ところが小倉氏の話を聞いていくと，Ａさんの得意なところではなく，むしろ不得意なところを，いかにしてＢさんが補って，プロジェクトを完結できるのかが問われているということがわかる。両方の得意なところだけに注目するのではなく，むしろ不得意なところを知ることができるように，両方の共通の基盤にまで下りていって，その共通の基盤をいかに築くことができるかというところから，両方の関係を見直す形をとらなければならないというのだ。このときのインタビュー内容をここに再現してみよう。

小倉：恐らく僕が仕事を始めるちょっと前ぐらいまでは，完璧に分業制になっていたのです。ただ，僕がいろんなクライアントさんのお話を聞くと，そのやり方が通用しないところがすごく多くなっていて，まさにおっしゃったように，今はクライアント（依頼する人）とエージェント（依頼される人）の中間地点を埋めるようなコミュニケーションが非常に重要になってきていると思います。（中略）なぜクライアントである依頼主がデザイナーという専門家を必要とするのか。これは時代の流れもありまして，基本的に，

デザインをする，何かしらの情報物を作るというのは，かなり高度な専門技術が必要とされます。実は，専門部門を社内に持っている会社も昔はたくさんあったのです。たとえばデパートは，宣伝のためのものはデパートの職員が作っていたのですが，今はほとんど外部にアウトソーシングされています。理由は，大きく分けて二つあります。一つは，その専門的な人のリソースを社内で抱えるのに，あまりにもお金がかかり過ぎたり，育成のリスクが大き過ぎたりして，外に出したほうが結果的に合理的であるという考え方が大きな枠組みとしてあるため。それはある種，ネガティブな要素です。もう一つポジティブな要素として，メーカーというのはずっと同じ問題に対して考え続けているので，自分たちの活動とか，ネットの見え方について，どうしても客観的に見られなくなってくる。その見え方に客観性が必要なときがあります。つまり，限りなくユーザー目線に近い視点から，「あなたたちはこういうふうに見られているので，こういうことをしたほうがいいですよ」というふうにアドバイスしてくれる，合わせ鏡になるような主体が必要な場合があります。そういうときに，僕たちのようなエージェントというものが社会的な意味を持つのかなと思っています。

坂井：なるほど。今のお話は具体的でたいへん面白いと思いますが，クライアントの依頼人と仕事を受ける代理人とが業務を通じて，コミュニケーションを行う上で必要なことで，ほかに何か気づいたことはありますか。（中略）今のお話の中で，個人が人格で分かれているので，一人ひとりが同一性を持つのではなく，みんなで問題をケアしていくという視点がたいへん重要だと思いますが，近代社会の中では，個人がバラバラになったときに，それをケアする仕組みがなかなかうまくいかないという問題があります。いつごろからこのようなケースを自覚なさったのですか。

小倉：この，みんなでケアする仕組みというのは，弱者の戦法だと思います。僕自身もどちらかというと落ちこぼれたキャリアできていて，自分の働いている領域が，今の産業においては衰退産業にコミットしています。ですので，そこを何とかしようというプロジェクトが多いのです。このような場合，24時間メチャメチャ働いて，丈夫で，頭が良くて，忍耐強くてなんていう人はいなくて，それこそ，子供を持っているお母さんだったり，どこかで心の病気や体の病気を抱えていたりという人たちが多い。「でも，プレーヤーになって頑張りましょう」という状況なのです。

　　　じゃあ，そのときに最大のパフォーマンスを発揮するにはどうするのか。実は負荷をかけることじゃなくて，なるべく負荷を減らすという逆転の発想でパフォーマンスを最大化することができます。僕は，そういうことをいろんな地域でプロジェクトをやって体感的に学んでいるので，自分の企業でもそれをやったらいいんじゃないかと思っています。(中略) 大体，仕事がくるときはまとめてくるので，その優先順位をどう付けるかというのは，正直，常に問題になります。僕たちがやっているのは，みんなが何の仕事を抱えていて，どこに不安があるか，何が一番こぼれてしまいそうかということを，定期的にワークショップをして，付箋を貼りながらそれを視覚化していくのです。それで，今ここにすごく負荷が集中しているという状況を見つけたら，じゃあ，この負荷を減らすために一体何ができるかをみんなで話し合って，その負荷がかかっている部分をならすこともしています。

坂井：話の中核に入ってきたと思います。企業に加わっている方々がいるわけですけれども，その方々が集団で発揮している人格，つまり，その人が働くときの特性(組織人格)と，それともう一つ，生活があって，個人のその生活の中での特性(個人人格)を持っていると思うのですが，それに関して，このような場合に問題点が起こる，あるいはこのような場合にはうまく働くというような，こ

れまでの事例がありましたら，指摘していただけたらと思います。

小倉：具体的に言うと2パターンあります。よくあるケースが，一応，口では「はいはい」と言って，表面上はやっているのだけど，本当は「一体どうなんだろう，この会社」というように思っている。つまり，個人としての性格と組織としての性格の間に乖離があって，そこに対して人格上のギャップを抱えているケース。これは非常に多く見られます。もう一つのケースは，あまり例は多くないのですが，最初に自分たちが何をやっている会社かという前に，僕は何を「理念」としているかというお話をしました。この理念の部分がすごく重要になってくると思います。理念をはっきりと常に示し続けることによって，雇用の段階で，たとえば「私も人生の中でこの会社のような理念を考えて生きてきました。そこに共感できるので，一緒に働いたら楽しそうだなと思います」と。じゃあ，楽しそうだったら一緒に働きましょうといった場合は，全部ではないですけど，働いているときに，その人の働くモチベーションの，その個人的な思い入れの中に，会社の理念と領域が重なる部分が出てくる。（中略）

　今までのやり方とこれからのやり方で，何が違うかということを考えると，今までのやり方では，その問題が起こっちゃうから我慢しましょうというように，負荷を受け入れるような仕組みが会社の中に敷かれていることが，特に大企業なんかを見ていると当たり前としてあったのですが，僕たちが目指すのは，負荷がかかりそうになったら警報が鳴って，みんなが集まってきて，「ここ，何かたいへんそうだね。ちょっとみんなで分担できないかね」とか，「これがたいへんだったら，これはもう断るしかない」とか，そのように会社としての利益と働いている人の精神的な安定とを両立させる工夫を行って，人生に負荷がかかり過ぎたりしないようなバランスをとる仕組みを，会社の中に内蔵してしまうことだと思うのです。

　インタビューの中で，小倉氏が指摘していた重要な点は，なぜプリンシパルとエージェントというこの二つに，組織が分かれなければいけないのかという根本的な問題である。小倉氏は二つの理由を挙げている。第一の点は，エージェントが専門家であって，専門的なことについて仕事を請け負うので，そこで役割分業が生じるからという理由である。大きな組織の中では専門家を育成することがたいへん難しい，あるいは開発して研究することにはたいへん費用がかかるので，内部においては専門部署を必要としたり外部からエージェントという形で導入・活用したりするほうが有利な場合が生ずる，というのが第一の点だった。

　第二には，大きな組織になると，構成員が受け持つ守備範囲が広大になり，やはり内部への関心が増す場合が多く，内向きの思考が多くなることを指摘している。したがって，外部から客観的に見て参考意見をいうエージェントの特別な役割が出てくるのだ。この二つの大きな理由で，やはりプリンシパルとエージェントが分離され，そしてその後に統合することが求められるのである。これは組織の限界問題において，きわめて本質的な指摘である。

　繰り返しになるが，このように依頼人が委託をする，それに対して代理人が受託をする中で依頼主の考えと代理人の考えが異なってきてしまうというギャップを，エージェンシー・スラックという。つまり，集団の中の両者の間で心理的なギャップ，あるいは組織的なギャップが起こってくるのである。たとえば，依頼人はある意図で頼んだが，仕事を請ける人はそのようなつもりではなかったというように，あとで齟齬（そご）が生ずることは，わたしたちの周りにたくさん存在する。

　そして，このようなギャップ問題，スラック問題が，今日集団の中の個人にさまざまな影響を及ぼすことになる。プリンシパルとエージェントが次第に分裂し始めると，そこでは間をつなぐ必要がどうしても出てくるが，その場合，小倉氏の所属する会社においては，プリンシパル内部や，プリンシパルとエージェントの間に信頼関係を再構築して，その中間に持ち込むことによって分裂を防ぐということも必要となると，彼は前述のインタビューで述べていた[(注13)]。

# 6. 組織のプリンシパル・エージェント問題

　企業組織の場合には，このエージェント関係は特に重要である。職務を考えてみると，上司と部下が，仕事を依頼する人と依頼される人という関係になる。したがって，ここで組織の上下関係の中にプリンシパル・エージェント問題が存在することになる。

　米国の経済学者 H. ライベンシュタインが著書『企業の内側』を書き，組織の階層性という問題にもプリンシパル・エージェント問題を当てはめている。トップと底辺の距離が重要で，この距離が広がるとエージェントが遠のき，分離を起こすというのである。近い関係だと一体感や信頼性が醸成されるが，遠くなればなるほどインセンティブやコミットメントが阻害される可能性が高くなり，信頼性も距離が遠くなるに従って薄くなるという関係を分析している。彼の著書には，次のような内容で書かれている。

　もし一人の人の企業，もしくは一人しか社員がいない企業を考えてみると，ここでは依頼人と代理人は一人しかいないから，そこで依頼人と代理人の距離はないことになる。しかし，ここで何人かの従業員を雇うと，社長と従業員との間が徐々に広がっていくことになる。専門化が進めば進むだけ，生産過程に分業体制が浸透するので，分業が起これば起こるだけ互いの関係が分断されていくことになる。また 1 人よりは 10 人いるほうが，内部の分裂が起こりやすくなる。このように組織が大きくなればなるほど非効率性が存在するという問題を，ライベンシュタインは「X 非効率」という考え方で著している。つまり，会社が大きくなり分断され専門化が進展すると，人びとの働きたいという意欲が切断されていく。このように企業という組織の中でプリンシパルとエージェントの距離が開けば開くほど，互いの間の摩擦が生じ，動機付け・インセンティブ・一体感・信頼性などが失われることによって，非効率性が生ずることになる。

　このような「X 非効率」は組織内部だけに生ずるわけではない。実は組織の外部の問題で，このプリンシパル・エージェント問題が存在する

現象も生じてきている。いわゆる「所有と経営の分離」と呼ばれた現象がそれに当たる。1930年代の業績でかなり古典的な仕事なのだが，米国のA. A. バーリとG. C. ミーンズという経済学者と法律学者が『近代株式会社と私有財産』を発表した。1930年代当時は，大恐慌が起こる世の中であった。まさに，アメリカ資本主義が爛熟した頂点の一つにあった。そのアメリカ型資本主義の最高潮の状況で何か起こっていたのかを観察していたのである。当初の株式会社制度では，株式を持つのは一部の金持ちしかいなかった。それが1930年代になると，一般の庶民も株式を持つようになり，株式所有が分散することになった。この結果，企業の所有者である株主は経営者機能を持つことはなくなり，代わって株主ではない専門の経営者が企業を管理するようになった。つまりは，「所有と経営の分離」が生じたのである。このことは，株主をプリンシパル，経営者をエージェントと考えれば，企業の所有の変化がプリンシパル・エージェント問題を引き起こし，企業組織の変容を呼び起こしてしまったことになる。

## 7. まとめ

　最後にこの章全体をまとめておきたい。この章では，協力のエージェンシー化という「個人の変容」問題を考えてきた。現代における個人は，多様な役割を同時に持つという特性を持っており，この中でその個人が最も活動的である部分として「エージェント」が成り立つのを見てきた。けれども，エージェントという活動主体は，個人あるいは他者の，代理機能に特化しているために「プリンシパル・エージェント問題」を起こす可能性のあることを明らかにしてきた。このときに，個人のインセンティブやコミットメントを阻害する場合のあることも指摘した。以上のようにこの章では，「個人の変容」問題を通じて，現代の協力活動が変化してきていることを見てきた。

## 注と参考文献

注1）　Chester I. Barnard, The functions of the executive, 1938　チェスター・I. バーナード著. 経営者の役割. 山本安次郎, 田杉競, 飯野春樹訳. ダイヤモンド社, 1968

注2）　John Roberts, The modern firm: organizational design for performance and growth, 2004　ジョン・ロバーツ著. 現代企業の組織デザイン―戦略経営の経済学. 谷口和弘訳. NTT 出版, 2005

注3）　Paul R. Milgrom ; John Roberts, Economics, organization & management, 1992　ポール・R. ミルグロム, ジョン・ロバーツ著. 組織の経済学. 奥野正寛ほか訳. NTT 出版, 1997

注4）　Harvey Leibenstein, Inside the firm, 1987　ハーヴェイ・ライベンシュタイン著. 企業の内側―階層制の経済学. 鮎沢成男, 村田稔監訳. 中央大学出版部, 1992

注5）　Paul R. Krugman, The self-organizing economy, 1996　ポール・R. クルーグマン著. 自己組織化の経済学―経済秩序はいかに創発するか. 北村行伸, 妹尾美起訳. 東洋経済新報社, 1997

注6）　Eleanor J. Gibson, Perceiving the affordances: a portrait of two psycholog, 2002　エレノア・J. ギブソン著. アフォーダンスの発見―ジェームズ・ギブソンとともに. 佐々木正人, 高橋綾訳. 岩波書店, 2006

注7）　Edward S. Reed, Encountering the world: toward an ecological psychology, 1996　エドワード・S. リード著. アフォーダンスの心理学―生態心理学への道. 細田直哉訳. 新曜社, 2000

注8）　Robert M. Axelrod ; Michael D. Cohen, Harnessing complexity, 1999　ロバート・M. アクセルロッド, マイケル・D. コーエン著. 複雑系組織論―多様性・相互作用・淘汰のメカニズム. 寺野隆雄訳. ダイヤモンド社, 2003

注9）　Robert M. Axelrod, The complexity of cooperation: Agent-based models of competition and collaboration, 1997　ロバート・M. アクセルロッド著. 対立と協調の科学―エージェント・ベース・モデルによる複雑系の解明. 寺野隆雄監訳. ダイヤモンド社, 2003

注10）　出口弘, 木嶋恭一編著. エージェントベースの社会システム科学宣言―地球社会のリベラルアーツめざして. 勁草書房, 2009

注11）　樋口範雄著. アメリカ代理法. 弘文堂, 2002

注12）　高森哉子著. 代理法の研究. 法律文化社, 2008

注13）　坂井素思著. 貨幣・勤労・代理人―経済文明論. 左右社, 2017

● **研究課題**

1．エージェンシーとはどのような考え方か，整理・検討してみよう。
2．エージェンシー問題の具体例を挙げて，説明を加えてみよう。
3．エージェンシー問題が，現代の組織に対してどのような作用を及ぼしているか，について論述してみよう。

# 10 │ 協力の多様化問題と 「組織立った複雑性」

　近代社会の中で協力活動が変容した原因の三番目は,「多様化」現象である。古典的な協力論の認識では, 協力活動が成立するためには, 互いの目的や手段が協力者たちの間で一致しているはずだと考えられてきた。ところが, この認識は覆されてきている。現代において, なぜ協力活動が多様な形態を取らなければならないのか, そしてその目的や手法について, なぜまとまりのない「あいまいさ（ambiguity）」が問題になるのかが, 本章のテーマである。

　近代組織の反省の一つは, あまりに単一化した視点だけで規模を追求し, 大きさを求めたことである。この現象があったために組織は硬直化し, そこに含まれる問題点の反省作用が生じ, 複数化する方向性をとる契機を作ることになった。この章で, なぜ協力の「多様化」問題が生じたのか, について考えたい。

《キーワード》 多様性, あいまいさ, ゴミ箱理論, 弱い連結, 分解可能性, 混合作用, 複雑なプール, 組織立った複雑性

## 1. 協力の多様化現象はなぜ生ずるのか

　古典的な協力論では, 他者との協力関係を結ぶ中で, 双方にとって単一の共通目的を追求するのが協働組織の本質であると考えられてきた。たとえば, 古典的な経済理論では, 企業目的は利潤追求という共通目的にあると教えている。ところが, 近代組織のあり方に対して, 次第に組織の目的や協力の手段などにおいて, 組織における協力の多様化, すなわち組織目的の「多義化」, 手段の「多角化」, 役割の「多機能化」などというまとまりのなさという問題が生ずるようになった。そして, これらの多様化によって, 協力組織が「あいまいさ」という全体的な変容をきたすことになった。

　単一の目標を定め, 手段を準備し, 共通の成果物を得てその評価を行

うという古典的で合理的な戦略モデルについては，さまざまな批判が提出されてきている。このような初期に考えられてきた M. ウェーバーや F. テイラーなどの単一の視点による合理モデルには，これまでの各章でも触れてきたように，現実の多様性と合わない欠陥があるとされる。この章においては，現代の協力組織に見られる多様な体制に適合した「非合理」を含んだモデルを追求すべきとする考え方を検討する。組織が単一の目的を追求する集団と考えられていた時代から，次第に複数の目的を追求する組織へ変化する時代を迎えていた [注1]。

　ペンキ屋が顧客に対して示す協力活動の例を見てみよう。多種多様なペンキの色を選ぶとき，どのような方法を採れば，ペンキ屋は顧客の要請に応えることができるだろうか。顧客数が増えれば増えるほど，要求されるペンキの色は多くなり，通常の店でも，少なくとも 2,000 くらいの種類の色が販売されている。色が多種類だから両者の協力関係が多様になるのではなく，顧客が多数になればなるほど，これらを顧客に売る手段が多様化するからである。現代では，かつてのように標準化された単色の好みが大量に存在するのではなく，顧客の趣味は多様化している。このため，顧客を誘導して，わかりやすく購買できる工夫がなされなければならない。

　たとえば，商品見本を並べるとか，ペンキの色をアルファベット順に整理しておくとかなどが考えられるが，経営学者の R. セイラーと C. サンスティーンが著書『実践行動経済学（原題：Nudge)』で事例として取り上げているのは，「カラーホイール」と呼ばれる同系色ごとに並べられた色見本である [注2]。このようなチャートで見せることで，色選びがかなり楽になる。どのような方法を採れば，商品の数が増えていく問題に対して，ペンキ屋と顧客の関係がうまくいくのだろうか。書籍の種類が増大していくことについての，たとえば通信販売のアマゾン方式の解決法や，レンタルビデオの選択方法を示す解決法など，現代社会に共通の選択問題を示している。複雑な選択に対して，このような単純な方法を提起することは，協力活動の典型的な例である。

　この場合に，同じような趣味を持っている人びとが，どのような共通

の選択を示すのだろうかに関する方法を，セイラーとサンスティーンは「協調フィルタリング」と呼んでいる。アマゾンが行っている方法では，特定の電子書籍を購入した何人の読者が，それを読んで印象に残った箇所にマーカーを引いたのかがわかるサービスも，「自分に似た人が，それを気に入る傾向」にあることを示す点では，協調フィルタリングの事例として挙げることができる。もっとも，このことが予想外の発見や偶然の遭遇という，読むことによる好奇心を減じてしまうことにもつながる危険のあることは，十分に知った上で参加や利用することが必要である。これらの例は，消費者の商品選択に対して，買い物行動を設計するデザイナーの考え方の問題として，常に起こっている問題である。

　このような多様な状況を整えるには，従来から，二つの方法が提案されてきた。セイラーとサンスティーンによれば，一つは協力の交換モデルである。顧客の自由が重要で，望ましくない取り決めを拒否できる「選択の自由」を強調する，いわばリバタリアン方式である。個人の自由を最優先に考えるものである。これに対して，もう一つは協力の支配モデルである。もし社会全体のためであれば，政府などが人びとの行動に影響を与えて誘導するのは当然だ，と考えるパターナリズム方式である。けれども，これら両方式の限界が現れるに従って，中間的で曖昧（あいまい）な方式が採られるようになってきた。たとえば，彼らは，相対的でソフトで押しつけ的でない「ナッジ（nudge）」という，リバタリアンでもパターナリズムでもない方式，控えめな誘導方法を提案している。中間的な方法は，相対的で曖昧な状況に適合するとする。

## 2. なぜ「あいまいさ」は生ずるのか

　現代社会には，多様性が「あいまいさ」を助長し，そのまとまりのない「あいまいさ」が社会を複雑にしている状況が存在する。ここで，なぜ「あいまいさ」が問題になるのかが中心問題であるが，この問題を提起したJ. G. マーチとJ. P. オルセンによれば，協働を行う組織の持つ「あいまいさ」とは，次の四つの原因で生ずるとしている[注3]。

　第一に，組織が矛盾した複数の不明瞭な目的を持つ状況にあると，「あ

いまい」になるとする。ペンキ屋が単にペンキを売るだけでなく，顧客の求めるサービスも目的に加えられるに従って，多様な対応が迫られる。関心が多様になるだけ，多目的・多機能が求められる状況がある。第二に，組織が行う行為と結果との因果関係や行為の環境に対する理解が複数生じ，これが不明晰^(ふめいせき)になる可能性がある。ペンキ屋の意図と，顧客の意図とが常に適合するわけではなく，相互の理解が必要となる。第三に，歴史は作り変えられるため，過去をいかに解釈するのかということには，多義的な問題が生ずることになる。顧客の趣味は，時代によって変わることは常識であり，これにペンキ屋は対応することが求められる。そして，第四に，個人が組織に参加するパターンの多様化が生じ，「あいまいさ」が存在するようになるとする。このように組織が「あいまい」になると考えられる原因には，協力目的，協力の手段，協力組織などの多様化という問題が存在し，これらには明らかに協力活動の「多様化」現象が作用しているとみられる。

　多様化が曖昧さを生み出す具体的な現象を，現代クラフトのイベント活動に見てみたい。長野県松本市では，毎年５月に「クラフトフェアまつもと」と「工芸の五月」，10月には「クラフトピクニック」が開催されている。これらの活動は，クラフトをめぐって多彩なイベント活動を行っている。これらのイベントを開催している松本クラフト推進協会の伊藤博敏氏に話を伺った。

伊藤：「クラフトフェアまつもと」は，1985年に45組65名ぐらいで始めたイベントです。当初のメンバーがアメリカやイギリスのクラフトフェアに参加したり体験したりしていて，その報告会がありました。非常にいいイベントであり，屋外でやるイベントは珍しく，場所代が要らないというところが，われわれには向いているのではないか。できれば松本でやりたい，ということがスタートでした。

伊藤：クラフトフェアでは，第10回目までは出展したい人は誰でも出せ

る状態で，選考というものがなかったのです。第10回で300人に
なったときに，こちらが意図しているものではない，フリーマー
ケット的な，自分の制作品でないものまで売る方が出てきました。
これはまずいということで，選考というかたちを採るようになり
ました。その前から言っているのですが，「自分で作ったものし
か駄目です」というのを徹底する，というようなことで変わって
きました。

　フェア自体のレベルが上がって，参加する方たちの意識も強く
なったものですから，プロ意識の強い方が増えたということもあ
りますが，レベルが上がるに従って，お客さまも非常に増えてき
た。そうすると，本当に物を売ることが中心になったようなイベ
ントに近くなってきました。

伊藤：まとめてたくさんの個人作家さんの仕事を見ることもできますが，
　　　一番最初に考えていたのは，作家同士の交流，コミュニケーショ
　　　ンのできる場です。いろいろなタイプの方が日本全国から集まっ
　　　てくる。特に最初のころは今のようにネット社会ではありません
　　　ので，口コミでした。それも信州で作家活動をやろうという人が
　　　全国から来て，皆さん，安曇野周辺や松本周辺に暮らしてやって
　　　いる。逆に，その人のルーツである町にまで，自然と口コミで情
　　　報が行くわけです。

　　　そのようなかたちで人が集まってきているものですから，個人
　　　の仕事を見るだけでなく，日本中のいろいろな情報が集まってく
　　　るという部分が魅力になっていると思うし，また，われわれもそ
　　　の辺は狙っているところかなと思います。

伊藤：フェアの場合は，今は大体，千数百名から応募があります。それ
　　　は食品部門も含めてですが。そして，実際に参加できるのは250
　　　〜260名です。食べ物枠ですとか，スタッフ枠とか，いろいろ含
　　　めても300くらいというのが毎回出ている人数です。ですから，

これは第10回のころから全然変わっていないので，「規模がだいぶ大きくなりましたね」とよく言われますが，作家さんの数は全然変わっていません。お客さまの数だけがどんどん増えているというのが実態です。それで，その300名の作家さんのうち，毎年3割は初めての方か，ずっと応募していたけれども今回初めて出せるとか，どちらか。そういう方が約3割いらっしゃいます。その辺が，なぜかいつも3割なのです。それが新陳代謝につながっているかなと思っています。

　クラフトフェアに応募し参加する製作者の数も増え，さらに参加する客の数も増大した。規模が大きくなって，かえってクラフトフェアの限界が見えてきたということもいわれ始めた。出展者からは，応募が多すぎて，公園では会場スペースが足らないという問題があるし，参加者の側からすれば，駐車場が足りないことや，ゴミの処理がうまくできないなどの問題が出てくることになる。いずれも，多様化し規模が大きくなったことの弊害である。この中で最も問題になったのは，当初のクラフトフェアに対する考え方が変化したことにある。たとえば，伊藤氏は「出展希望者が300人になったときに，こちらが意図しているものではない，フリーマーケット的な，つまり自分の作品でないものまで売るような出展者が出てきたりして，これはまずい」ということになったと指摘している。クラフトフェアの本来の姿はどのようなものかが曖昧になったのである。作家同士の交流という目的以外の目的が多く出現するようになったのである。
　ここには，二つの多様化の考え方が反映されている。協力体制の多様化には，近代の支配型や交換型の協力モデルを乗り超えようとする動きも出てきており，協力の多様化の動きには，二つの側面がある。一つは，組織の構成が分化して，目的や手段が「多様化」する動きである。「分化」としての多様化であり，横並びの並列する多様化が増大する傾向である。たとえば，企業活動の拡大に伴って，利潤最大という目的に加えて，社会的貢献という目的が加わってくるような状況変化である。あるいは，

企業の行う事業が多角化して，事業部が分化して多様な事業展開が生ずる場合もある<sup>(注4)</sup>。

このような狭義の多様化，あるいは第一の多様化という動きに対して，もう一つの「第二の多様化」と呼ぶべき多様化が存在する。この動きは，多様化し分化した組織が，そのままでは本体との同一性を保つことは難しいことになるので，分化ののち再統合を行い，新たな仕組みを準備することになる。これは，いわば「統合」としての多様化である。

つまり，多様化には，そのあとに続いて，全体同一化のための「多様化の縮減」のプロセスが必然的についてくる。もっとも，その同一化は明らかにそれまでの単一の視点による古典的な方法とは異なるものであり，その結果，最終的には新たな統合のもとでの新組織が成立する。このような，いわば全体としての第二の多様化を表す「再統合化」過程が伴うものであり，ここでは重層する多様化が見られることになる。

以上で見られるように，多様化については，「分化」，「あいまい化」，「再統合化」の一連の動きを，近代化以後の組織は繰り返してきている。これらの二つの多様化を理論化しモデルとして提起した考え方に，次節以降で見ていく，コンティンジェンシー理論・組織化理論・ゴミ箱理論が存在する。

## 3. 多様化過程における分化と統合

第一に，多様化を説明する考え方に，コンティンジェンシー理論が存在する<sup>(注5)</sup>。コンティンジェンシー（contingency）というのは，「条件適応」などと訳されるように，変化しつつある環境条件に効果的に対処して，組織活動も変化させていく状況パターンである。「環境」に依存した「組織」の相互関係をコンティンジェンシーと呼んでいる。典型例として，P. ローレンスとJ. ローシュ著『組織と環境（邦題：組織の条件適応理論）』は，複数の企業組織を取り上げて，「環境変化」が組織に及ぼす要因を多様化の主たる原因と考えた。ここで，組織の分化と統合が生ずる過程としてコンティンジェンシーを見たい。

彼らの著書の中で，プラスチック産業での研究開発部門・販売部門・

製造部門などの仕事が直面する環境を観察している。その結果，部門ごとに環境変化の速度が異なり，そこで対応する組織に問題が生ずることを報告している。その報告の中で，研究開発部門の直面する科学技術の進展が，製造部門などの他部門の環境変化より速いために，それに対応する新たな組織を分化させ発達させる度合いも高くなることが調査によって明らかにされている。この場合，組織全体の一部門である研究部門で分化が激しくなる結果，部門間において組織が発達する中での齟齬が生じ，組織全体が不安定化することになる。たとえば，部門間で目標が食い違ってきたり，長期を目指すのか短期を目指すのかなどの時間のずれも問題になったり，さらに部門ごとに人間関係の処理が異なったりすることが報告されている。研究開発部門と製造部門では，これらをめぐって，コンフリクト（葛藤）が生ずることになる。

　たとえば，部門間の生産性の違いは最も重要な争点である。ここにおいても，協力における「生産性ジレンマ」が生ずることになる。生産性の高い製造部門と生産性の低い研究開発部門の葛藤を，いかに解決することができるだろうかという問題が常に生ずる。

　このような部門の分化によって生ずる不確実な状況に対して，統合するための組織化が行われることになるが，それは仕事の環境変化に依存して行われることになる。部門間の分化があまり激しくない仕事では，直接両部門間で調整が行われるが，他方，部門間の分化が大きなところでは，部門間の紛争や軋轢や摩擦が生ずるために，これらを媒介し統合する部門が特別に発達する傾向のあることを報告している。そして，このように分化・多角化した部門を効果的に統合することができた組織は高業績を上げることが，調査によって報告されている。

## 4．多義性の縮減

　第二に，多様性を説明する二つ目の考え方に，K. ワイクの「組織化」理論がある[注6]。社会心理学的な視点から組織を研究してきているワイクは，「あいまいさ」をもたらす原因が多義性（equivocality）にあるとみている。行為が起こって人びとが方向付けられる前には，まだあら

ゆる可能性が存在している。この状態を，多義的であると考えた。次の
ように指摘している。

「組織が働きかける基本的素材は，あいまい・不確実・多義的な情報
インプットである。その情報が具体的な物，扱いにくい客，割り当てら
れたタスク，あるいは組合の要求といった形で現れるかどうかはともか
くとして，そこには思いつきうる多くの可能性や結果がある。組織化に
よって，この可能性の範囲が狭められ，"思いつきうること"の数が少
なくなる。組織化という活動は，一定レベルの確信を確保することに向
けられている。組織は，多義的な情報を，組織が機能し組織にとって不
都合でない程度の非多義性へと変換しようとしている」（Weick ＝遠田
訳　1997：p. 8）と述べて，組織化が多義性を縮減する働きのあること
を示している。

ここで，ワイクのユニークな点は，「組織化」の過程の中に，上述の
多義性縮減の過程と，逆に進化論的な突然変異を作り出して多義性を増
加させてしまう工程と，両方を意識している点である。このような組織
化には，三つの段階があると考えている。①イナクトメント（enactment：
活動の定立），②淘汰（selection），③保持（retention）である。イナク
トメントは，可能性のあるいくつかの活動の中から，自然選択の突然変
異のように，一つの活動があたかも法律の立法のように「定立」される
ことである。活動の設立は，活動とその環境との相互作用の中で起こる
が，この相互作用の中で活動と環境の範囲が定まり，「囲い込まれる空間」
が限定されてくることになる。次に，「淘汰」の段階で，活動が組織化
される意味付与や解釈が行われ，残されるものとそうでないものとが選
択されていく。多義性がさらに縮減されていく。そして，最後にこれら
選択されたものの中で，残される妥当性のあるものが規則や習慣や記憶
として，組織内に「保持」されることになる。

ワイクは，ジャズ・オーケストラの演奏を事例に挙げている。有名作
曲家の曲を練習する場合と名も知らない作曲家の新曲を練習する場合と
の「組織化」の違いを報告している。前者は，作曲家と曲の情報がすで
にある程度イナクトされているために情報を分解し再び結合して，曲の

演奏を仕上げることが効率的に行うことができる。これに対して，後者では，状況の提供する情報が多義的であるために，曲の認知を繰り返し行う過程で，確信を得る度合いが低くなり，それがフィードバックされる過程で，演奏の仕上がりに対して負の影響を与えてしまうことが報告されている。ここで，双方において重要な点は，組織化によって，多義性が縮減されるという共通点を見ることができることである。

## 5. 組織化された無秩序

　第三の，多様化を説明する考え方として「ゴミ箱モデル」がある[注7]。組織についてはさまざまな「あいまいさ」を見ることができるが，やはり最終的には，意思決定や選択における「あいまいさ」が問題である。これまでの組織論では，目的や手段の「あいまいさ」があったとしても，最終的なアウトプットである意思決定においては，明確な表示が行われることが必要であると見なされてきていた。多少の「あいまいさ」が許されるとしても，意思決定の段階では，はっきりとしたものが示されなければ，組織の同一性を保つことができないとされてきた。この点で，近代組織と近代以後組織の相違が存在するといえる。

　1972年に M. コーエン，J. マーチ，そして J. オルセンは，「ゴミ箱モデル」を明らかにした。ゴミ箱というモデルは，協力活動のいくつかの文脈が常に混ざり合うことの比喩として使われている。このモデルでの「あいまいさ」は，以下のとおり描かれている。

　「最近の組織的決定の研究に共通するテーマは，選択が根本的にあいまいであるということである。組織は，問題を解き，決定を下すためのみならず，議論や解釈のための手続の集合体である。選択状況とは，（表明されるべき決定の場を捜している）論題やある種の感情，および（自らがその答となるべき論題を尋ね歩く）解，そして（問題や楽しみを追い求める）参加者の出会いの場である」として，このような「選択機会を，参加者がさまざまな問題や解を投げこむゴミ箱とみなそう。個々のゴミ箱の中身は，代りのゴミ箱に貼付されたラベルにも依存するが，またその時どんなゴミがハキ出されたかにも，さらにそばにあるゴミ箱の

数およびゴミが回収される頻度やスピードにも依存する」（March & Olsen＝遠田・ユング訳　1986：pp. 30-31）と考えられた。

　従来，意思決定は統一された一つの文脈に従って，整序される過程として描かれてきた。ところが実際には，意思決定は単一の視点にまとめられて起こるのではなく，複数の文脈に沿って進行し，それらが相互に影響を与え合う性質を持っていることを説明している。

　このようなゴミ箱を実現している状況を，彼らは「組織化された無秩序（organized anarchy）」と呼んだ。つまり，ここで「組織化」されているのは，それぞれの選択状況の中での文脈の内容である。たとえば，いかに参加者が組織化されるのか，あるいは，いかに問題が選ばれ解かれるべきかなどについては，組織が個々の文脈に従って整序するだろう。けれども，これらの異なる文脈間では必ずしも整合的に結び付けられているという保証は存在しない。つまり，これらの文脈がどのように選択され結び付けられるのかは，混沌としており，むしろ「無秩序」であると指摘したのである。第1章で，ジャズ・フェスティバルにおける協力活動を観察したが，まさに毎年継続して行われるイベント活動は，複数の文脈に沿って進行するパスウェイ上を動いていくものであり，それらが相互に影響を与え合う性質を持っている。ここで見てきたように，ゴミ箱モデルでは，ほかの「あいまい」理論と同様に，必ずしも単一で必然的な決定が行われるというわけではない，というところが現代の決定を反映しており，特色となっている。したがって，意思決定が最終的な問題解決と結び付いているわけではないということが特徴である。これは身の回りの組織を思い浮かべればわかるように，きわめて現実的な描写であるといえる。ゴミ箱モデルでは「見過ごし」「飛ばし」のような，問題を先送りしたり回避したりするなどの，意思決定の移行が頻繁に行われることによって，状況の多様化が行われるのが普通であるとする。いずれにしても，多様で曖昧な決定であっても，そこで意思決定が行われないわけではないという点が重要である。意思決定が落ち着く先が，複数の可能性があり，選択される機会がいくつか存在し，どの可能性が実際に解決として選択されるのか，についてはかなり曖昧であり，どの

結び付きが優勢を保つかは，前もって予想することはできないと考える。

　彼らは，このようなゴミ箱モデルの事例として，デンマークのコペンハーゲンにある自由学校での1971年から72年にかけての観察結果を挙げる。この学校での教育改革論議における意思決定を提示している。この中で，次のような「組織化された無秩序」を観察している。すなわち，改革の目的，方法，参加者をめぐって，投票・懇談会・秘密集会・小グループ討議の設定などのマネジメントが行われ「駆け引き」や「問題回避」，さらには「脅し」を通じて，選択が行われ続けたのである。もちろん，ゴミ箱モデルがここでの問題を申し分なくすべて解決するわけではないことは明らかであるが，しかし，組織は，部門間の互いに矛盾しあう目的を抱え，また変化する環境に対処し，さらに加入と退出を繰り返す参加者を何らかの決定に導いている。合理モデルでは放棄されてしまったような問題でも，ゴミ箱モデルはともかく選択機会を利用して，見過ごしや飛ばしを含む問題解決を行っていることが，ここでは重要であるといえる。多様性によって，バラバラになってしまう可能性を何とか転換して，組織化を目指すことが必要だと考えられている。

## 6. ルース・カップリング

　A. ケストラーが挙げている時計工の話は，多様性をめぐる組織の「分化と統合」を考える上で，重要な視点を提供している[注8]。このエピソードは，組織論者 H. サイモンの指摘によるものであるが，彼は典型的な二つのタイプの時計工を取り上げている。第一のタイプは，時計の組み立てを常に一から始める時計工であり，第二のタイプは，時計の部品群を分けて準備しておき，中間段階から組み立てる時計工である。サイモンはこれらを比較して，後者の方が生産的であることを示した。彼はダイナミックな組織形成の過程を考えていて，単純な組織から複雑な組織に発達していくときに，そこにもし安定的な中間系（intermediate system）が存在すれば，その複雑系の発達はかなり速やかなものになるだろう，と指摘した。つまり，複雑な組織というものは，中間的な構造を媒介として，階層的に組み立てられる必要があると考えられている。

**A. ケストラー**
〔ユニフォトプレス〕

このような上位と下位との緩い結び付きのことを，ルース・カップリング（弱い連結）と後の研究者たちは呼んだ。すべてをきつい関係で結んでしまうと，前者の時計工のように，身動きができなくなってしまう。緩い関係で結ばれていることによって，中間系が働き，複雑な組織を組み立てられることになるといえる。

このような緩い中間系の示す性質に，ケストラーが指摘する「ヤヌス効果」がある。部分と全体を媒介する中間系には，ローマ神話に出てくるヤヌスのように反対に向いた二つの顔がある。つまり，中間体は，部分的には全体として振る舞い，全体としては部分的に振る舞うという性質がある。このような性質を持つ中間系について，ケストラーは全体と部分の合成体を表す言葉として，「ホロン（holon）」を提案している。たとえば，チームというのは，緩い中間系の一つの具体例である。野球チームでは，チーム員に対しては，管理する「主人」としての顔で接するが，チームを統括する経営体に対しては，従順な「召使」としての顔を見せる。二つの顔を持つ「ヤヌス」として現れる。ここで重要な点は，チームの下位要素と上位要素とが，チームにおいて結合され，このある一定の範囲での統合的な活動が可能になる。けれども，この統合的な関係はきわめて緩い関係で結ばれているということである。

したがって，チームは中間体として，サイモンの言う「分解可能な（decomposable）」，あるいは認識の問題として言うならば，ケストラーが言うように「部門分け可能的な（dissectable）」特性を持っており，幹や枝となる階層構造を明確に認識できる性格を持っている。今日の考え方で言うならば，教育分野や産業分野で使われているモジュールと呼ばれる部分を構成すると考えられている[注9]。この結果，ケストラーが適切に指摘するように，緩い中間系が「安定化して効率的に機能するためには，その下位部分がそれぞれ自律的で自立したユニットとして働

き，上からの支配のもとにあるとはいいながら，一応の独立性をもち，高位の権威の指示を仰ぐことなく日常の業務を自分でさばいていけることがぜひとも必要である」（Koestler= 日高・長野訳　1969：p. 79）ということになる。

　今日，全体社会というものがあるとしても，それに関しては如何なる天才であっても，すべてにわたって制御することができないほど複雑な構造を持ち，かなり膨大な人間関係を運営していかなければならないことは間違いないだろう。H. サイモンが指摘するように，人間は「限定された合理性」のもとにある。このような場合に，とりわけルース・カップリングによる階層的な処理が行われないならば，おそらく社会の秩序は急速に失われてしまうであろう。もしこのような緩い関係によるネットワークが成り立たないのであれば，それ以上の大組織を形成したり，広域にわたる累積的な組織を構想したりすることはできないだろう。

## 7. なぜ協力には多様性が必要なのか

　人間の協力関係で，なぜ「多様性（diversity）」が必要とされるのか。この点について，アーレントは「複数性（plurality）」という言葉を使って説明している。第1章で見たように，人間は互いに「他者」として生きているという状況を引き受けなければならないが，実は人間はこの互いに異なっている点が多数あるという点において，共通性を保っている。

　都市における人間の協力関係には，多様性が必要であることが知られているが，この点を 1950 年代に強調し，その後の都市における協力関係の考え方として定着させたのは，ジェイン・ジェイコブズである。彼女が，ニューヨーク市のロウアー・マンハッタン地区のダウンタウンのあり方で，最も必要なのが「多様性」であるとした。この多様性を失った都市では，衰退が始まると主張した。ここでジェイコブズが言う「多様性原理」とは，どのように定式化できるものだろうか。著書『アメリカ大都市の死と生』の p. 30 にまとめられている。「その普遍的な原理とは，都市にはきわめて複雑にからみ合った粒度の近い多様な用途が必要で，しかもその用途が，経済的にも社会的にも，お互いに絶え間なく支

え合っていることが必要だということです」と指摘されている。彼女が主張する多様性には，四つの特徴が存在する。著書の中で，多様性を保つ原理を次のように述べた[注10]。

「1．その地区や，その内部のできるだけ多くの部分が，二つ以上の主要機能を果たさなくてはなりません。できれば，三つ以上が望ましいのです。こうした機能は，別々の時間帯に外に出る人々や，ちがう理由でその場所にいて，しかも多くの施設を一緒に使う人々が確実に存在するよう保証してくれるものでなくてはなりません。

2．ほとんどの街区は短くないといけません。つまり，街路や，角を曲がる機会は頻繁でなくてはいけないのです。

3．地区は，古さや条件が異なる各種の建物を混在させなくてはなりません。そこには古い建物が相当数あって，それが生み出す経済収益が異なっているようでなくてはなりません。この混合は，規模がそこそこ似通い合ったもの同士でなくてはなりません。

4．十分な密度で人がいなくてはなりません。何の目的でその人たちがそこにいるのかは問いません。そこに住んでいるという理由でそこにいる人々の人口密度も含まれます。」（Jacobs＝山形訳　2010：p.174）と指摘したのである。

　ここで多様性を保つためには，混合作用（mixture）という点が重要であることが強調されている。街のさまざまな要素が混合され，用途の「複雑なプール（complex pool）」が形成される。すると，そこで多様性が生まれてくるのだとする。

　ジェイコブズは，都市には，潜在部分での「プール（共同利用の集合体や資産）」というものが形成される可能性のあることを指摘している。この都市におけるプールは，都市の多様化の一つの方法であると考えることができる。都市の機能は，一次的には，それぞれの目的を持ってそのための手段が提供されることで，その場所で専門部門を発達させ，それらを働かせている。たとえば，市役所は都市の中で，住民を窓口へ受け入れて，行政サービスを提供する機能を発揮している。コンサートホールは，音楽を提供することを一次機能としているし，住宅団地は住

居機能を発揮している。けれども，このような公式に見られる一次機能が，さらに組み合わさって，混合作用を表すようになると，二次的な集合的機能を見せ始める。この二次的な機能は機能の束として働き，結合するときのみ集合的に認識されるだけなので，通常は潜在的に存在しているに過ぎない。

　このプールは複雑な構成を持っていて，人びとが協力関係に入るためには，「複雑なプール」が絶えず活性化され，形成される途上にあることを意識する必要がある。政治経済学者エリノア・オストロームは次のとおり指摘している。水資源や森林資源が人びとの「共有資源（common pool）」として存在しているように，市場経済や公共経済だけではうまく管理できない場合が存在する。この共有資源のもとでは，「集合的なプール」という目に見えない構造が制度や集合意識として認識されてきた[注11]。これらは確かに経済的な物的資源としてのみに限られずに，共同体にとって重要な常日ごろからの人びとの混合作用が集積されるプールというものが必要であることを示している。

　このプール作用の形成には，二つの経路が存在する。一つは，表に現れる作用で，フォーマル化されやすく，認識しやすい経路である。潜在的なものの中からそこで育まれたものが選択され，個別化され専門分化する過程を経て，分離され分化される傾向を示すものである。この場合は，最初にプールが存在していて，そのプールの中の一つの機能が取り出され，それを成長させることで，特化された機能が育っていく事例を見ることができる。たとえば，郊外に住宅団地が造られ，この団地用にショッピングセンターが併設される。最初は，銀行や飲食店なども入っていて，複合的な組み合わせを計画しているようにみえる。けれども，団地のリズムは単調で，昼に少し需要はあるが，午前と午後にはまったく人がいなくなるほどである。夕方になって，集中的に買い物客が集まるが，それが済めば，また閑散としたショッピングセンターとなってしまう。団地のためだけのショッピングセンターでは，もしそのそばに，郊外型のショッピングセンターなどができてしまえば，団地用に計画された需要を取られることになるので，採算割れの店が続出してしまうこ

とになる。このような単機能的な店は，結局のところ，長続きしないことになる。プール形成の二つ目の経路は，以下のとおりである。

最初は，一次的な機能が存在するのだが，それらが組み合わさって，混合作用を及ぼすようになると，そこに集合的なプーリングが生ずることになる。基本的な用途が組み合わされると，そこで一次的混合が行われて，一つの街区に行く人びとが二重に交錯して，複雑さを構成し，多様性を生み出す。そして，さらにジェイコブズが言うところの「二次的多様性」を生み出すことになる。二次的多様性とは，一次的用途が重なり合って成長し，その一次的用途に必要を感じて集まる人びとに対して，さらに二次的なサービスを提供する事業所の総称だと指摘されている。街での単一の用途から，複数の用途が生まれ，さらに複合的な混合が生まれる過程が生ずると，そこに多様性が成立することになるのだ。この多様性のイメージは，わたしたちが日常的に考える多様性のイメージから少し隔てられたところにある。原型が一つあって，それが分岐を繰り返すことにより，社会の中の多様性が進展するような，分散型のイメージが強いからである。このような多様性のイメージに対して，明らかにジェイコブズの提示している多様性のイメージは異なるものである。

多様性の分類には，二つのものが考えられる。一つは進化論的な考え方であり，多様性は分岐し分散する傾向のもとに存在するようになるとするものであり，もう一つはジェイコブズ特有の考え方であり，混合型あるいは凝集型多様性の考え方である〔図10－1〕。

ジェイコブズが提起しているのは，後者の「凝集型の多様性」であると考えられるが，このタイプの多様性については，顕著な特徴のあることがわかる。ジェイコブズはこれらの特徴を都市における活動として，前述の四つにまとめているが，ここで凝集性の性格についてもう少し詳しく見てみたい。

第一に，凝集性には，混合作用の発生することが重要であると考えられている。混合の連鎖反応を引き起こして，継続して重層的な多様性が生み出されることが必要である。それぞれの用途が重なり合うことで，さらに多くのバリエーションを生み出し，多様性が確保されると考えら

図10 - 1　二つの多様性

れている。この「重なり」ということが多様性を生み出す源泉となって
いる。ジェイコブズは，以下のダウンタウンにおける事例を提起してい
る。

「活気あるダウンタウンは，その中やごく近いところに住宅が入り
込んでいるというのはよく指摘されているし，こうした住民たちが
享受して支えるのを支援する夜間用途があることもいわれていま
す。これはそれ自体としては正確な指摘だし，それを根拠にして多
くの都市は，ダウンタウンの住宅プロジェクトが奇跡を起こしてく
れると期待しています。ちょうどロウアー・マンハッタンの計画が
そうであったように。でも現実の生活では，そうした組み合わせが
本当に活気を持つときには，住民たちはダウンタウンの日中，夜間，
週末の利用がある程度バランスのとれたところで生じる，非常に複
雑なプールの一部となっているのです。

同じように，何万，何十万の住民の間に，数千人ほど労働者がちょ
ろちょろ入ってきたところで，全体としても，何か重要性を持つ地
点でも，目に見えるバランスはまったく生じません。あるいは大き
な劇場街の中にオフィスビルが一つぽつんとあったところで，現実
的にはほとんど何の意義も持ちません。つまるところ，一次用途の
混合として重要なのは，人々を経済的互助性のプールとして，いつ

　　も普通にどれだけ混ぜ合わせることができるかということなので
　　す。」(同前：p. 189)
　多様性を生み出すために，実際に有効なのは，街路にいる人びとがど
の程度混合するのか，ある時間帯における，その混合率が問題になると，
ジェイコブズは指摘している。重要なのは，混合が一次的に起こること
だけではなく，二次的な用途を引き起こす性質を持つかどうかに依存し
ているからである。上記で指摘されるような，「複雑なプール」がそこ
で生じ，互助的な混ぜ合わせが生ずる可能性があるのである。凝集型の
多様性が生み出されるには，結局のところ，混合作用が生ずる必要があ
るといえる。
　第二の点では，「小さな街路の必要性」が主張されている。ここで重
要な点は，多様性というものが，分岐し，個別な単機能なものとして働
くというイメージを拭い去らなければならないという事態である。多様
性が，小回りの効く機動性や流動性の中で機能するということを知る必
要がある。ここで言う「小さな多様性」がなぜ必要なのかといえば，こ
の作用によって，大きな単一性によって，遠くにあるものが疎外状態に
置かれる可能性があり，それを防ぐには，小さな多様性によって，近く
のもの同士を近接させる必要があるということである。空間的な多様性
が主張されている。
　彼女が指摘する都市の性格は，必ずしも人びとの活動そのものに結び
付くとは考えることはできないが，街路の小ささが人びとの活動を流動
的にすることは知られている。ロックフェラーセンターの事例は，とり
わけ印象的な事例である。都市の近隣というものを，都市の用途のプー
ルへ結び付けることができるのは，人びとを流動的にする経路の混じり
合いであるといえよう。このような事例は，駅前のマーケットなどでど
の地域にも見られる現象となっている。都市においては，建物の大きさ
が街路を決定しているかもしれないが，実際には人びとがいかに混合し
凝集性を高めることができるかが，都市のさまざまな協力活動を生み出
すことになる。
　第三に，「古い建物の必要性」が説かれている。ここで問題となって

いるのは，都市における協力活動の費用についてである。新しい建物には，新規費用がかかってしまうが，古い建物にはほとんど費用がかからない。協力活動の有効性は，成立するときの効率性に依存している場合もある。たとえば，日本の地方都市でアーケード街を新築することが流行した。そのときに，建て替えられた新築のビルに入ることができたのは，老舗の店かブランドの店などの高付加価値の商品を持つことのできる生産性の高い店に限られることになった。このような単一的な都市計画に対して，生産性の低い店も持続することのできる「古い」ものの利用が必要である。古いものを新しいものに組み込んで，多様性を保たせることが全体の街が存続することにつながる可能性があることを，すでに 1950 年代に主張されたのである。

　第四に，密集ということの必要性が説かれている。もちろん，都市の混雑現象を考えると，必ずしも密集しているほうが人びとの協力活動を促進しているとはいえないだろう。過密な活動が貧困な地帯を生み出すことはありうることである。けれども，だからと言って，都市における密集が，すべて有効でないともいえない。都市における，適度な密度はどのくらいなのだろうか。

　ジェイコブズは，準郊外においては，エーカー当たり 20 戸という水準を目安にして，ここで都市機能が失われるギリギリの線を設定している。そして，この準郊外と大都市の密集との間に中間的な密度という基準があり得ると仮定している。つまり，都市住居に適度な密度が存在すると考えられている。

## 8. 多様性の自滅

　実は多様性が成功し，協力活動の密度が濃くなっていくと，むしろそこには多様性の自滅という現象が起こる可能性がある。ジェイコブズが挙げている事例に，グリニッジビレッジの 8 丁目商業街がある。

　　「八丁目の全事業の中で単位あたりの儲けが一番大きいのは，レストランでした。だから自然とレストランが増えていきました。その一方で，五番街との角にあったさまざまなクラブ，画廊，一部の小

さな事務所は，没個性的で巨大な超高級アパートに押し出されました。…（中略）…わたしたちは街路やその近隣が機能的用途で区分されていると考えがちです——娯楽，オフィス，住居，買物など。確かに，そういう機能区分はあるのですが，でもその街路が成功を維持するためには，その区分はほどほどのものでしかありません。たとえばある街路が，多様性の中でも服の買物といった二次的用途区分の一つで大きな利益をあげて，それがほとんど唯一の用途になってしまうと，ほかの二次用途が目あての人はしだいに寄りつかなくなり，そこを無視するようになります。このような街路に長い街区があると，それは複雑な交錯利用のプールとしての街路をさらに退化させ，利用者の画一化が進み，および結果として沈滞も悪化します。」（同前：pp. 273-274）

このように，街路の近隣やその地域が多様性に成功し，最も収益性の高い用途に乗り出したり，成功した用途の過剰な複製に乗り出したりした場合には，結局画一化が進むことになり，結果として，多様性の自滅を招いてしまうことになってしまうのである。

また，街が過剰な多様性を求めてスラム化して，まとまりのない混沌を示し始めると，その混沌を避けて，郊外へ逃れてしまう動きが加速する場合もある。人びとの協力活動を育む適度な多様性が必要なのである。ジェイコブズは，科学思想の W. ウィーバーの考えを紹介しながら，都市における協力には，単一的な変数で解決できない問題があり，かつまとまりのない複雑性に陥る問題も存在するので，その中間領域で協力し合う組織化，つまり人びとの協力についての「複雑なプール」を形成するような「組織立った複雑性（organized complex）」を扱う能力が必要であるとしている。

## 9. 組織の多様化と「あいまいさ」問題：まとめ

現代社会には，協力活動の多様化という問題が起こっている。協力活動が成立するためには，第 1 章で見た「複数性」という性質が要件となっている。たとえば，協力活動に参加する人びとが多くなればなるほど，

活動の生ずる目的や手段，そして結果が多様化することが知られている。このような多様化現象は，協力活動に参加するメンバー間で生ずる問題であるが，多様化は結果として，活動の曖昧さを生み出してしまう傾向がある。近代になるに従って，組織というものがそれまで以上に多様な意味を抱えるようになり，組織の協力体制の中で，「あいまいさ」が目立ってくるようになった。なぜ協力体制が，このようなまとまりのない「あいまいさ」を帯びるようになったのかという点が重要である。この章で見てきたように，組織の行う活動が多様で多義的になったからである。協力活動の目的・手段・利害関係すべてにわたって，一挙に多様さを現してきた。たとえば，会社にはいくつかの目的があり，利潤追求に加えて，社会的責任や，顧客サービスなど多様な目的を追求するようになっている。

　つまり，近代組織として当初追求されたのは，一つの共通目的であった。統一された仕事に対しては，企業組織のようなヒエラルヒー型組織が有効であり，もし異なる多数の目的を遂行するのであれば，市場組織のような交換型の組織が有効である，ということになっていた。この両者を使い分けることによって，混沌とした世界も調整されると思われていた。共通目的には公共組織，異なる目的には市場組織というように，はっきりと使い分けられて，近代組織はほぼ分担されて運営されることになっていた。

　ところが，実際の組織の中では，複数の目的をヒエラルヒー型組織で追求する状況は十分あり得るし，さらにそこで，複数の過程が存在し，つまりは複数のシナリオが描かれる可能性もあることが，現実にはあり得る。ここで問題になるのが，どこまで分化して異なる協力体制を築くのか，また，どの範囲で統合して一致した協力体制を築くのか，という「分化と統合」問題であった。この章では，近代以降の，多様で多義的な組織がなぜ現れ，そこで何が問題になるのかということを検討してきた。現代の組織では，「あいまいさ」を取り込みながら，多様化の状況を整序することが求められており，複数性の存在する中で，人びとが「組織立った複雑性」を持つような協力関係を導くことが問われている。

## 注と参考文献

注1） Jay R. Galbraith, Designing organizations: an executive guide to strategy, structure, and process, 1995　ジェイ・R. ガルブレイス著．組織設計のマネジメント―競争優位の組織づくり．梅津祐良訳．生産性出版，2002

注2） Richard H. Thaler ; Cass R. Sunstein, Nudge: improving decisions about health, wealth, and happiness, 2008　リチャード・H. セイラー，キャス・R. サンスティーン著．実践行動経済学―健康，富，幸福への聡明な選択．遠藤真美訳．日経BP社，2009

注3） James G. March, Decisions and organizations. 1988　ジェームズ・G. マーチ著．あいまいマネジメント．土屋守章，遠田雄志訳．日刊工業新聞社，1992

注4） Jay R. Galbraith, Designing complex organizations, 1973　ジェイ・R. ガルブレイス著．横断組織の設計―マトリックス組織の調整機能と効果的運用．梅津祐良訳．ダイヤモンド社，1980

Richard Whittington, What is strategy and does it matter？. 2001　リチャード・ウィッティントン著．戦略とは何か？―本質を捉える4つのアプローチ．須田敏子，原田順子訳．慶応義塾大学出版会，2008

注5） Paul R. Lawrence ; Jay W. Lorsch, Organization and Environment, 1967　ポール・R. ローレンス，ジェイ・W. ローシュ共著．組織の条件適応理論―コンティンジェンシー・セオリー．吉田博訳．産業能率短期大学出版部，1977

注6） Karl E. Weick, The social psychology of organizing, 1969　カール・E. ワイク著．組織化の社会心理学．遠田雄志訳．文眞堂，1997

注7） James G. March ; Johan P. Olsen, Ambiguity and choice in organizations, 1976　ジェームズ・G. マーチ，ヨハン・P. オルセン著．組織におけるあいまいさと決定．遠田雄志，アリソン・ユング訳．有斐閣，1986

注8） Arthur Koestler, The ghost in the machine, 1967　アーサー・ケストラー．機械の中の幽霊．日高敏隆，長野敬訳．ぺりかん社，1969

注9） Carliss Y. Baldwin ; Kim B. Clark, Design rules: The power of modularity. 2000　カーリス・Y. ボールドウィン，キム・B. クラーク著．デザイン・ルール―モジュール化パワー．安藤晴彦訳．東洋経済新報社，2004

注10） Jane Jacobs, The death and life of great American cities, 1961　ジェイン・ジェイコブズ著．アメリカ大都市の死と生．山形浩生訳．鹿島出版会，2010

注11） Elinor Ostrom, Governing the commons: the evolution of institutions for collective action, 1990

## 研究課題

1. なぜ協力活動が「多様化」するのか，事例を挙げて説明してみよう。
2. 協力活動の二つの多様化現象である「分化と統合」が生ずる具体例を挙げ，説明してみよう。
3. 「ルース・カップリング」あるいは「組織立った複雑性」の具体例を，身近な生活の中に探し，説明を加えてみよう。

# 11 | ダウンサイジングと近代的協力の変容

　近代的協力活動に起こった四番目の変容は，協力の大規模化に対する反動，あるいは反省として生じてきた「協力の小規模化」という動きであった。これまで指摘してきたように近代組織では，基本的にはピラミッド型の縦構造を示してきており，これが大規模化するのが企業組織の特徴であった。それが1970年代後半以降，ピラミッド型の大規模組織が平準化し，均等化するという現象が起こってきており，組織の協力関係にも影を落としてきている。

　問題は，これまで指摘してきたような近代組織の大規模化病が，これで解決するのだろうかという点である。果たして，小規模化は人びとの協力関係を強化したのだろうか，それとも弱体化させたのだろうか。

**《キーワード》** フラット化，アウトソーシング，オープンソース，サプライチェーン，共同作業，標準化，ダウンサイジング

## 1. なぜダウンサイジングが生じたのか

　近代的協力活動というものが大規模になり，かえってこの大規模な協力活動が限界を見せ，欠陥を見せ始めているということを，これまでの章で見てきた。単純に考えれば，大規模になったのだからこれを小規模な状態に戻せば，その病理現象が直るのではないか，限界を突破することができるのではないか，という試みがいろいろな形で行われている。

　一つの大きな動きは，1970年代後半から生じてきたダウンサイジング運動である[注1]。ここで，組織の縮小化が図られた。この際，最も標的とされたのが中間管理職であった。ピラミッド型組織のトップとボトムの間が中抜きされて，フラットな組織が目指されたのである。このフラット化や外部化によるアウトソーシングは，組織内部の階層を減少させ，簡素化することによっても生ずると考えられてきた。

　これまでの章で説明してきたように社会組織が大規模化して，個人の
動機付けの阻害を招来したり，組織内のコンフリクトを増大させたり，
「ただ乗り」の構成員が増えたりして，組織の失敗をもたらすようになっ
てきていた。組織の大規模化と硬直化からの脱却は容易なことでは行う
ことはできないが，これらを一つの動きとして，大規模化の見直しが行
われたのだが，部分的にはそこに組織的メリットが存在していた。「非
効率を排し，効率化を進めよう」という一般的な標語には誰も反対しな
かったが，それによって実質的な被害を被った人びとは多かった[注2]。

　この傾向は増大し，小規模化や柔軟化を目指すような，組織規模に関
する見直しが行われるようになった。小規模化を行い，そこに経済的な
メリットを探るような動きが生じた。このような「ダウンサイジング」
と呼ばれる動きは，すでに「リストラ」と同時に日本語の中にも定着し
てきている。ダウンサイジングは，1970年代後半から，欧米のコン
ピュータ製造，自動車メーカー，携帯電話などの製造業において，「小
型化」や「軽量化」という意味で使われてきた。けれども，その後，製
造業界や産業分野に転じて「コスト削減」，さらには「人員削減」，つま
りは組織の「スリム化」という組織における意味で用いられるようにな
る。特に，経済分野では，組織人員のダウンサイジングとして，「リス
トラ」という言葉を用いる場合が多い。企業活動の不振をコスト削減で
切り抜ける場合に最も使用される手段が人員削減であった。

　ここにダウンサイジングを適用することによる，近代組織特有の陥穽
（かんせい）
があったといってよいだろう。つまり，「非効率な組織を見直して効率
化する」という考え方には，組織が均一で，効率化の方法を一律に適用
すれば，非効率の問題は解決するという含意があったといえるからであ
る。経営学者 H. ミンツバーグの議論で指摘されているように，組織の
問題は複雑な要因が絡んでいて，一律な方法がそのまま当てはまらない
場合が多い。とりわけ，このようなダウンサイジングによる方法は，単
に病理現象だけでなく，正常な部分を多く含む，組織全体に影響を与え
てしまうことが問題であった。

　米国の経済学者 D. M. ゴードン著『分断されるアメリカ』によれば，

1990年代に行われた米国のダウンサイジングの効果は，ほとんど失敗であったとしている（注3）。まず，中間管理職は人員削減にあっても，復職率が高かったために，実際にはあまり数は減らなかったという統計を示している。むしろダウンサイジングの効果は，精神面に顕著であり，働く意欲を失わせることでは絶大な効果を持っていたとしている。

　さらに，ここで注意しなければならないのは，組織全体にはフォーマル組織とインフォーマル組織とが混在しているという点である。非効率の問題は主として，このフォーマル組織の問題として現れるのであるが，結果として，ダウンサイジングはインフォーマル組織に対しても影響を与えてしまうのである。すでにダウンサイジングという言葉が編み出されてから30年あまりが経（た）っているにもかかわらず，なおこの動きは止まることなく進行してきている。前述のように，ダウンサイジングには二つの意味がある。この動きは二つ同時に現れるために，たとえ統計処理を行ったとしても，二つが分かれて認識されるわけではなかった。そのため，当初はその変化の全容はなかなか理解されなかったといえる。

　つまり，フォーマル組織のダウンサイジングとインフォーマル組織のダウンサイジングであるが，ここで重要なことは，ダウンサイジングを行うと，これらの双方に影響を及ぼしてしまうという点である。

　このような影響が典型的に現れる事例を，R. M. トマスコ著『ダウンサイジング』は挙げている。ダウンサイジングによる解雇が短期的なコストの観点から行われる傾向があるとして，長期的なコストに含まれる「企業への忠誠心」や「技能の確立への投資」が失われることを注視すべきだとしている。ダウンサイジングがどのようなコストを企業組織に与えるか，という問いに対して，数量化が困難で隠れたコストであるマネジャーやスタッフ専門職の間に長年蓄積されてきた「企業固有の技能（company-specific skills）」を失うコストを指摘している。このような「企業固有の技能」という，いわば特殊技能を重視する観点は，米国の経済学者 O. ウィリアムソンによって主張されたものである。彼は，「企業固有の技能」を持ったマネジャーがダウンサイジングによって企業を去ると，それに伴って生産性も予想以上に失われると考えている。ひとたび，

ダウンサイジングによって失われてしまうと，マネジャーが長期に積み上げてきた協調関係を有効に作り出す技能が，その企業から失われてしまうからであるとしている。

　さらに悪いことには，ダウンサイジングを行う企業では，マネジャーは「企業固有の技能」の蓄積を行っても，すぐに異なる組織に出てしまう可能性が高いために，彼がこれを習得しても無意味になる。この場合に，技能の蓄積を行わずに，むしろ「企業非固有の技能（company-nonspecific skills）」である，標準的で一般的技能（パソコンの使い方，一般知識など）の習得に努力を傾けがちになり，より一層，ダウンサイジング企業では，その会社特有の特殊技能は育たなくなることになる。組織の構成員が携帯可能な知識（portable knowledge）のみを求めるようになると，組織内の固有ネットワークは分断され，組織外へ構成員を放出する可能性が高くなるといえる。組織内の共通資産の喪失が見えざるコストを招来することになる。

　ダウンサイジングという言葉は，1970年代の米国自動車産業の中で生み出されてきたという経緯がある。このことはたいへん示唆的である。そもそも，大量生産（mass-production）という言葉が使われるようになったのも，フォード自動車に関係していることは第7章で指摘しておいた。近代組織を彩る「大量生産」と「ダウンサイジング」という相拮抗する言葉の両方が，現代の花形産業である自動車産業から生み出されたことはたいへん興味深い。

　もしダウンサイジング現象が組織それ自体の解体を目指し，市場化に委ねるものであるならば，経済学者のR. コースが指摘するように，それは市場を利用するときの取引費用というものに依存することになるだろう。経済的な配分を市場で行うのか，それとも組織で行うのかという選択は，この取引費用の負荷次第で決定されることになる(注4)。けれども，今日の問題は，むしろ「組織化された経済配分」の問題に移ってきていることを認識する必要があると考えられる。そのときに，フラット化が提起した大規模組織と小規模組織の「調整の問題」がいかに重要であるのかを理解することになるだろう。

人間は，便利な道具を手に入れると，それに依存して偏向することがよくある。その道具によって，今までよりもよいと思われる状態を手に入れれば入れるほど，それにしがみついてしまう。協力関係の大規模化は，このような道具としてはたいへん便利なものであったといえよう。多くは，よい状態を達成し，そのままうまくいくのであるが，中にはそこに入り込んでしまって，欠陥が見えなくなってしまう場合も出てくることもある。もし大規模化の後のダウンサイジングという動きに利点があるとするならば，このような反省の契機を与えてくれる点であるといえよう。けれども，ダウンサイジングによって分断が起こった後，どのようにして接合が行われるのであろうかと，分断された部分がいかに結び付くことができるのであろうかが考えられていない場合には，ダウンサイジングは単なる分断の道具に使われてしまうだけである。

## 2. アウトソーシングの事例

ダウンサイジングの典型的な手法に，アウトソーシングがある。大規模化した組織を分化して，その一部を外部化する方法である。これによって，組織の小規模化を図る。このアウトソーシングの事例として佐賀県武雄市図書館を取り上げ，佐賀県武雄市教育委員会の錦織賢二氏に話を伺ってきた。

錦織：武雄市図書館は武雄市の中心市街地にあり，病院の跡地に平成12年10月に武雄市図書館・歴史資料館という複合施設で開館しました。（中略）平成25年4月には，多くの自治体で取り組まれております「指定管理者制度」を採用しています。行政が直営でやっていたサービスを民間委託し，コストを下げる行政改革の一つとして取り組みました。（中略）もちろん，従来の図書館運営サービスについては当然継続したサービスを提供いたします。（中略）私ども武雄市が一緒になって新しい図書館づくりを始めた相手というのが，カルチュア・コンビニエンス・クラブという企画会社です。これまで，図書館のサービスというのは当然限られた

サービスをしておりましたが，それに加えて，民間だからできるような新しいサービスも今回やっていただこうということで，事前にアンケート調査等もさせていただいて，市民の方が望まれるようなサービスも含めて取り組んだところです。

　指定管理者制度によるアウトソーシングによって，公的サービスを民間サービスへ移行させる方法が武雄市では採られ，財政的な効果を得ている。このときに，経済的な影響のみならず，組織的な影響が現れる。

錦織：アウトソーシングをしてしまいますと，どうしても従来直営で持っていたノウハウが民間企業のノウハウに流され，自治体に固有のノウハウを持つ職員自体がいなくなるというようなことも危惧される大きな点と考えています。武雄の場合は，従来，図書館司書として長年働いていただいている方に，教育委員会のほうの管理する立場に異動していただきまして，図書館自体の運営は民間のほうでしていただいていますが，そこについて指摘をしたり，指導をしたり，改善を促したりということで，そういう指導する立場の職員を配置いたしました。どういう本を購入されるとか，リストをチェックしたり，運営のあり方，意見等をいただいたことに対しての対応を行ったりなどをチェックするということも含めて，職員を配置しています。（中略）毎月１回は定例の報告をしていただくようにしていますし，何か問題があったときにはすぐ対応ができるよう，市の教育委員会と連携ができるような体制を整えています。

　上記でわかるように，公共サービスが民間のサービスによってすべて駆逐されてしまうということが起こると，アウトソーシングをした意味がなくなるということが起こってしまう。互いにパートナーシップを結ぶためには，それぞれの固有の技能，固有の知識というものを尊重し合いながら，お互い同士すり合わせをしながら共同化作業というものを形

成する必要がある。

## 3. 組織のフラット化

　なぜ近年になって，ダウンサイジングや後述するフラット化が問題に
なったのだろうか。フラット化とは何か。フラットとは，平ら（flat）
であるという字義どおりの意味であるが，もし組織論の文脈に従って言
い換えるならば，人間の協力関係で縦の関係よりも横の関係が強調され
るという傾向が増大してきていることを示している。現代社会のフラッ
ト化についての典型例として，組織の外部化という動きがある。この具
体例は，T. フリードマン著『フラット化する世界』の中で指摘されて
いるものである（注5）。組織の構成部分を外部に求め，内部と外部との
連携において，大規模な組織を小規模化する考え方を典型的に持ってい
る。フリードマンは，いわゆるアウトソーシングなどの「組織の外部化」
という傾向が強く作用していると考えている。以前は一つの会社の各部
門であったものが，別の会社になって，A 企業と B 企業の取引という
形が出現することになる。ここで，A 企業と B 企業との関係がきわめ
てフラットな形になっている。なぜこのような外部化あるいはフラット
化が，1970年代以降のわたしたちの現代社会でこれほど勢いを持つよ
うになったのか，ということがここで問題となる。

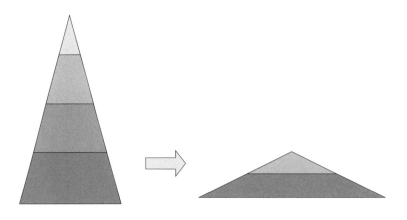

図11-1　フラット化

フリードマンは，前述のアウトソーシング
を含め，フラット化現象が生ずる全部で六つ
の要因を挙げているが，その中核と見なされ
ているのがオープンソース（open source）
という考え方である。つまり，方法を公開し
共有しておいて，その方法を使用した分担部
分についての外部化を進め，参入と離脱を柔
軟に組み込む方式である。参加資格を限定し
た閉鎖方式に比べて，多くの参加者を結集で
き，資源を有効利用できるメリットがある。

**T. フリードマン**
〔ユニフォトプレス〕

　ここでは，後述する知的資産の共有化(up-loading)，外部委託
(out-sourcing)，海外委託（off-shoring），提携チェーン化（supply-
chain），外部委託の内部化（in-sourcing），情報活用（informing）など
の作用が働いていると考えられている。これらの作用を活用すると，
「オープンソーシング」という方法がうまく作動するとする。つまり，
オープン（公開）になった共通資源を相互に使い合うシステムが成立す
ると考えられている。たとえば，A社が社外に対して開かれた形で営
業活動を行う場合，社外のB社に対して情報開示し，共同化する契機
を提供することにより，両社相互にオープンな形で企業活動を行うこと
ができることになる。かつてはコンピュータのソフトウェア開発に多用
された手法であるが，公開された共通資産を相互に利用することには，
経済効率性にとって有効であるという獲得主義的な認識を，フリードマ
ンは抱いたことになる。

　上記の六つの諸作用を見ていくことにする。第一に，知的資産の共有
化（アップローディング）という考え方が作用しているとみている。互
いに財産を共有化し，双方で利用できるようにしておくという意味であ
る。これによって，知的資産を共有化して，より生産的な作業が可能に
なると考える。第二に，外部委託（アウトソーシング）と海外委託（オ
フショアリング）は作用としては同じ意味であるが，外部委託は自前で
行っていた仕事を外部の人に任せるということであり，また海外委託は

同じく外部委託を行うのであるが，相手先が海外に存在する場合である。外部委託の範囲が海外委託によってさらに拡大して，世界中の人と仕事が一緒にできるようになる可能性のあることを指摘し，現実にこのことが世界の動きとして重要になっているという認識である。第四に，提携チェーン化（サプライチェーン）が挙げられている。ネットワークを組む経済性を評価する公式である。たとえば，コンビニエンスストアなどの例が典型である。製造業との共同作業によって製品を開発し，さらに販売するところまでネットワーク化して，全部を一つのチェーンストアのシステムに統合する形で共同作業を行うことである。第五に，外部委託の内部化（インソーシング）というのは，アウトソーシングの逆の作用を及ぼす動きである。今まで外部委託という形で外に出していたものを，積極的に内部化するという方法である。つまり，今までほかの会社がやっていた部門を，そこの部分だけを自分の会社の内部に取り込む共同化の手法である。最後の情報活用（インフォーミング）は，情報方法の結合によって，共同作業を有効に活用する方法である。たとえば，グーグルのように，検索をすることによって，それが広告やさまざまな製造部品の供給まですべて情報化しているというような形態を共同で行うことが可能になってきているとされる。

　これらのフラット化作用が成立するのは，きわめて限られた条件のもとで生ずることを明確にしておく必要があるだろう。組織を外部化したのち，さらに共同作業を継続させるには，外部化前の組織と同等，あるいはそれを上回るメリットを有していなければならないだろう。典型例としてはアウトソーシングの場合である。アウトソーシングそれ自体は簡単に行うことができても，問題は外部化されたもの同士をつなぐ共同化が継続できるか否かが問題となる。これらが共同作業として成り立つためには，組織内部での仕事とほぼ同等の共同作業のルールを外部委託の組織と共有していなければならない，という根本的な問題がある。

　この場合に，オープンソースの原則というものが存在することがわかる。つまり，外部化を行う考え方は，オープンになっていって，組織を解体するのではなく，むしろ最終的に緩い結び付きに再編成する方法が

存在するかということが問われる。

　ここで共同作業を成立させる基盤として，「コミュニティ」という言い方が，フリードマンによって使われていることは示唆的である。もちろん，本来の「共同体」という意味のコミュニティではなく，信頼関係を意図的に維持する機能を持っているという意味の，いわば機能的コミュニティの考え方である。たとえば，外部化した前述のＡ社とＢ社は，このようなコミュニティを形成していないと，オープンな形で共同作業することはできない。やみくもにＡ社が，ほかのＢ社，Ｃ社，Ｄ社，Ｅ社と，はじめて共同の企業活動を行おうとしても，単なる経済取引であればその場の交渉で成立することはできるとしても，共同作業をもし長期的に行おうとするならば，そこに作業のための共通基盤を必要とすることになるだろう。

　たとえば，双方での標準化ということが重要な視点になる。互いの企業に共有されて通用するような規則や言語，ここではよく「コード」という言葉が使われるが，互いに同じ「コード」を持つことではじめて，両方に共通した企業活動を行うことができる。たとえば，冷蔵庫を作る場合にＡ社が心臓部分のモーターの部分を作って，Ｂ社がその周りの容器部分を作る。その場合に当然ここでは，モーターの入る部分がどのぐらいの容積で，どのぐらいのスペースが必要なのかということを互いに話し合い，標準化しておかなければいけない。標準的な規格を定めて，その規格に従って互いが製造をしていくというルールのもとに，この二つの会社はコミュニティを形成するということができる。

## 4. フラット化の事例

　アウトソーシング，オープンソース，そして機能的コミュニティに共通している認識がある。それは，組織というものの境目が曖昧になってきているという現代的傾向である。この曖昧になった分，ほかのところにその部分が委託されることによって，組織の均等化が世の中に広がる可能性があるという事態が，現代社会の特徴になってきている。

　フリードマンの挙げているオープンソースの事例を，ここで見ておき

たい。カナダのゴールドコープという，金を採掘している会社がある。この会社が2000年に自分の持っている鉱山デッドバレーで，その鉱山のさまざまなデータを公開した。つまり，どのような鉱脈が走っているのかを探査するために，地図上どこに林があり，谷間があり，というような地形図などや今まで知り得た鉱山のデータをインターネットで公表した。このデータを使って，金の鉱脈を探査できた人に対して賞金を与えるという異例の実験を行った。この実験に対して，コンピュータ上で，50か国から1,400人が参加した。これらの動員の結果，鉱脈の発見がたいへん効率よく進んだとする。

さらに，アウトソーシングの例としては，インド経済の場合が典型例として挙げられている。インド経済好況のきっかけになったのが，2000年問題である。ウィンドウズなどのコンピュータのOSで，日付が6桁で表現されていた。ところが，実際には8桁以上で表現されないと2000年以降の日付の表示が困難になるという問題が生じた。これを修正する必要が生じた。アメリカ人だけですべてのコンピュータソフトのプログラムを書き換えるということが難しい現実があった。このとき，アウトソーシングの相手先として浮上したのがインドであった。アメリカとインドでは昼夜が逆になるために，その作業の継続維持が可能であるなどのメリットがあった。

これらのフラット化の背景には，コラボレーション（collaboration），つまり共同作業という現象が含まれている。なぜフリードマンが共同作業という過程が重要であると強調するのかといえば，外部化された組織の結合には組織間の共通化を図る過程が必須であるからである。共同作業「コラボレーション」という言葉は，「co」という接頭語と「labor」という語基が合体した言葉である。「co」というのは「一緒に」という意味で，「labor」に付くことで，労働を一緒に行うという意味になる。直訳すれば，「共同作業」ということになるが，語感としては，むしろ互いに競争し合ってよくなっていく，という意味に使われる。

この共同作業というのは，多くの人たちが結び付くことで形成される過程である。このことは，今まで共同関係になかったような，たとえば，

地球の裏側にいるブラジルの人とも直接共同するようになるような状況が現れたことを意味している。世界中の人と競い合いながら，あるいは共同し合いながら，共同作業の道具と能力を与えることで，外部化と共同化が成立することになる。今まで結び付くようなことがほとんど不可能であったような人たちを結び付けることで，さらにネットワークを拡大し，これらを一つの動きとしてまとめれば，小さな範囲の組織がフラットな形で世界中に広がっていくことになる。この結果，組織の均等化が進むようになったのだが，その基礎には共同化の条件が存在することを見逃すべきではないと考えられる。

## 5.　まとめ

　本章で見てきたことは，組織の規模縮小化という動きである。主として，組織の内部で見られる考え方である。いわゆる「リストラ」という人員削減の意味と同じに受け取られて評判の悪いイメージがつきまとう考え方で，ダウンサイジング（downsizing）と呼ばれてきたものである。

　このような外部化や規模縮小化という意味におけるフラット化が近年進んできたことには，次のような要因が考えられる。大きく分ければ，組織の外側からの影響と，組織の内側からの影響が存在する。組織外からは，社会変動要因が大きな影響を与えている。第一に，産業構造の変化があり，第二に高齢化の進展が進み，第三にグローバリゼーションの拡大が生じている。先進諸国では産業構造の変化が進み，とりわけサービス経済化が顕著に現れ，生産性の低い産業を主体とする社会体制を形成する必要が生じている。この原因の一端は高齢化にも関係している。つまり，人口構成が変化し，生産人口が減少していることにもかかわっている。この結果は，社会福祉などを含む低生産性部門の比重増加を招いているのだが，このような低生産部門の組織拡大には採算性の無理が生ずるために，組織には規模縮小化が求められることになる。さらに，グローバリゼーションの進展は，財・労働サービス生産の国際的な競争をもたらし，企業組織は製品の低価格化や労働力の低賃金化などのような対応を否応なく迫られている。

　さらに，組織内部からの変動要因も存在する。組織の大規模化は，非効率な部門の増大を招くために第8章の米国経済学者 M. L. オルソンの「ただ乗り」論で指摘されたような部分に関して，ダウンサイジングを絶えず図る必要に迫られることになる。また，大規模組織になるに従って，人びとの動機付けが低下する問題として，H. ライベンシュタインのX非効率性についても第9章で考察してきた。このような大規模組織特有の病理現象を解決するためにも，小規模化は必要とされるようになっていた。現実には，産業組織や公共制度については，規制緩和や民営化という方法も採られることになった。

　ここで重要な点は，非効率であった組織を解体すれば，効率化へ向かうようになるのかといえば，必ずしもそのようなことは言えないということである。フラット化の意味を見失ってはならないだろう。フラット化は，組織の解体を提案しているわけではなく，むしろ組織の再組織化の中で，協力のあり方を再検討する方法として，提案されてきたのだといえる。

## 注と参考文献

注1）　Robert M. Tomasko, Downsizing: reshaping the corporation for the future, 1987　ロバート・M. トマスコ著．ダウンサイジング—官僚化し，肥大化した組織を，スリム化する．佐久間陽一郎訳．ダイヤモンド社，1992

注2）　New York Times Company, The downsizing of America, 1996　ニューヨークタイムズ編．ダウンサイジンク　オブ　アメリカ—大量失業に引き裂かれる社会．矢作弘訳．日本経済新聞社，1996

注3）　David M. Gordon, Fat and mean: the corporate squeeze of working Americans and the myth of managerial "DOWNSIZING", 1996　デイヴィッド・M. ゴードン著．分断されるアメリカ—「ダウンサイジング」の神話．佐藤良一，芳賀健一訳．シュプリンガー・フェアラーク東京，1998

注4）　Ronald H. Coase, The firm, the market and the law, 1988　ロナルド・H. コース著．企業・市場・法．宮沢健一，後藤晃，藤垣芳文訳．東洋経済新報社，1992

注5）　Thomas L. Friedman, The world is flat: a brief history of the twenty-first century, 2005　トーマス・L. フリードマン著. フラット化する世界—経済の大転換と人間の未来〈上・下〉. 伏見威蕃訳. 日本経済新聞出版社, 2006

## 研究課題

1．フラット化の本質的な性格について，整理・検討してみよう。
2．アウトソーシングという動きについて，整理した上で論述してみよう。
3．ダウンサイジングの特質について，検討してみよう。

# 12 | リーダーシップの協力関係と「信頼」

　協力活動では，人びとの間を取り結ぶ信頼関係を必要としている。この章で考えてみたい点は，この信頼関係には二つの傾向が存在しているということである。一つは，個人信頼や専門信頼を中心に作用を及ぼす「協力のフォーマル化」であり，もう一つは，一般信頼に関係する「協力のインフォーマル化」である。前者では，人びとの信頼の上に，リーダーシップが成立することを見ることができ，後者では，リーダーシップのインフォーマル部分で信頼関係が醸成されるのを見ることができる。近代的な協力組織でしばしば起こるのは，フォーマルな関係においてルールを厳格に守ろうとするあまり，かえって全体の信頼関係を壊してしまうことである。このことは，信頼関係において，インフォーマルな協力関係がたいへん重要であることを示している。
**《キーワード》**　個人信頼，専門的信頼，構造的信頼，企業家機能，リーダーシップ，不確実性，リスク，革新，新結合

## 1．個人信頼とリーダーシップ

　信頼という考え方が，個人の「人柄」についての信用から始まったという説には，かなりの信憑性があると思われる。なぜなら，家族のように原初的な小集団であればあるほど，集団の中で見られるリーダーとメンバーとの関係は，個人間の人格的な関係において信頼が確保されているからである。信頼を示す英語である trust には，真実（truth）であるという意味が含まれており，面と向かって確実に，つまり直接的に「真実」を確認できることが信頼に値する，という価値観が普遍的に存在することを示している。信頼とは，何らかの信ずるべき基準のもとに，あるいはその基準を超えて頼ることである。
　このように，将来に対して常に真実の関係を保つことが，「個人の信頼」から発するものだという意見にはたいへん強いものがある。たとえば，

アリストテレス『弁論術』において，説得的で「信頼できる演説者」が
持つとされた要素として，個人の「人柄」が挙げられている。演説者自
身の持つ人柄の素質として，「思慮，徳，好意」などが信頼を形成する
要素となる。すべての論者たちが強調するように，「信頼」ということ
の基礎的な認識は，このような確実な性格をもつ人間個人の人柄から得
られるものであり，他者の認識の中で，個人の顔を見て，確かな個人信
頼ということを確信するところにある。

　けれども，個人の「思慮，徳，好意」などの評価は，主観的に評価が
行われるものが多く，これらを信頼性の客観的な基準として，企業組織
や公共組織のトップの評価として直ちに採用されるわけではない場合も
存在する。いずれにしても，協力関係を結んでいくために，その人が信
頼されるトップとして認識されるには，どのようなことが確定される必
要があるのだろうか。この点が検討されなければならないだろう。

　この点で近代組織，とりわけヒエラルヒー的構造を持つ近代組織では，
常に問題とされる一つの謎が存在する。それは，なぜ組織には，トップ
と呼ばれる者，すなわち信頼を受ける者が存在するのか，という点であ
る。

　このようなトップになる条件は，リーダーシップ（leadership），つ
まり人びとをリード（先導）する能力，この潜在能力を持っているか否
かが決定的な違いであるとされる。このリード（lead）という言葉は，
古英語では，旅をする，という意味の言葉であったことが知られている。
いずれにしても，リーダーシップには，ふつうの人よりも，遠くへ行く
ことができ，将来を見通す先導能力が期待されているのを見ることがで
きる。たとえば，英国の産業革命で名を挙げたアークライトをはじめと
する紡績産業の企業家は，新たな投資に対して，リーダーシップを発揮
したことが，たびたび指摘されてきている。

　経済学者 J. シュンペーターは，企業家の持つリーダーシップの本質
はイニシアティブ（initiative），つまり「始まり」ということにある，
としている。企業家は「始まり」を受け持ち，「途中」と「終わり」は
組織内のほかの者が受け持つ。ここでは，協力の形態として，先導する

216

者とそれに従う者という，時間のずれを分担し合う関係が想定されている。いわば，将来の組織と現在の組織との協力関係が，企業家機能を通じて設定されるのを見ることができる。このことがうまくいく組織は，永続的に組織を維持することができる[注1]。

　経済学の中で理論的に企業家の考え方を定着させたのが，英国のアルフレッド・マーシャルである[注2]。彼は，生産者の管理能力としての事業者能力を重視した。事業者能力は，事業を組み立てて管理をしていく能力であり，それが第四の生産要素になると考えた。第一が労働，第二が資本，第三が土地で，さらに第四の生産要素として，事業者能力を挙げている。生得能力として，この経営者能力を高く評価している。生産に貢献する土地という生産要素の提供に対して地代が支払われると同様に，利潤獲得に貢献する事業者能力に対して地代に準ずるようなレント（rent）が支払われている，と説明した。このために事業を行う企業家は特別の報酬を受けると解釈された。

　マーシャルの考え方の大きな特徴は，この事業者能力というものが，企業家個人の生まれつきの能力・才能であると考える点にある。この点は，マーシャルの特徴であると同時に，理論的限界をも示している。というのも，企業というのは組織であって，何のために組織化されているのかという観点が，マーシャルにはなかったからである。企業家が個人的に持つ資質に対して，個人信頼を発揮することが重要であると考えられていたからである。企業家が指導者としての役割を演ずると考えるのであれば，その指導者役割が協力組織の中でどのように位置付けられるのか，という点が見極められていなかったといえる。企業家が信頼を獲得するには，個人信頼以外の質の異なる信頼性が求められている，という視点が欠けていた。

## 2. 革新と新結合

　それでは，企業組織ではリーダーとしての企業家はどのような機能を果たしているのだろうか。これに関連して，経営学者のS. N. ジョニは，リーダーとして信頼されるためには，個人信頼の「人柄」に加えて，専

門的な信頼をもたらす源泉である「能力」，つまりは企業家的な専門機能が必要であると考えている。リーダーは，ほかのメンバーには欠けているような技術的で専門的な知識を持っているから信頼されるという面を持っている。この点で，革新を起こす能力がリーダーには求められている [注3]。

　なぜ信頼される基準が技術におかれるようになったのか，がここでは問題である。18世紀以来の産業社会の発展の中で，生産技術の革新（innovation）が果たしてきた役割は大きい。たとえば，蒸気機関などの動力生産での技術革新，製鉄業や綿工業に見られる発明・発見などは，革新の初期に見られる典型例である。このように，企業は常に古いものを破壊し，新しいものを創造するという革新過程を今日に至るまで，生産過程のあらゆる分野で継続してきている。そして，このような革新過程を主導してきたのは，間違いなく企業家であるから，企業家の役割は「革新者」機能である面はかなり強い。

　しかし，それでは企業家は技術の発明者，あるいは技術者そのものであるかといえば，必ずしもそういうわけではない。この点で，技術信頼というものの性質には2種類のものがあるといえる。技術者は企業家になり得るけれども，決定的な点において，企業家は技術者と異なるといえる。この点で，企業家の役割を「結合（combination）」ということに見いだしたのは経済学者のJ.シュンペーター著『経済発展の理論』である [注4]。ここで「結合」というのは，分離されている事物を新たに結び付けること，あるいは結合されている事物の関係を変更することである。ある意味では，「技術革新」と「結合」とは正反対の動きをいっているのかもしれない。なぜならば，技術革新が起これば起こるほど，生産過程は分業化され，細かく分離される傾向を示すのに対して，分離されたものを互いに結び付けることが，結合と呼ばれるからである。

　ここでシュンペーターの考え方に見られる独自な点は，企業の行うすべての生産行為は，革新であると同時に結合であると考えられている点である。これは，工場内で見られる具体的な生産行為にはじまり，輸送などの産業間で見られる広義の生産過程に至るまで，当てはまると考え

られる。つまり，生産とは，第一に何かを新たに「創造」するという性格を持つだけでなく，第二に組み合わせたり結び合わせたりするという性格も持っている。したがって，この考え方に従うならば，技術革新が企業を発展させてきたという事態も，同時に新結合による生産方式を伴って，企業を発展させてきたといえる。技術信頼の持つ範囲は技術そのものだけではなく，より広い分野を網羅している。

　ここで重要なのは，この信頼を獲得する過程における企業家の役割である。技術的な革新過程だけでなく，結合的な革新過程に企業家の主たる機能をみる点において，企業家はまぎれもなく，経済過程の内部で働く要素だといえる。ここでもし，このような新結合を選択する企業家が存在しないのであれば，革新という技術過程が企業内部の経済過程に組み込まれる機会も生じないことになる。

　かつて経済史の T. S. アシュトン『産業革命』は，蒸気機関や紡績業の発達が起こった産業革命期を観察した結果，これらの過程は，「改良が改良を生む」と考える、いわゆる適応（adaptation）過程の性格を持っている，と指摘したことがある[注5]。たとえば，新たな織機の発明は，綿糸の需要を起こし，先行工程である紡績機の改良を促進する，というような連鎖的な革新過程が，いわば自動的に生ずるであろうと考えたのである。しかしながら，このような技術的適応は，最終的な目標を達したところで均衡状態に至ることになる。つまり，このような過程は，最終的にはルーティン化することが可能な過程であるといえる。

　これに対して，シュンペーターは，革新が生ずるとき，そこには連続的な技術改良が生ずるより，むしろ非連続的な，いわゆる「創造的破壊（creative destruction）」が生ずると考えた。彼の説明の中では，「郵便馬車」から「鉄道」への転換という比喩が有名である。馬車にいくら技術的改良を加えたとしても，鉄道による郵便システムにはかなわない。この例でわかるように革新的な変化というのは，連続的に起こるのではなく，馬車から鉄道へというように断続的に生ずる。というのも，企業の発展というのは，常に古いものを破壊しつつも，新しいものを創造するという突然変異的変化をとげるものだからである。ここでは第一に，

技術者が不断の努力で改良を重ね，得られた技術革新が企業家によって経済過程に導入されるような経済過程と同時に，また第二に，この過程とは異なる企業家特有の機能によって導入されるような経済過程が存在することになる。

このような企業家が遂行する経済過程を，シュンペーターは「新結合（new combination）」と呼んだ。たとえば，①新商品の開発，②新生産方法の導入，③新市場の開拓，④新供給源の獲得，⑤新組織の実現，などを典型例として挙げることができるが，これらの新結合のうち，どれを取り上げるのか，あるいはどの程度採用するのかは，すべて企業家の決定にかかっている。ここには，企業家の二つのタイプが反映されている。第一のタイプは，シュンペーターの五つの新結合のうち，はじめの二つに注目するタイプである。新製品開発と新技術開発に向かって，開発を進めようと考える「革新」型タイプである。これに対して，シュンペーターの後者の三つの方法に注目するタイプの企業家も存在する。つまり，販売技術・経費削減・経営努力などの再構築（リストラクチュアリング）を中心に考えようとする「結合」型タイプの企業家も存在する。いずれにしても，企業家は，このような新結合の結果を市場に持ち込んで，常に市場の需給均衡状態を破壊しようとする。そして，新たな市場を形成し，次の均衡状態を目指すことになる。ここで企業家は革新をもたらすことで，将来の確実な状況を作り出し，組織の構成員たちに安定をもたらす可能性を開いており，この点で専門的な信頼性を提供していると解釈できる。

## 3. 不確実性と危険負担機能

なぜ企業は組織化されるのかという問いに手短に答えるならば，これまでも述べてきたように，効率性を上げるためであるし，また同時に特に注目したいのは不確実性（uncertainty）を減らすためである，ということである。社会学者の N. ルーマンが主張するように，将来の不確実性を縮減し，現在の複雑性を減らすことができれば，信頼を獲得することになる。たとえば，企業組織を形成することは，市場取引に生ずる

さまざまな不確実性を取り込んで，確実な組織内の取引を成立させることになる。

　ここで，企業の直面する不確実性には2種類のものがあることを，米国の経済学者 F. ナイトの著『危険・不確実性および利潤』は指摘している[注6]。一つは，どの程度の不確実な状態であるかを測定することのできるもの，あるいは計算することのできるものである。このような費用負担を計算できるような不確実性を危険（risk）と呼ぶ。もう一つは，計算することのできない，予測不可能な不確実性である。こちらの不確実性を，ナイトは「真の不確実性」と呼んだ。

　たとえば，前者の典型例は生命保険などで用いられている保険原理である。何人かの集

F. ナイト
〔ユニフォトプレス〕

団をとった場合，そこで生命をなくす人の数や障害を受ける人の数は，ほぼ大数法則で計算することができる。したがって，加入者全員がいくらの保険料を拠出すべきか，という費用が確定できることになる。企業内で生ずる，このような種類のリスクは，同様に処理することができる。製造過程で生ずるような発生確率のわかっている事故のようなリスクについても，費用を計算することができる。たとえば，品質管理に生ずる不良品のリスクなどは，個人個人では費用がかさむことになるが，集団で処理すれば単位当たり費用はかなり低くすることができる。このように企業は集団組織を形成することによって，このような測定可能なリスクを低減することができる。このような利点は，原材料管理にはじまって，労働・資本などの生産要素管理，そして生産物管理に至るまで見ることができる。だから，測定可能なリスクは企業にとっては単なる費用であって，利潤を生じさせたり損失の原因となったりするものではない。したがって，このリスクに関しては，企業は組織を必要とはしているが，企業家を必要としていないことになる。このような企業には，管理者や監督者という古典的な意味の企業家さえいればよいことになる。

　これに対して，企業には予知不可能な不確実性が存在する。次に何か起こるのか，その結果がわからないだけでなく，それが起こる確率分布も知ることができないような不確実性がある。たとえば，景気が不安定なときの消費需要や，新たな研究開発投資などのようにその結果を予測することができないような，企業にとって根本的な意味での決定的な不確実性が存在する。

　このような「真の不確実性」のもとで，はじめて企業組織の中での企業家の役割を発見することができる，とナイトは考える。このような不確実性があるがために，企業が将来何をなすべきか，あるいはどの方向にいかに進めばよいのか，という先見を行う役割が，企業にとっては，第一義的に重要であることになる。このような企業の方針が第一に確定されてはじめて，次に企業内部の人的配置や資金分配などが第二義的に調整されることになるといえる。ここでは明らかに，企業家とそれ以外の組織員とでは，不確実性の引き受け方に違いがある。このような不確実性を最終的に引き受け責任を持つことで，企業家は意志決定と組織の統御という，組織の中枢機能を果すことになる。このことは結局，企業家はほかの組織員を含む企業組織全体の不確実性を引き受け，その危険に対して確実性を保証する機能を行っていることになる。つまり，企業家は，このような不確実性の「危険負担者」であるという点において，企業組織内部でも特別の役割を担っているといえる。

## 4. 不確実性と信頼関係

　不確実な状況において，信頼が重要であることは，企業社会の中だけではない。企業と同様に，わたしたちは日常生活の中でも不確実性やリスクに晒されている。このような不確実性やリスクが現実なものとして現れるのは，自然や社会における災害現象においてである。ここでは，2011年3月に起こった東日本大震災の中で，災害を被った宮城県亘理町のイチゴ農家の丸子忠志氏にインタビューを行っている。この中で，技術信頼や一般的な信頼性などの信頼のあり方について見ていきたい。

丸子：（亘理町の）イチゴ農家は，海から3キロ以内にあります。その3キロ以内に，津波の海水が来たので，ほとんどのイチゴ農家は全滅でした。（中略）私らは5月まで避難所にいました。うわさでは，復旧までに3年か4年かかるだろうといわれていました。思い切って，昔のイチゴ作りなら何とかやれるのでは…と思い，国や県は手が回らないだろうから，自分たちでやれるところまでやってみようと声を掛けました。けれども，2軒だけでした。（中略）人手が足りなかったり多かったりしたら，半分ずつ分け合いました。足りなかったら貸してもらい，機械がなかったら貸すというかたちで，助けられる部分が多かった。互いに助け合ってやってきました。（中略）畑が塩分で真っ白くなっているのを見て，今までの栽培法ではできないだろう，とその人と話した。宮城県方式という高設ベッドがあるというので，一人だと，建てる位置，建てる間隔，建てる深さ，すべてがわからなかったが，その人が情報に精通しているので，二人でやったおかげで，段取り・仕方・建て方・配管という技術というのがあり，ほんとうに二人でやってよかった。教えてもらいましたね。一人じゃ，多分できなかったですね。

丸子：（二人で相談した以外に，技術的なことで外部の人から手助けをしてもらったことがありますか。）まず，国の指導員として，農林水産省の方も来られましたし，復旧センターも農協からも来られました。ボランティアでも，電気とか重機の技術にすごく精通した方が必ず一人か二人いるので，やっぱりそういう人たちの助けをすごく借りました。私たちが持っていないことでも，あの人たちはそういう意識はないだろうけれど，教えてもらうことがほんとうに多かったですね。

丸子氏は，もう一軒のイチゴ農家との間の専門信頼に注目している。震災を被ったときに，パートナーとの間に，高設方式のイチゴ栽培に関

する専門知識を媒介とした信頼関係をまず確立している。もちろん，この信頼関係は丸子氏の同意によって強化されたと考えられる。同時に，外部の国や農協による専門家との信頼関係も構築している。

丸子：避難生活で一番思ったのは，リーダー指導者というのは変わっていくものだということです。指導者がいないと，ああいう緊急のときには役に立ちませんね。私は町内の役員をやっていて，もう一人の方は老人会の会長をやっていたのですけれども，そのときに，やっぱりこうだと言ってしまわないと，収拾がつかなくなってくるのです。食事の当番をするときも，それから，衛生管理，要するにトイレの掃除とか，あと，支援物資の配布というと，必ずもめるのです。食事のときに，1班，2班，3班と作ったのですけれども，「何で常に1班からなの？」となるのですよ。「3班からたまにしてください」とか。その大変さを，みんなで，老人会の会長さん，地区長さん，民生委員などが，役割を分担しながら，食事の世話とか，衛生管理の方法，支援物資の配給などをさせてもらったので，すごく助かりました。問題も大きくならずに終わりました。（中略）最後，解散するときは，もっと早く被災する前からこんなことをやっていたら，もっと仲良く楽しくやれたのにな，というかたちで，避難所を解散できましたね。（中略）信頼を置くというよりは，このままの状態ではうちらの生活が駄目になる，家族が崩壊するという意見はほとんど同じで，前向きに何とかしよう，自分のうちを直すのだという意識がありました。隣近所でも話したことのない人でも，時間もあったし，同じ状況なので話し合いをさせてもらうと，やっぱりみんな前向きでした。中には口の悪い人もいるし，性格が悪いと言われる人もいるけれども，結局，基本的には，人間の持っている本質の品の良さというのかな，結局，一生懸命復興していくときに，やっぱりどうしても必要なのだと思うようになりましたね。世の中，そんなにあの人が悪いとか何とかということでなくても，結局，ここで何十

　年も，家族が3代も4代も，もしかしたら何十代もやっているの
　だから，やっぱりそれは，誰か彼か，みんないいところを持って
　いると思いますね。だから100%じゃないかもしれないけれども，
　みんなに信頼は持てましたね。

　この中で，丸子氏はリーダーシップへの信頼のあり方に言及している。
もちろん，リーダーが他者を統括していく機能を持つことが必要である
のだが，そのためには，その集団全体の中に，一般的な信頼関係が存在
することが必要であると示唆している。一般信頼の存在が，不確実性の
低減につながり，集団全体が安定することになると考えられている。

## 5．個人信頼と一般信頼

　リーダーシップとは何かという点について信頼性の観点から，企業家
機能という専門信頼がなぜ生まれるかについて，いくつかの考え方を見
てきた。この中で共通に指摘できる点は，現代の管理機能と企業家機能
というのは，変化の激しい経済世界の中で初めてその役割が与えられる，
ということである。つまり，現実の世界は静態ではなく，動態であると
いえる。この動態の経済の中では，常に将来についての不確実性が生ま
れ，現実の進展の中で物事が分離・分割され，複雑な状況を呈すること
になる。このような世界の中から，何をどのように経済過程の中に持ち
込むかを決定するのが企業家や指導者の役割であり，どのように調整す
るのかがリーダーの機能である。このとき，第一に，将来に向かって新
たな革新を提案し，生産を拡大できるかが問われるが，これと同時に第
二に，いかに不確実性を減らし，結合を企てることができるかが，信頼
性を媒介として，組織とリーダー，企業組織と企業家に問われることに
なる。ここで，リーダーシップの有効性は，全般にわたる信頼と密接な
関係にあることが共通に観察された。
　つまり，リーダーが信頼を得るためには，将来の不確実性に備えなけ
ればならないが，このためには前述の個人信頼と専門信頼だけでは対処
できない事態の生ずることが指摘されている。組織全体の方向性を知る

ためには，情報の偏りや主観的思い込み，さらに機械的な予測などを排除して，リーダーはできるだけ組織全体にとって信頼される安定的な状況を作り出さなければならない。

　前述のジョニは，このような状況に関して，第一の個人信頼，第二の専門信頼に加えて，三番目の信頼性として，「構造信頼」を挙げている。組織が大きくなるにつれて，より一般的な信頼が求められると考えている。ここでの構造信頼とは，個人信頼における「誠実さ」や，専門信頼に見られる「能力・機能」と異なり，組織における役割構造に依存する信頼である。次のとおり指摘されている。リーダーから見ると，「大きな構造的信頼を寄せるに値する相談相手は，通常は社外に存在し，判断を鈍らせかねない個人的な利害や任務，文化的背景から解放されている。（中略）優れた社外の相談相手は，社内ではけっして得られない知恵をリーダーに授けてくれる。それはつまり，リーダーが近視眼的思考に陥るのを防ぐ『外部の視点』である」[注7]と指摘し，個人信頼にばかり頼るのではなく，外部から得られる構造信頼を導入することを説いている。

　このような構造信頼が存在するならば，第一に，個人的な判断の主観的偏りから免れることができるし，第二に，情報に対して専門家が落ち入りがちな狭隘さから抜け出し，バランスある判断を収めることが可能になり，さらに第三に，多面的な影響の予想される事態への影響に対処することにも利点があるといえる。つまり，信頼性が個別の局面にかかわるだけでなく，より一般的な構造に関係していることを指摘している。けれども，ここでやはり問題となるのは，外部の意見を受け入れるには，最終的には内部との結合の調整を排除するわけにはいかない，という点である。

　ここには，組織のリーダーが直面する多様な状況が存在する。リーダーシップとメンバーシップの結合という点が，最終的には残された問題となる。経済学者の R. コースは，「市場では取引費用が発生するために，この取引費用を縮減するには企業組織を形成して取引を行うことが有利になる」と主張している[注8]。このことは，歴史的に見た企業発生の観点に符合している。企業出現の最初にあったのは，労働と資本をいか

に結合するのかということであり，これが企業の本質であったという点である。このとき，よい人材を長期的に維持し，資金を多く結集させるだけの信頼性をもった組織が求められていた。ここで，集団としての企業というものが，リーダーシップとメンバーシップを結合する意味において，必要になってくる。市場取引という短期的な関係だけでは，信頼が確保できない問題が生ずる可能性があった。この場合の信頼関係は，一回毎に取引が終了してしまう市場取引よりは，企業組織内部での継続的な取引のほうが比較的確保しやすいという事情が存在した。つまり，個別の信頼関係よりも，メンバーの同意を得た信頼関係，そしてさらには，一般的な信頼関係が優越することが重要であると考えられた。

　取引費用の削減というコースの概念の中に含まれているのは，このような長期契約であればあるほど信頼性の確保という点が重要になってくるという観点である。とりわけ労働や資本という重要な生産要素が長期的にわたって安定することが，生産に貢献し，このことが企業の本質であるということを，コースの理論は簡単な形で取り出したといえる。

　ヨーロッパの歴史を見ると，このような組織的な取引が一般的な信頼性を獲得する，ということの重要性が認識されている。組織的な取引における信頼の必要性は，地中海貿易の発達などによって，運輸手段の確保と長期的な商業貿易のための資金力が求められたことに見られる。歴史家のF.ブローデルによれば，このような仕組みは12世紀イタリアのジェノヴァ，13世紀のマルセイユ，そしてハンザ同盟などに存在した「ソキエタス・マリス（海の結社）」，あるいはコンメンダ（commenda）に見られてきたとされる[注9]。

　このようにして，労働と資本とを結合させると同時に双方の労働と資本のリスクを分散させる仕組みとして，企業組織が先ずは立ち上がったということになる。当初の企業の利益は，ある商人が貿易によって得られるような利益の分配であり，これに対する出資あるいは労働提供について，企業活動というものが始まった。ここで注目したいのは，あくまで労働と資本の調達が，企業の発生には重要なポイントになったということである。労働と資本という生産要素は，長期にわたって安定して供

給されることが必要であるが，これに関係するリスクや不確実性を減らすことにかなりの費用がかかることが知られている。

## 6.　一般信頼とコミュニティシップ

　リーダーシップの全体とは，いわば集団や都市に見られる「密集」のようなものであり，一方向的な統制には限界があるという，同様の問題を生じている。都市の住民がいかに密接な関係を持ち，良好な相互的な信頼関係を継続するのかが，重要な視点となっている。さまざまな観点から総合的に見るならば，リーダーシップ関係には，集団や都市の密集と同じように，リーダー側とメンバー側の両者が信頼を媒介として絡んでいることがわかる。だから，リーダー側からのみ見れば，伝統的な戦略論に見られるように，トップが計画を立て，それを遂行するためにさまざまな手段を行使して，目標を達成していくことがリーダーシップの基本となる。ところが，リーダーシップがメンバーの同意を得て確立している視点から見るならば，リーダーシップのあり方が変わってくる。

　つまり，別の見方をするならば，リーダーシップにおけるリーダーとメンバーとの関係は，ため池に貯められた水資源のようなものである。プールされた水がさまざまな用途に振り分けられて，多様な使い方が行われていく。一つの集団内では，公式的には集団内の役割に従って，人びとは行動するのであるが，非公式的には役割の範囲を超えて，人びとが結び合って，無数の柔軟な関係を構築していくのを見ることができる。このリーダーとメンバーとの「複雑なプール」状況が生ずることが，集団や組織では信頼構築の上で重要な意味を持つことになる。メンバー間で蓄積された知識や経験が密集状態の中でうまく噛み合い，多機能な重層性を発揮することができるようなリーダーシップが存在し得る。たとえば，J. P. コッターは，リーダーシップ論の中で，リーダーの役割として，これからの組織の方向性の設定，人心の統合と一体化，そして人びとの動機付けを挙げている。これらをうまく調整できると，リーダーシップが確立できることになる。リーダーは将来へ向かっての機能の束をうまく調整し，メンバー間の同意信頼を得る必要がある。

　「契約が信頼を壊すとき」という論文の中で，経営学者 D. マルホトラは，次のようなエピソードを紹介している<sup>(注10)</sup>。ハーバード・ビジネス・スクールの学生三人が，その中の一人で発案者でもある人をリーダーとして，企業を立ち上げたいと考えた。将来の争いを避け，信頼関係を長期的に維持しようと考えて，前もって三人の株式分配をほぼ均等にして契約書に認めた。ところが，企業が成長するに従って，リーダーの仕事量が増大し，ほぼ均等とした当初の契約が事実を反映していない，とこのリーダーは考え，契約書の更改を申し出た。これに対して，ほかの二人が異を唱え，リーダーが今までの関係を反故にしようとしているのではないかという不信を持つに至り，信頼関係はほぼ失われることとなった。

　このような契約というものは，本来もめ事を前もって処理し，不信を招かないように信頼関係を形成するために行うものであるが，将来の不確実性の存在することを無視してまで，事細かくルール化して固定的な関係にしてしまったり，変化に対応する偶発条項を盛り込むことを怠ったりすると，結果として，リーダーの側のインセンティブを壊すことになるし，ほかの二人との信頼関係もかえって壊してしまうことになってしまう。

　なぜリーダーシップが必要とされるのか。この問いに対して，将来の問題が大きな意味を持つ。将来の不確実性に備えるには，現在存在する機能以上の信頼性が求められ，このことがリーダーに要請される可能性があるということである。このため，想定される以上の，あらゆる面において，構造的に多機能であることが信頼関係には必要になる。いわば，リーダーシップはそれぞれの専門的な知識を超えた，全体の知識を必要とされる。このことがリーダーの人格的な信頼性につながっている。個々の役割をすべて統括できることが，リーダーシップの要件となっている。いわば「機能の束」として，リーダーシップが働く必要があるのだ。けれども，今日の世界では，一人の人が「機能の束」をすべてコントロールすることは不可能であろう。

　リーダーシップとメンバーシップの結合した考え方として，経営学者

H. ミンツバーグは「コミュニティシップ」を提案している。「トップダウンの英雄的なリーダーシップではなく，現場の人びとを励まし，巻き込むことで，人びとの自発的な行動を促す『ほどよいリーダーシップ』である」として，リーダーシップとシティズンシップとの中間概念であると紹介している。この考え方の特徴は，リーダーシップ概念の中に，メンバーシップの観点が含まれているという包括的なところにある。このコミュニティシップが発揮された事例として，ミンツバーグは日本のホンダが1960年代に全米輸入オートバイ市場の三分の二を制したことを挙げている。この成功は，小型バイク売り込みが一因であったが，これは目的をあらかじめ定めた戦略的な販売計画によるものではなく，大型バイクの売り込みに失敗する過程で，ホンダの現場が試行錯誤の結果，学習した経験の積み重ねに依存しているとした。この過程で，コミュニティシップが発揮されたと考えられている。この事例で重要な点は，現場における学習によって，リーダーがメンバーからの提案と支持を得ながら，信頼関係を構築しながら協力関係を進めたことである。

## 7.　まとめ

　以上で見てきたように，まずリーダーが「個人信頼」の対象となるのは，個人として，これらの役割をうまく組み立てられるかにかかっている。また，リーダーに「専門信頼」が求められるのは，専門的な機能がリーダーを通じて，組織全体に作用するからである。けれども，リーダーシップが問われるのは，組織全体に対する信頼ということが，個人信頼や専門信頼を超えるところにあることを示している。ジョニは，リーダーが信頼性を獲得するには，構造的な信頼が必要であると考えて，この構造的な信頼の特徴は，「外部の視点」であると主張している。組織が発達するに従って，内部組織の機能には限界が生ずる傾向のあることが知られている。たとえば，前の章で指摘してきたような，「オルソンのパラドックス」や官僚主義の欠陥などが指摘されており，これらの病理現象を取り除くためには，外部の視点が有効であることが知られている。そして，最終的には誰かが内部の視点と外部の視点を調整することが必

要である。

　ジョニは，組織の外部視点を組み込むことで，リーダーの信頼性が構造的な安定を得ることができるとしているが，外部視点も結局のところ専門的な信頼性の一つに過ぎない。外部にいる者がリーダーに対して，助言を行い，支援活動を発揮する場合には，外部視点の基準をあらかじめ明らかにしておかねばならない。そのためには，その基準はすべての人が納得するようなユニバーサルな基準，標準的な基準にならざるを得ないという限界を示すことになるだろう。

　技術の発達が近代を進めたと考えられているが，それは，信頼性に関しても同様である。技術的に信頼性を獲得することに近代は一定程度成功したということがいえる。社会の中で，あるいは組織の中で，機能的な信頼性が増加したと考えられる。専門家の発達は，19世紀から20世紀にかけて顕著な社会システムの信頼性と安定性をもたらした。けれども，専門家を育て，専門分化させたシステムにおいて，多様な不確実性への対応が，近代システムの限界となって現れてきた。

　近代システムが限界に達したときに，集団内での不信関係を避け，リーダーシップの正当なあり方を導くには，どのような信頼関係を導かなければならないのか，この章で考えてみた点である。リーダーがメンバーの信頼を獲得し，集団をうまく率いていくためには，どのようなことを考える必要があるのだろうか。

　なぜ一般的な信頼が必要とされるのかという，ここでの議論が近代システムの限界に直面して明らかになってきた。一般信頼の「一般」という性質にはどのような特性があるのかを，この章で確かめてきた。すなわち，第一に，リーダーシップ関係には，特定の関係ではなく，多様で，多機能な関係が生ずる状況が存在する。将来において，どのような関係が重要性を得るのかが予想されるという必要性がある。第二に，外部の視点は内部の視点と結合される必要が生ずる。このため，リーダーは絶えずメンバーとの間の関係を注意する必要がある。第三に，リーダーがメンバーとの間に協力関係を築くためには，メンバーの同意信頼を得て，参加性を確保しなければならない。メンバーが自発的にほかのメンバー

と交流し，集団全体に対して，貢献を及ぼす環境を形成する必要がある。異質なものを取り込んだときに，ルールの組み替えを自由に行うことができるような，参加の条件が必要とされる。外側から異質なものが，内側に対して，侵してきたときに，メンバー全体の参加性が試される。直接的な対応や，対立が生ずるが，同時に，ここには二重化する動きが生ずることがある。外側のメンバーが内側のメンバーに同化するとき，両者の間で二重のやり取りがある。このとき，リーダーシップは，メンバーの支持を得て，了解を取り付けたときに，協力関係を維持することができ，信頼を獲得することができる。

## 注と参考文献

注1）　Joseph Alois Schumpeter, Capitalism, socialism and democracy, 1942
　　　ヨーゼフ・A. シュンペーター著．資本主義・社会主義・民主主義．中山伊知郎，東畑精一訳．東洋経済新報社，1990-1991

注2）　Alfred Marshall ; Mary Paley Marshall, The economics of industry, 1879
　　　アルフレッド・マーシャル，メアリー・P. マーシャル著．産業経済学．橋本昭一訳．関西大学出版部，1985

注3・注7）　Saj-nicole A. Joni, "Geography of trust" , *Harvard Business Review*, 2004　サジュ=ニコル A. ジョニ著．「だれを信頼すべきか」, DIAMOND ハーバード・ビジネス・レビュー 2004年12月号．ダイヤモンド社，2004

注4）　Joseph Alois Schumpeter, Theorie der wirtschaftlichen Entwicklung. 1912
　　　ヨーゼフ・A. シュンペーター著．経済発展の理論—企業者利潤・資本・信用・利子及び景気の回転に関する一研究．中山伊知郎，東畑精一訳．岩波書店，1937

注5）　Thomas S. Ashton, The industrial revolution 1760-1830, 1948　トーマス・S. アシュトン著．産業革命．中川敬一郎訳．岩波文庫，1973

注6）　Frank Hyneman Knight, Risk, uncertainty and profit, 1921　フランク・H. ナイト著．危険・不確実性および利潤．奥隅栄喜訳．文雅堂書店，1959

注8）　Ronald H. Coase, The firm, the marketand the law, 1988　ロナルド・H. コース著．企業・市場・法．宮沢健一，後藤晃，藤垣芳文訳．東洋経済新報社，1992

注9）　Fernand Braudel. Civilisation materielle, et capitalisime, 1972　フェルナ

ン・ブローデル著. 物質文明・経済・資本主義　15-18世紀. 村上光彦, 山本淳
一訳. みすず書房. 1985.3-1999.12

注10)　Deepak Malhotra, "When contracts destroy trust", *Harvard Business Review*, 2009　ディーパック・マルホトラ著. 契約が信頼関係を壊す時. DIAMONDハーバード・ビジネス・レビュー2009年9月号. ダイヤモンド社, 2009

## 🎸 研究課題

1. 企業家機能にはどのような機能があるか, 整理・検討してみよう。
2. 革新機能の中の二つの傾向について, 論述してみよう。
3. 企業家にはどのような信頼性が求められるかについて, 整理・検討
　してみよう。

# 13 社会関係資本と インフォーマルな協力関係

　現代の協力活動の中にあっても，市場・企業・公共組織などの近代的協力組織の優越には変わりないが，これらの示す近代的協力が限界を示すに至っている。この問題状況の中で，インフォーマルな協力関係の役割が見直されてきている。家族・コミュニティなどの社会経済組織が，構成員の間でどのような協力関係を取り結ぶのかについて，この章では考える。

　なぜ人びとは，社会の中で，このようなインフォーマルな集団を形成するのだろうか。インフォーマルな社会関係の中に，良好な関係性を形成するような集団効果を見ることができる。家族の形成する「プーリング」や，地域で組織化される「社会関係資本」の考え方を見る中で，人びとの間に生成される社会的ネットワークの役割を考察したい。

**《キーワード》** 埋め込み，家族，コミュニティ，プーリング，ソーシャル・キャピタル，ネットワーク，互酬性

## 1. 経済社会における「協力」の再発見

　経済社会は，近代になるに従って，変化ということを特徴とする社会に生まれ変わった。経済発展によって，社会における人びとの協力関係がバラバラにされた姿，それが経済社会の強い印象である。それは，経済史家 K. ポラニーの次の言葉に表れている。

　「この混乱は，ほぼ1世紀前，最悪のかたちでイギリスに現れたのだが，その様相を決定づけた諸要因のからまりを解きほぐしてみることにしよう。どのような『悪魔のひき臼』が人々を烏合の徒へとひき砕いたのか。どれほどのことが新しい物質的条件によってひき起こされたのか。どれほどのことが，新しい諸条件のもとで生まれた経済的依存関係によってひき起こされたのか。そして，旧来の社会組織を破壊させ，人間と自然の新しい統合の試みをあれほどひどい

失敗に終わらせたメカニズムとは一体何であったのか [注1]。」
(Polanyi ＝吉沢ほか訳　1975：p. 44)

　これは，ポラニー『大転換』の中の一節である。ここに引用されている W. ブレイクの「悪魔のひき臼」は，産業革命による経済発展が社会をひき裂くイメージを比喩として伝えており，経済社会が分断されていく一側面を強烈な比喩としてとらえている。わたしたちの経済生活は，社会全体に比べれば，確かに断片的でバラバラな経験が寄せ集まっているものである。「生産につぐ生産」に続いて，「消費につぐ消費」，そして利得を求めてやまない，わたしたちのこのような経済生活は，いったいどのようにして出現し，それに対して社会はどのような対応を行ったのであろうか。ここでどのような人間関係が引き裂かれたのだろうか。

　実際のところ，近代になるに従って，市場制度が社会のほかの制度から分離され，制度として区別されるような傾向が存在していた。市場経済は，A. スミスをはじめとする自由主義経済学の立場によって考えられてきたように，自生的メカニズムを持つものであり，自律的で自動調節的な特徴を持つものであると解釈されてきていた。また，近代国家の政府制度は，市場の生成と手を携えて，公共部門を担ってきた。本来，市場と政府は，社会とは分離できない仕組みであるにもかかわらず，自律的であるがゆえに，ほかの非経済的・非政治的な制度とは切り離されて考えられるようになってきている。

## 2.　社会に埋め込まれた経済と協力活動

　このような近代の結果を反省して，ポラニーは次のような認識の提案を行うことになる。

　「われわれは，事柄のこの状態をかなり熟知している。暮らしは第一に，経済的動機をつうじて活性化され経済的諸制度によって保障され，また経済的諸法則によって支配される。制度，動機，および法は，とりわけ経済的である。システム全体は人間の公共機関，国家，または政府の意図的な干渉もないままに作用するものとして，思い描くことができる。飢えからの保護以外の，合法的利得以外の動機

は呼び起こされる必要がないし，所有物の保護と契約の強制力のほかには，法的要請も必要がない。しかし選好の個人的尺度と同様，資源と購買力の配分が与えられるなら，その結果は欲求充足の最適条件になる，とみなされる。これが19世紀に確立した，経済を『分離させた』場合である。われわれはいまや，なじみのより少ないもうひとつの場合，すなわち経済の『埋め込み』へと進むことにしよう[注2]。」(Polanyi＝玉野井ほか訳　1980：p. 105)

　ポラニーは，市場経済が成功する前提条件として，国家の出現を重要視する。国家をはじめとする人びとを媒介する社会組織の存在が市場経済には必要であると考えた。歴史の中では，西欧の絶対王制下における重商主義体制に言及している。15，16世紀当時の領土国家は，保護貿易的であった自治都市と局地的に発達していた市場とを壊滅させ，全国市場への途を開いた。商業革命と呼ばれる事態も実際には，それを支える共通の基盤を必要としていたのである。このような意味において，国家の諸制度と経済社会の市場的な仕組みとは，ずっと相互に深い関係を保ってきているといえる。

　経済的取引が成り立つ条件にはさまざまなものがある。これらの条件は，対外取引（遠隔地取引），国内取引，局地的取引によっても異なる。しかし，いずれの取引の場合にも，貨幣，度量衡，法律などの共通性が認められなければ，成立は長期的なものとなりえない。このような経済制度の整備には，集権国家の力が必要であった。

　市場と国家は，近代社会の中で協力についての主導的な役割を果たしてきたのは事実であるが，これらの基底にあって，近代以前から経済社会を成り立たせてきた家族・親族関係や地域・コミュニティ関係についても，経済社会での協力が成り立つ上で，重要な役割を持ってきている。

　これらの市場や国家に対して，近代社会における潜在的な部分の役割については，ドイツの社会学者 F. テンニースによって指摘された「ゲマインシャフトとゲゼルシャフト」という社会関係[注3]，あるいは R. M. マッキーヴァーによって主張された「コミュニティとアソシエーション」という関係でも指摘されてきている[注4]。ゲマインシャフトとは，

236

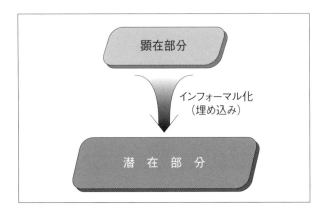

図13 - 1　協力活動のインフォーマル化

　本書の第１章で指摘したように，同じ家や近隣に住む家族や親族関係や，同じ地域に居住する地域社会や共同体（コミュニティ），あるいは精神的な結び付きでつながる友愛・信仰団体などの，自然発生的で有機体的な組織に関係した社会を意味している。

　このような社会の潜在的でインフォーマル（非公式）な協力関係が，経済関係に多大な影響を与え，近代の経済生活と密接な関係があることが考察されてきている。次第に優勢を保つようになった市場社会や企業社会，さらに政治社会などのゲゼルシャフト（目的社会）に対して，社会の潜在的な活動部分ではゲマインシャフト（共同体）の役割も重要である。近代の市場や政府におけるフォーマル組織が限界を示し，これらを支持したり乗り越えようとしたりする場合には，図13－1で描かれるように，家族やコミュニティの潜在的インフォーマルな組織の力が重要な意味を持つようになる。

## 3.　なぜ家計を単位とした協力関係が成立するのか

　家計は，近代の経済社会の中では，部分的な役割を演じているに過ぎないが，ほかの領域との間で相互に密接な関係を築いてきており，確かに社会に埋め込まれている。とりわけ近代になって，職場と家庭の分離が進むに従って，さまざまな相互作用を通じて，経済社会と関係してき

ている。家計経済は，単独で経済を営むことが不可能になっている状況
がある。このような状況の中にあって，家計の内部と外部の境界線上で
観察すると，家計経済という経済生活のあり方が明らかになってくる。
たとえば，家計の外部と内部とでは，所得を分配する方法に違いのある
ことが指摘されている。

　このことを主張したのは，経済人類学者の M. サーリンズである。つ
まり，市場経済を中心にして家計に分配され
る貨幣所得と，家計内部の経済を中心にして
分配される非貨幣所得を含む所得には，所得
源泉の違いばかりでなく，それらがどのよう
に家計や家計員に対して，分け与えられるか
についても，人と人との結び付きに関して原
理的な相違が存在していると考えられる。
サーリンズは『石器時代の経済学』の中で，
経済学者マルクスの言葉を採用しながら，次
のように指摘している。

**M. サーリンズ**
〔ユニフォトプレス〕

　　「ルイス・ヘンリー・モーガンは，家族制経済のもくろみを，《生き
　　ているコミュニズム》とよんだ。（中略）『各人はその能力に応じ，
　　各人はその必要に応じて』というわけで，成人からは分業をつうじ
　　て委託されているものが提供され，成人には，いやまた老人，子供，
　　能力のない人々にも，どんな貢献をしたかにかかわりなく，必要な
　　ものが提供されている[注5]。」（Sahlins ＝ 山内訳　1984：p. 113）
　ここで「成人」は，市場経済の中で生産にたずさわり，その「貢献に
応じた分配」を，賃金という形態を通じて，家計にもたらすことになる。
このような賃金などの貨幣所得は，一つの家計を単位とするところに，
家計外部から貢献に応じた報酬としてもたらされることになる。他方，
家計内部の経済では，これらの貨幣所得と，さらに家計内で生み出され
た家事労働などの非貨幣所得がプールされ，これらが老人，子供，病気
の人などを含む，すべての家計員に対して，その「必要に応じて分配」
されることになる。

　サーリンズは，このような家計内部の独特な経済特性をプーリング（pooling）というきわめて凝集性の強い，家計特有の組織原理にみている。このプールという言葉は，共同の基金（fund）あるいは供託という意味に使われる言葉である。家計の構成員が財貨・労働サービスを互いに持ち寄り，寄託するという親密的な行為の中に，一つの家計の示す共同性の範囲を見ることができる。家計では，人びとは生計（livelihood）を共にする一般的な傾向があり，「一つの財布」という言い方で，人びとは所得，資産，労働を共託し，それを分配する範囲を一つの家計と考えている。生計を共にするという家計の示す特有な，範囲の限定された原理の意味を，このようなプーリングに求めている。

　プーリングの示す第一の特徴は，貯蔵という機能を果たす点にある。その時点では必要とされないが将来必要になるかもしれないような，余分な財貨・サービスを常に抱えておく性質である。所得プーリング，資金プーリング，労働力プーリングなどの形態をとって，家計の内部にあらかじめこれらの貨幣・資金・労働力などの資源（resource）を準備しておく機能をプーリングは持っている。家計は，家族構成員のために，生産要素の源泉となるような資源の保持者としての役割を持っている。

　プーリングの第二の特徴は，危険分散機能である。もし家計経済が自給自足経済であったならば，さまざまな経済的リスクを負うことになり，組織として耐えきれないような限界を見せてしまうと考えられる。家計の生産には，たとえば農業生産で見られるように，天候や季節の変化，さらに災害などの環境変化によって，収穫は変動を受けやすい。現代の家計でも同様である。人生のライフサイクルを経る間に，所得，財産をめぐるさまざまなリスク（たとえば，失業，事故，病気，遺失など）を負っている。これらのリスクを家計の弱いところに集中することを，あるいは一時期に集中することを回避するためには，リスクを分散させるような基金プーリングを設定することが必要となる。

　家計のプーリングが示す第三の特徴は，家族集団の凝集性が高められ，統合機能が発揮される点である。このような家族員へ向かっての求心的な財貨・サービスの流れが絶えず繰り返されるたびに，集団の内部的な

連帯性，つまり家内的連環（domestic circle）が確認されることになる。プーリングへの参加によって，この家内的連環の境界線が明らかになり，ここに一つの閉じられた集団が形成されていることが認識されることになるのである。一つのプーリングに参加しているか，あるいはその恩恵に浴しているかによって，その家計に所属しているかが判断されることになるし，またプーリングの存在によって，一つの家計単位はほかの家計単位から識別されることになる。

　このようなプーリングが行われる結果，明らかに，家計外部と家計内部とでは，財・サービスの分配方法に差異があることになる。全体としてみれば，市場経済では，主として貢献原則のもとに所得配分が行われ，家計経済では，主として必要原則のもとに所得配分が行われると考えられる。ここには，生産過程への貢献に対応して貨幣所得が分配される市場原理と，個々の家計員の必要の度合いに応じてプールされていた所得を分配する家計内の所得分配（income distribution within households）の原理との間の根本的な差異が反映されていると考えられる。

## 4.　なぜコミュニティで協力関係が形成されるのか

　現代社会の中で，コミュニティに関係した協力活動においても，社会の中に埋め込まれているという性格が強く観察される。実際に，コミュニティでの協力関係はどのように現れてくるのだろうか。

　ここでは，社会の潜在的な部分で作用すると考えられている「ソーシャル・キャピタル（Social Capital）」という考え方が参考になる。社会学者 J. コールマンや政治学者 R. パットナムなどによって，精力的に社会認識の中に導入されてきている考え方である[注6]。

　資本という名称に表れているとおり，この考え方は「物的資本」や「人的資本」の類推で発想されたものであり，それぞれ物的生産性や労働生産性あるいは社会的な生産性を高める役割を潜在的に担っていると考えられている。パットナムの主張に従えば，とりわけ経済を支える「社会的ネットワーク（social network）」が形成される潜在的な関係性というところに，ほかの資本の役割と区別される特別な意味が込められてい

る。パットナムは, 以下のようにソーシャル・
キャピタルを説明している。

「米国コミュニティにおける市民・社会生
活に, 続いて一体何が起こったのか……。
近年, 米国社会の特性の変化を考察する
上で社会科学者が用いるようになった
概念が『社会関係資本(ソーシャル・
キャピタル)』である。物的資本や人的
資本——個人の生産性を向上させる道具
および訓練——の概念のアナロジーによ

R. パットナム
〔ユニフォトプレス〕

れば, 社会関係資本理論において中核となるアイディアは, 社会的
ネットワークが価値を持つ, ということにある。(中略)物的資本
は物理的対象を, 人的資本は個人の特性を指すものだが, 社会関係
資本が指し示しているのは個人間のつながり, すなわち社会的ネッ
トワーク, およびそこから生じる互酬性と信頼性の規範である。こ
の点において, 社会関係資本は『市民的美徳』と呼ばれてきたもの
と密接に関係している。違いは以下の点にある——市民的美徳が最
も強力な力を発揮するのは, 互酬的な社会関係の密なネットワーク
に埋め込まれているときであるという事実に, 『社会関係資本』が
注意を向けているということである。美徳にあふれているが, 孤立
した人々の作る社会は, 必ずしも社会関係資本において豊かではな
い(注7)。」(Putnam＝柴内訳　2006：p. 14)

　それでは, なぜ現代社会では, 社会的ネットワークというものが必要
とされるのか。そして社会的ネットワークとはどのような特性を持って
いるのかということが, ここでの議論では問題になる。

　ソーシャル・キャピタルの社会的機能については, 経済的に見れば資
本として個人の生産性を向上させるという効率的な特性が存在するため
に, 結果として社会での経済的な生産性を上昇させる役割を指摘できる
が, それ以上に重要なのが, 信頼性の確保などのように, 社会の潜在的
な制度を支援する役割を持っている点である。「資本」という言い方を

とるならば，公式的な制度としてソーシャル・キャピタルは問題にされているように考えられるが，実際には，コミュニティ活動の基底のところで働くような，非公式的な制度として解釈されるほうが実り多いかもしれない。なぜソーシャル・キャピタルが現代社会の中でこれほど必要とされているかといえば，それは信頼性の確保が現代社会において困難になってきている，という事情があるからである。

　ソーシャル・キャピタルとは，初期的な認識では，コミュニティでの親密な活動が便益を与えるような「善意（goodwill），仲間意識（fellowship），共感（sympathy），社会的交流（social intercourse）」として考えられてきていた。このような考え方は，1950年代から1980年代に至るまで，散発的にさまざまな論者によって，コミュニティ重視論者によって主張されてきており，社会の中でも親密で強い紐帯を強調する考え方として存在してきた。

　これに対して，パットナムが指摘するソーシャル・キャピタルの特性は，次の三点であり，柔軟なコミュニティ機能を主張する点で特徴がある。まず第一に，社会結合を媒介とするという「ネットワーキング（networking）」という視点である。人と人とを結ぶという観点がここでは重要である。物的資本や人的資本のように，経済的要因によって交換行為のみでつながるという考え方にとらわれない視点を提供している。第二に，「外部性（externalities）」という視点が重要であるとされる。ネットワークは直接相互に関係し合う当事者だけに便益をもたらすのではなく，当事者以外の人びとにも間接的な影響を与える。たとえば，「劣悪な結びつきをする社会」では，いくら「良好な結びつきを行う個人」がいても，個人間のつながりはうまくいかない。けれども逆に，個人的に見て，「劣悪な結びつきをする個人」であっても，「良好な結びつきをする社会」の中では外部的に恩恵を受け，良好な関係を結ぶことがあり得る。第三に，このような社会的結合を保持するための互酬的ルールを持っていて，そのルールは相互的な義務によって規範的に支えられている，とパットナムは指摘する。

　このような特性を持ったソーシャル・キャピタルは，コミュニティ機

能が良好なところでは潜在的に機能しているのが見られる。たとえば，非公式なものとしては，サラリーマンの仕事の後の飲み会などで提供されているし，公式的なものでは学校のPTA，ロータリークラブなどを挙げることができる。

　もっとも，ソーシャル・キャピタルに対しては，かなり強い批判が存在するのも事実である。個人や集団の自由を束縛してしまい，社会の動きが硬直的になってしまうこともあり得る。強い共同体的な結び付きには排他的な性質がある。そのため，固定的な結び付きがそのまま行われてしまい，個人や社会に対して阻害をもたらしてしまう欠点がある。前述の引用で指摘したように，パットナムが定義するソーシャル・キャピタルは，「個人間の結合のことであり，これらの結合から生み出される社会的ネットワーク（social networks），互酬性（norm of reciprocity），信頼性（trustworthiness）」のことである。問題は，この個人間の結合にどのような意味付けを行うのかという点にある。個人間の結合であるという定義であれば，あまりに一般的過ぎてしまうので，パットナムは上記の三つの結合特性を挙げて説明を加えている。ネットワーク性が強調されることで，人びとに媒介作用を及ぼしていることが明確に意識され，ソーシャル・キャピタルがこの媒介性で優れた面を持っていることが確かめられることになる。

　これまでの議論の中では，なぜソーシャル・キャピタルは資本（キャピタル）という表現をとるのかについては，物的資本と文化資本とのアナロジーとして存在すると考えられている。けれども，資本というものの決定的な点を見逃している。それは，資本はストックとして存在するので，フローとしての経済活動と異なり，経済活動同士を強力に結合し，多面的かつ有機的な影響を及ぼしているという点である。人びとの活動をより結合させることで，資本はその活動を活性化させる影響を与えることになる。

　経済的な物的資本であれば，このような影響はかなり活動そのものと結び付けられるために，生産に対して直接的な影響力を持つことになる。つまり，物的資本であれば，経済活動の直接的な関係を形成するはずで

あり，直接に生産要素を担うことになる。ところが，ソーシャル・キャピタルでは，結合的な機能を発揮することで，間接的な影響力を持つにすぎない。

## 5.　ソーシャル・キャピタルの事例

　コミュニティの中を観察すると，良好な関係性を形成する慣習を見ることができる。ここで典型的な事例として，沖縄の慣習を取り上げてみたい。主として伝統的な関係性ではあるが，この点に関して琉球大学大学院医学研究科の等々力英美氏に話を伺っている。

等々力：沖縄の伝統的な慣習の中に，ソーシャル・キャピタルを示唆するものとして，結，ユイマールという慣習があります。このユイマールというのは，集団効果を表す関係性です。たとえば，沖縄ではサトウキビ刈りがあるのですけども，地域や親戚の方々が集まって一緒にやるということが典型的な事例となっています。それからもう一つは，本土では頼母子講と言っていますが，模合という，互いにお金を出し合って大きな事業をしたり旅行に行ったり，ひと月に１回集まって食事をしたりといったような，講的な集まりがあります。これもソーシャル・キャピタルの現れの一つでしょうね。

等々力：ボンディング・タイプとブリッジング・タイプという二つのソーシャル・キャピタルの分け方について考えてみると，沖縄の場合はコミュニティのサイズとか，地域共同体の大きさから見れば，ボンディング・タイプのほうが優勢という印象を持ちます。たとえば，地域の共同体におけるお祭りというようなイベントのときには，「共食」という，皆さんで共に食べ合うといったようなことがありますし，沖縄の地域で，ブタとかヤギをつぶして，その肉を食事にして，みんなで食べ合うといったようなことがよく見られます。他方，ブリッジング・タイプの場合は，コミュニティ

としてもう少し広い共同体とか，あるいはネットワークとして遠くに離れた人々のつながりとか，そういったものも入ってくると思います。沖縄の場合，面白い事例として思うのは，「世界のウチナーンチュ大会」というのがありまして，5年に1回，沖縄の方々が移民で，たとえば南米とか世界各地に行ってらっしゃる方，二世，三世，場合によっては四世といった方々が集まります。しかも集まる規模が，1万人とまではいきませんけど，数千人以上の規模であると。沖縄ではそれが今もあるし，すでに10年以上ずっと続いているということは大変興味深いことです。これは比較的弱いネットワーク。お互い知り合っているわけじゃないけども集まるというのは，これはある意味ではブリッジング・タイプの一つかなと思います。

　等々力氏の話の中で，沖縄には伝統的な慣習としてのソーシャル・キャピタルが存在することが指摘されている。また，ソーシャル・キャピタルの現れとして，ボンディング・タイプとブリッジング・タイプとが観察されることが述べられている。人びとの協力関係には，ここで見たように，強弱の違いが存在することが重要である。

## 6. 閉じられたネットワークと開かれたネットワーク

　ここで，ネットワークに関する経済社会学者 M. グラノヴェターの以下の問題意識が参考になる。彼は，人びとのつながり（tie）は社会の中でどのような結び付き方をするだろうか，という問題提起を行っている[注8]。

　人間関係の結び付き方には，当事者双方が関係する「時間量（amount of time），感情的な強さ（emotional intensity），親密さ（intimacy），相互性（reciprocity）」などが作用しているとする。これらは人間関係の密度を表していて，これらが強くなればなるほど，結び付きも強くなると一般には考えられている。たとえば，社会学者 G. ホーマンズは「より頻繁なつきあいをすればするほど，お互い同士の親密さは強くなる傾

向にある」と判断している (注9)。けれども，グラノヴェターはこのようなホーマンズの見解に対して，「より親密なつきあい」ではない結び付き方，つまり「弱い結び付き（weak tie）」の重要性と，その役割について注意を喚起した。

　この考え方を少し敷衍するならば，社会的な人間のつながりの一般的な形態を表示することが可能である。グラノヴェターによれば，人びとを結び付ける原理的な方法には，二つの形態があり得る。第一に，人びとは「強い絆」を形成する傾向があり，このようなつながりは人びとの親密な関係を示している。この原理は，集団の内部で凝集性を高めるために利用される。人びとが主としてインフォーマル（非公式）な関係を形成する場合に，特に地域限定的（ローカル）で身近な関係を維持するために形成される形態である。たとえば，前述の家計集団の場合のように家内的な所得プーリングとして追求された人間関係のネットワークである。強い絆で結び付けるような，親密性の高いネットワークである。この結果，その集団は強い結び付きを及ぼす，紐帯的な作用（bonding function）によって凝集性を得ることになる。紐帯的性格は，強い結び付きを形成するために，成員でない者に対しては排除的（exclusive）な性質を持つ。前述のパットナムが挙げる例を見ると，紐帯的な結合を行っている事例として，民族ごとの慈善団体，教会の婦人読書会などのような集団が挙げられる。

　第二に，もう一方で人びとは「弱い絆」を形成する傾向を示し，集団間に「橋を架ける」作用（bridging function）を及ぼすときに，このような関係が形成される。架橋的（bridging）な作用形態は，成員でない者に対して包括的（inclusive）で，誰にでも適用可能な一般的な特性を示すものである。架橋的な結合を示すものとして，市民権運動，青年奉仕団などが挙げられる。つまり，架橋タイプは幅広い結合と互酬的ネットワークの輪を作り出していく性質がある。現代では，インターネットによって結ばれる人間関係の多くは，このブリッジング効果による結合を表していると考えられる。

　このブリッジング（橋を架ける）作用でとりわけ強調されるのは，人

びとの間で見逃されてきている，決定的な間隙(かんげき)を埋めるような「近道（short-path）」効果である。この効果によって強い絆同士が弱い関係で，簡単に結びつけられることになる。特に，近代になって，社会が大きくなるに従って形成されてきたのが，このような弱い紐帯である。主として，公式的（フォーマル）な関係で，ローカルな小集団間をつないでいくときに形成される。広域（グローバル）な社会関係を形成する。

　問題なのは，これらのミクロとマクロ，あるいはローカルとグローバルの人間関係をどのようにつなぐのか，という点である。実は，近代になって，軋轢(あつれき)が多いのは，これらのすり合わせがうまくいかないときであった。都市化のひずみや家族組織のきしみなどが見られる場合に，これらを中間段階でつなぐ組織が存在すれば，社会全体の統合がうまくいく可能性があるといえる。

　実際にどのような結合の原理が存在するのだろうか。グラノヴェターはすでに，社会的ネットワーク論分野ではかなり引用される回数の多い論文である「弱い絆の強さ（The Strength of Weak Ties）」の中で，ミクロからマクロに至る社会組織の結合について，一つの見通しを与えている[注10]。「強い絆」で結ばれたネットワークがそれぞれ孤立して存在する場合，その中の任意の一人とほかのネットワークの一人が「弱い絆」で結び付くことで，両方のネットワーク間の交流はかなり盛んになる。上述のショート・パス効果の事例が存在すると考えられている。

　人間の協力関係というものは，個人と社会を結ぶ媒介機能を持っている。現代の協力組織というのは，内的なネットワークと外的なネットワークという二つの力のバランスの上にかろうじて平衡状態を見いだしている組織である。このような組織化は，文化人類学のC. レヴィ＝ストロースの言葉に従って言えば，「永遠不変の必然性に呼応するよりは，むしろ，極限状況における不安定な平衡状態に対応している」といえる[注11]。そして，

C. レヴィ＝ストローム
〔ユニフォトプレス〕

この二つのネットワークの間にあって，緊迫した状況に置かれているのである。

　この章のはじめに提起されたポラニーの考え方を受け継いで，経済社会学者 M. グラノヴェターは，「埋め込み」というインフォーマル化の理論的枠組みを示している。現代の経済社会では，経済分野が分離したり社会関係が分断されたりする状況が存在するが，本来協力活動は，社会構造の中に埋め込まれていて，容易には切り離すことができない性質を持っている。このようなときに，人びとの間にいくつかの輻輳（ふくそう）したネットワークが形成され，それらがうまくバランスを持って結合されるという認識が重要である。


## 注と参考文献

注1）　Karl Polanyi, The great transformation, 1944　カール・ポラニー著．大転換―市場社会の形成と崩壊．吉沢英成，野口建彦，長尾史郎，杉村芳美訳．東洋経済新報社，1975

注2）　Karl Polanyi, The livelihood of man, 1977　カール・ポラニー著．人間の経済〈1・2〉．玉野井芳郎，栗本慎一郎，中野忠訳．岩波書店，1980

注3）　Ferdinand Tönnies, Gemeinschaft und Gesellschaft: Abhandlung des Communismus und des Socialismus als empirischer Culturformen, 1887　フェルディナント・テンニース著．ゲマインシャフトとゲゼルシャフト―純粋社会学の基本概念．杉之原寿一訳．岩波文庫，1957

注4）　Robert M. MacIver, Community, a sociological study: being an attempt to set out the nature and fundamental laws of social life, 1917　ロバート・M. マッキーヴァー著．コミュニティ―社会学的研究：社会生活の性質と基本法則に関する一試論．中久郎（なかひさお），松本通晴（みちはる）監訳．ミネルヴァ書房，1975

注5）　Marshall Sahlins, Stone age economics, 1972　マーシャル・サーリンズ著．石器時代の経済学．山内昶（ひさし）訳．法政大学出版局，1984

注6）　James S. Coleman, Foundations of social theory, 1990　ジェームズ・S. コールマン著．社会理論の基礎〈上・下〉．久慈利武（としたけ）監訳．青木書店，2004

注7）　Robert D. Putnam, Bowling alone: the collapse and revival of American community, 2000　ロバート・D. パットナム著．孤独なボウリング―米国コミュ

ニティの崩壊と再生. 柴内康文訳. 柏書房, 2006

注8) Mark S. Granovetter, Getting a job: a study of contacts and careers, 1974 マーク・グラノヴェター著. 転職—ネットワークとキャリアの研究. 渡辺深訳. ミネルヴァ書房, 1998

注9) George C. Homans, The human group, 1950 ジョージ・C. ホーマンズ著. ヒューマン・グループ. 馬場明男, 早川浩一共訳. 誠信書房, 1959

注10) Mark S. Granovetter, "The strength of weak ties", *American Jornal of Sociology* vol.78 no.6, 1973 マーク・グラノヴェター著. 弱い紐帯の強さ. 大岡栄美訳. 〈所収〉リーディングス ネットワーク論—家族・コミュニティ・社会関係資本. 野沢慎司編・監訳. 勁草書房, 2006

注11) C. レヴィ=ストローム著. 家族. 原ひろ子訳. 〈所収〉文化人類学リーディングス—文化・社会・行動. 祖父江孝男訳編. 誠信書房, 1968

## 🔋 研究課題

1. 経済社会の中で, 市場や政府の協力活動以外のインフォーマルな協力活動にはどのようなものがあるか, 検討してみよう。

2. 家計経済をめぐる社会経済的な協力関係について, 家族員の間にどのような関係が観察されるか, 整理・検討してみよう。

3. コミュニティで観察される社会関係資本の具体例を集めて, その役割について検討してみよう。

# 14 | 支援とケアでの協力活動

　支援活動とケア活動は，人びとの「親密さ」をめぐって生じる協力活動である。家族関係や仲間・グループ関係などのような親密な関係について，いかにフォーマル化されるかによって，支援が支援サービスとなる。また逆に，この支援サービスの判定から漏れたものは，インフォーマル化されることになる。このように，協力活動が支援を行う側と支援を受ける側の人びとの間の相互作用の結果として現れるのが，支援活動とケア活動の特徴である。どの程度の親密さで相互に接するのかについては，活動を提供する側と活動を受ける側の調整によって影響を受ける。支援活動とケア活動は，このようにして，フォーマル関係とインフォーマル関係の間で成立の違いを見せることになる。

　支援活動では，活動主体の持っている潜在的な活動の可能性を知るプロセスが重要になる。このような支援活動の性質は，人間の協力活動の重要な要素であると考えることができる。

《キーワード》　支援，ケア・サービス，世話，配慮，標準化，単一性

## 1. 支援とはどのような活動か

　協力活動の中でも，支援活動は支援を行う側と支援を受ける側との間で特別で親密な関係を築いてきている。どのような親密さの特徴を持っているのだろうか。「支援とは，自分以外の力添えで問題が解決したり，何かを達成したり，物事をより容易にしたりすることができることである。（中略）このように支援とは，協力や協調，それ以外にもあらゆる利他的な行動の基盤となるプロセスなのである」と記したのは，経営学者のE. H. シャインである。「力添え」であったり，「利他的な行動の基盤となるプロセス」であったりというように，支援活動は活動主体の中核的な性質を持っている活動ではなく，むしろ中核的な活動を支えるよ

うな，第三の立場からの，あくまで間接的で支持的な援助であるという性質を持っている。

　支援活動の典型の一つに，スポーツの「応援」がある。スポーツの活動主体は，もちろんそれぞれのスポーツ選手であるが，応援活動は周りにあって，主体の活動を側面から助けている。応援それ自体，今日ではむしろ支援という関係を超えるほどに盛んに行われている。けれども，声高に応援することが，必ずしも支援活動というわけではない。応援のイメージがあまりに強烈であるために，ほんとうの支援の援助的な性格が理解し難いものとなっている場合もあるといえる。

　前述のシャインが次のエピソードを伝えている。「かつてインフルエンザにかかって弱っていた友人から，座っている長椅子から立ち上がらせてくれと頼まれたことがあった。友人の片腕をつかんで引っ張り上げようとしたところ，彼は叫んだ。『そっちの腕じゃないよ！』　友人は片方の肩をひどく痛めていたのだが，私はそんなことを知らなかったのである」（Schein= 金井訳　2009：pp. 110-111）と述べている。実際のところ，支援を受ける側は，自分で何がうまくいっていないのか，どのような助けを必要としているのか，自覚していない場合が多い。このため，支援を行う側に支援を受ける側が抱えている問題を伝え，どのような支援を受ければよいのかを自覚し，支援を行う側へ知らせる必要がある。援助を受けたいという希望は持っているが，どのようにしたら，それがうまくいくようになるのかがわからない。だから，支援が必要になってくるのだが，支援を受ける側がさまざまな状況を打ち明けられることが重要である。上記の例でも，シャインが友人に，「どんなふうにしてあげたらよいかな」と「控えめな問いかけ（humble inquiry）」を行えばよかったのである。そうすれば，友人は無事なほうの腕を差し出しただろう<sup>(注1)</sup>。支援には，支援を行う側と受ける側との間の複合的な相互の配慮が必要である。

　このとき，シャインは支援活動に関する重要な分類を提示している。第一に，インフォーマルな支援活動を指摘できる。どのような社会においても観察される普遍的な活動であり，慣行化しており，文明社会の基

礎をなすものと見なされているタイプが挙げられる。この支援タイプは，人びとのマナーや態度のように日常的に表れるものであり，つまりは非公式的な活動であることを示している。たとえば，「旅行者に道を教える他人」「子供の宿題をしてあげる親」「出そうで出ない言葉を言う手助けをしてくれる友人」「皿洗いを手伝おうと申し出る客」などの日常生活でよく見られるような，これらの例は，インフォーマルな支援活動である。

これに対して，第二に分類されている支援タイプは，「準フォーマル」のものであり，「家や車やコンピュータや視聴覚機器といったさまざまな種類の専門家に，助けを求めるような場合である」とシャインは指摘している。つまり，サービスとして得られるのだが，そのサービスは，きわめて一般的な性質を持っているものであるため，サービスとしては親密さに欠ける扱いを受ける場合が多い。技術的な内容のものが多いために，マニュアル化して伝えることができそうなサービスだと考えられている。このプロセスでよく誤解が生じたり，内容がわかりそうでわからないことが多発したりする場合もある。「コンピュータ関連のトラブルシューティングを順に説明してくれる専門家」「悩みのある人に助言を与える，限定的な身の上相談の電話サービス，自殺防止ホットラインのオペレーター」「スキルの上達法をクライアントに示すコーチ」などを事例として挙げることができる。

第三に分類されるのは，フォーマルな支援関係である。専門家から有料で支援を得る正式な関係である。そこでは，法に則った契約が交わされたり，ビジネス上の取引が伴われたりする定式化された支援関係である。シャインが例として挙げているのは，「病人を助ける介護士」「離婚の対処法をクライアントに助言し，指示する弁護士」「経済危機を乗り切る方法を家族に提案するソーシャルワーカー」「患者を診察して処方箋を出す医師」などである。

これらのインフォーマルからフォーマルに至る活動のバリエーションの中で，共通に見られるのは，支援活動が二重の構造を持っているという点である。一つは，二者関係における本来的な支援活動であり，上記

の例では，医師と患者の直接的な関係である。これに対して，この直接的な関係を，周りから間接的に支える関係としての三者関係が存在する。つまり，医師と患者の間に，家族やコーチや専門家などの第三者が介在する三者関係が形成されることになる。ここで本来的な医師と患者の直接的な関係に近接すればするほど，支援はフォーマルな活動になるし，さらに家族などが間接的に介在すれば，本来的な支援活動に対しては，インフォーマルな活動に頼ることになる。支援活動は，フォーマルとインフォーマルな活動との間で重層的な構造を示している。

## 2.「ケア」とインフォーマル部門

　このように，支援活動の性質は，インフォーマルな活動との相関によって決まることがわかる。ここで，支援活動の中でも最も中核的で，支援を受ける側に近接するような，本質的な性質を持っていると考えることのできる「ケア（care）」を取り上げて，インフォーマル部門がどのようにして生活にかかわってくるのか，ということを見ておきたい。

　「ケア」の考え方では，いわば「医療モデル」から「生活モデル」への社会転換が生じたという認識が，広井良典の著書『ケア学』で提出されている [注2]。疫病や伝染病に対処する場合には，隔離された施設でサービスの行われるような「医療モデル」が中心であった。伝染病が流行したときに，この伝染病に対処するのは，医療の技術であり，このような技術的観点が発達する必要がある。ところが，生活習慣病に対処するために，予防を行ったり環境保全を考慮したりするという考え方が入ってくる。次第に在宅あるいは家の周辺部において，あるいはコミュニティの内部において，地域の中でのサービス中心の社会になるであろうという見取り図が表明されている。医学を中心とした自然科学的な対処方法から，最終的には生活の中で，家族・近隣によって障害者に対処するような，在宅あるいはコミュニティレベルでの，いわばノーマルな生涯モデルを導くであろうということを，彼は「生活モデルへの転換」と呼んでいる。医療サービスが中心になるような社会から，次第に福祉サービス・社会サービスというものが中心となるような，社会転換が起

こると考えられている。

　ここで問題があるとすれば，ケアということについて，社会の表面において，サービスのフォーマル部門の変化が，一元的な見方において認識されてしまう危惧がある点である。つまり，通常，ケアというのは日本語に訳すと介護と訳されてしまうが，英語のケアには，これは倫理学の川本隆史などが指摘しているように「配慮」や「世話」という，幅広い訳が当てはまるような，単に表面的なサービスの分野に限るのではなくて，心の動きや，あるいはもっと社会全体の中での配慮の動きのようなものが含まれるという解釈が存在する(注3)。

　この生活モデルでは，このような配慮や世話というレベルでのサービスに関して，明らかに境界問題の発生することになると考えられるが，それについてはそれほど言及がなされていない。もしすべて社会的に行われるサービスのみがケアの本質であるという定義をとってしまうと，そこから抜け落ちてしまう問題が多いことになる。

　ケアが社会的に提供されるようになる，いわゆる「ケアの社会化」現象が現れるのが近代化の一つの特徴でもあるので，この考え方は一つの解釈としてあり得る。近代化のモデルの中では，「社会保障がなぜ生まれるのか」，あるいは「ケアが社会的なレベルで行われることが社会保障の目的であるとする」という議論は存在し得るが，ケアのもつ広がりのある考え方に帰って反省すると，ケア自身が提起している固有の問題について再考する必要がある。

## 3. ケア活動の事例

　ケア活動のフォーマルとインフォーマルな活動の特性を明らかにするために，東京都板橋区に住んでいるＡさんの介護を引き受けている介護スタッフの方々に集まっていただき，ケア活動の性質について話を伺った。介護スタッフ・事業者間の給付管理を行っているケアマネジャーの村尾和俊氏，Ａさんの身の回りの介護をなさっている訪問介護事業所の小澤りか氏，通所介護・デイサービス責任者の坪井俊也氏である。

村尾：Aさんは昭和24年生まれの方です。家族構成は父親と母親，そして妹の4人家族です。父親と母親は90歳代でかなりの年齢です。妹さんは現役，フルタイムで働いています。Aさんは精神発達遅滞を持っていまして，昨年，階段から転倒してしまい，外傷性くも膜下出血による四肢麻痺と嚥下障害を持たれています。ですからADL（日常生活動作）は全介助になっておりまして介護度も要介護5です。現在，通所介護を月曜日から金曜日まで，そしてその間，訪問介護に1日に朝と夕方，入っていただいておむつ交換，あと行為介助等をやっていただいています。そして移動するにあたっては福祉用具を借りて特殊寝台，これは介助用ベッドのことですが，それと褥瘡ができないようにエアマット，移動しやすくするために車いすを借りています。妹さんは基本的に土・日が休みなのでお仕事が終わった後，夜間若干介助することもあったりするのですが，土・日は基本的にお姉さんのために全部使っている状態です。ご両親は自分のことで手いっぱいです。当然ながら疲労が蓄積するので月に数日間，ショートステイを利用していただいています。

村尾：（ケアマネジャーとして，介護の便益と費用を調整することには難しさがありますか。）Aさんのようにご自身で訴えができなく，しかも四肢麻痺の方の場合，一般的に普通のサービスを提供しているだけだとかなり無理があります。たとえば，移動・移乗動作の配慮となりますと，点数にはならないことを事業者の方々に要求してしまうことになります。点数化できないところも上乗せしてやってくださいというところです。彼らはそれでずっと引き受けたまま終わりかというとそうではなく，それがクリアできると次の顧客なり利用者さんを獲得できるという，長期的な展望の中で採算が合うように，こちらとしては努力しております。インフォーマルな世界での博愛精神であったりボランタリー精神であったりといったことに相当するのだと思います。

　介護サービスの中で，費用がかかっているにもかかわらず，点数化できない部分が存在するという認識が，村尾さんの言葉に表れており，この点はケア活動の特性を考える上で重要である。このような認識は，具体的な介護サービスの中でも見られると，小澤さんは次のところで指摘している。

小澤：Ａさんは，口腔内の清潔が保たれなく，嚥下つまり飲み込みが悪い状態の方なので，口腔ケアに難しさがあります。自分の歯がまだ残っているので，口腔内をきれいにしようとしたときに口が開けられない，舌がよく動かせない。口腔内の中に食べた物が残っていたり唾液もうまく飲み込めなかったり，口の中に残っている状態のまま，きれいにしなければいけないのです。病気のせいでそういうことをやりたがらない，頑張ってやれないところも見受けられます。普通ならば「口を開けて」と言えば開けられます。ところが，本人の意思とはまったく別に体の状態のせいで開けられない場合には，コミュニケーションを取るのが難しいです。Ａさんの場合は，まず口の筋肉が固くなってしまうから開けられないこともあるので，いかにリラックスさせて口を開けさせるかが大切です。本人はニュースや季節のことが好きなので，話をしながら口を開ける練習をして，「今ちょっと，口が開きそうだから開けてみようか」というように，口腔ケアとはまったく別の話をしながら，筋肉を緩めて口を開けさせるような工夫はします。ケースバイケースなので，いつもそれで通用するわけではありませんが。

小澤：(本人でなければ通用しないサービスがあった場合に，それをほかの人に伝える場合は，どのように伝えることができますか。)介護記録に，成功例を挙げます。みんな同じような状態で苦労していくので，こういう話をしていたらこうできた，というような状態を常にスタッフ間で共有するようにします。

坪井：ケアマネージャーが開催する担当者会議や，朝・夕送迎の際のコ
　　　ミュニケーションでの伝達，またはケアの連絡ノートである「申
　　　し送りノート」がありまして，それを事業所側と家族側とでやり
　　　とりをするところで連絡を取り合っております。（中略）デイサー
　　　ビスを行う上で，また利用者さんのケアをする上で必要なのは
　　　チーム・ケアといわれるものです。ケアマネージャーが中心と
　　　なってチームを作っていくのですけれども，さらに横のつながり，
　　　訪問介護だったり訪問看護だったりの事業所間のつながりを強く
　　　持って，情報共有しながらサービスを提供していくことが重要か
　　　と思います。

　ここで見られたように，ケア活動にはフォーマルとインフォーマルの
境界線が不確定な事例が観察される。これまで家族やコミュニティの中
で限定的に供給されてきたようなサービスが，不特定多数に対してでは
ないにしても，地域や世代に対しての限定的なものではあるが，場所を
選ばずに供給できるほどに，いわば「標準化」されることになった。こ
のように中間的に，半分ほど標準化が行われるようなことが，ケア・サー
ビスが民間企業や政府サービスとして供給される必要条件となってい
る。部分的に標準化されてはいるが，すべてにわたって標準化されるわ
けではないような，「半標準化（half-standardization）」と呼ばれるよう
なケア・サービスの状況が作られるようになってきている。前述のA
さんの事例の中では，Aさんの特殊事情ではあるが，「申し送りノート」
によって介護スタッフにAさんの事情に関する認識が共有されること
は，「半標準化」を達成していることになる。個別化され外部化されて
いくケア作用の面と，このような方向ではなくて，社会的なものが徐々
に家庭の中にケアとして入ってくるようなケア作用の面とが存在する。
そして，この両方がバランスをもって存在することが，家族を中心とし
た，あるいは家族とコミュニティを巻き込んだ，フォーマル・インフォー
マルの中間組織を考える上では重要になってくる。上記のAさんの場
合には，事業者間において，担当者会議が形成されたり連携した介護が

行われたりするような中間組織の試みが見られることになる。

## 4.　ケア原理とケアの二面的性格

　それでは，フォーマル活動とインフォーマル活動の境界線上で組織化される場合に，ケアというものを中心に，どのような考え方があり得るのであろうか。ここでもう一つの問題提起を行ってみたい。ここでは特に，ケアがどのようにしてインフォーマル部門で作用するのかについて考察することが重要である。

　ケアには，感情的なサービス面と物理的なサービスの面という，二つの面のあることが，社会学者の C. アンガーソン著『ジェンダーと家族介護』において指摘されている。彼女が聞き取り調査を行う中で，このことが整理されている。このケアについて，二つの意味という認識は，ケア論の系譜の中でかなり有名な考え方であり，これまでにも欧米のかなりの文献の中で，数多くの解釈がなされてきている。

　ケアには，「ケア・フォ（care for）」という考え方と「ケア・アバウト（care about）」という 2 種類の考え方があると考えられている。ここでは，ケアの機能という点から考えて，ケア・フォのほうを「世話サービス」であり，ケア・アバウトのほうを「感情サービス」と考えておきたい。つまり，ケアでも世話という物理的なサービス提供の面だけに限ったものをケア・フォと呼び，「配慮」を行うことでケアの心理的な特性を引き出すような面を，ケア・アバウトと呼んでおきたい[注4]。

　ケアには，通常これら二つの原理が同時に存在して，ケア活動を行う場合に実際に労働サービスとして，つまり機能的な物的な世話としてケアを行うケア・フォの面と，感情を含んだ配慮として，愛情を持って配慮を行うケア・アバウトの面との両方が織りなすように活動が行われている。このような複合的な二面性を持っていることが，ケア原理の特徴である。このように考えると，ケア活動の特性について，とりわけ社会的なサービスとして提供される場合には，ひとまず二つに分けて考えることが可能になってくる。C. トマスは，このようなケアの二重の意味について，「活動の状態（activity state）」と「思いやりの状態（feeling state）」とに分けて考えている。ケア・サービスの場合と同様にして，一方の活動状態には，ケアの仕事や作業や労働が含まれ，他方の思いやり状態には，ケアの感情や情緒や愛情が含まれる。そして，ケアの研究者たちがはじめに立ち止まってしまう困難は，ケア現象には二つの顔があり，それが社会に現れるときに意味がずれたり性質が偏ったりして，混乱を来すことがある点である。

　この議論では，もう少し慎重な検討が必要であろう。この点で参考になるのは，H. グラハムの考え方である。グラハムは，ケアの授受という面に注目している。ケアを提供する側とケアを受け取る側との相互作用として，ケアが生ずると考える。そして，ここには上記のような二つの次元が存在すると考え，このことが社会的にどのような影響を及ぼすのかについて考察している。グラハムの分類に従えば，第一には物理的な（material）面があり，これは家事や育児などの家族の再生産として現れる労働（labor）であり，第二には心理的な（psychological）面があり，愛情や感情を含む現象としてのケア，あるいは感情的なサポートとしてのケアである。ケアにこのような「労働」と「愛情」という二面性が同時に含まれることになるが，このことにはどのような意味があるのだろうか。

　グラハムは，このような「ケアの二重特性（dual nature of caring）」が家庭と社会の中で展開され，特別な意味を持つようになると考えている。この「労働」として現れるフォーマル面と「愛情」として現れるインフォーマル面との調整には，この「二重特性」が働くことになると考える。つまり，一方においては，ケア・サービスはフォーマル部門へ向かって変化していき，このようなケア・サービスを規格化するような動きが現れることになる。ここでは，ケア・サービスは労働であるという面が強調され，サービスの中でもケアの特性が標準化され，可能な部分が取り出され，市場労働や公共サービスとして提供されることになる。図14－1の中では，ケア・サービスがフォーマル化される動きとして描かれている。

　他方，インフォーマル部門では，むしろこれらの傾向とは異なる展開

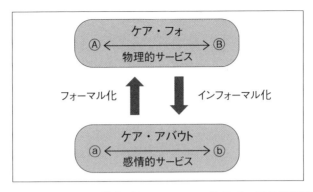

**図14-1 フォーマル化とインフォーマル化の「二重の統制調整」**

が行われる傾向にある。フォーマル部門では引き受けることのできない
ような，親密な関係で行われるようなケアだけが残され，これらが「愛
情」として提供されることになる。つまり，図14-1の中では，ケア・
サービスがインフォーマル化される動きとなることが示されている。こ
れらの二つの局面で，それぞれが分離する傾向を持つ場合には，全体的
な調和あるサービス提供が困難になり，機能不全を起こす場合もある。
最終的には，後述するように，これらの二重の調整が生ずることになる
〔図14-1〕(注5)。

## 5. サービスの標準化と半標準化

　ケア・サービスの社会化が進行する理由は，ケアの二重特性の中で，
とりわけケア・フォ的な面が強調され発達し，その結果，サービスの標
準化が進むからである。けれども，通常の商品とは異なって，この社会
化には特別の標準化のプロセスが存在する。ケア・サービスは，通常の
サービスといくつかの点で相対的に異なる性質を持っている。サービス
提供者とサービス需要者との間の関係がほかのサービスよりも親密性の
度合いが深い。たとえば，個人の身の回りの世話や，医療や福祉にかか
わるサービスが多く含まれている。
　経済人類学のI. コピトフなどが指摘したように，財・サービスが商
品化されるか否かというときに観察される単一性 (singularity)，ある

いは特異性という性質は，このようなケア・サービスの特徴の多くを表している。ある種の財・サービスは，交換を行う場合に完全に自由に交換されるほどには，（1）共通性を持っていない（uncommon），（2）独特なサービス特性を持っており（unique），つまり（3）この世の中でただ一つしか存在しないような単一的な性格（singular）などを持っている。このような性質を持つような財・サービスは，市場で商品化されるには難があり，また政府によって社会化され公共的な供給による場合にも困難が生ずる。つまり，完全にフォーマル化することは難しいという特質を持っている。したがって，通常は家族やコミュニティなどのインフォーマルな制度に依存して，供給される場合が多くなる<sup>(注6)</sup>。

　たとえば，家計内には，一方では前述の市場の商品化や，政府の社会化という作用を進める圧力が存在すると同時に，他方ではこれらを排除し，個別の家庭内サービスを組織化するような作用が働いている。後者のような単一化作用は，市場交換のようにその場限りで終わるような短期的な取引関係ではなく，個別の家庭内サービス関係を長期的に継続させるような関係である。

　これまで述べてきたように，ケア・サービスが家計から外部化される傾向が存在する一方で，家計内に残存されるサービスも数多いことが知られている。そして，これらが残存する中で，家計内の組織的な凝集性を高め，信頼関係や愛情などの親密な関係を強化する役割を果たしている。つまり，このような状況では，完全に商品化されたり，あるいは政府によって社会サービスとして提供されたりすることが難しい財・サービスが存在するということである。

　けれども，近年になって，このような状況の中で，単一性という性格を持ってきていたケア・サービスの中にも，たとえば，介護保険制度などに見られるように，保険や政府の補助などの制度的な支持を得ることによって，従来は商品化や社会化が不可能であったようなサービスが，次第に市場交換や政府の供給のもとに供給される場合が多くなってきている。それでは，なぜこのような商品化や社会化が可能になってきたのだろうか。

　まず，サービスにおける標準化の進展という事態が，社会化や商品化の進む理由として挙げることができる。市場取引の緩和や公共政策の拡大によって，多様なサービスが市場と政府によって取り扱われるようになってきた。このような取り扱いが可能になったのは，市場圏の拡大や政府予算の拡大によるものである。この結果，これまで家族やコミュニティの中で限定的に供給されてきたようなサービスが，「標準化」され提供されることになった。

　これまで，家族やコミュニティの中で，自然の動作，料理など家事の腕，介護の自然な親切さ，実地の経験，偶然のタイミングでの応対などとして非標準的なサービスが行われていたが，これらは利用可能なサービスの系統的な知識に基づいて，ケア・サービスの社会化過程の中で合理的なマニュアル操作に置き換えられる標準化の傾向を持つ。もっとも，このようなサービスが提供されるのは，その目的やミッションが重視されるために生起する場合もあり，これらはきわめてそのプロセスに依存することとなっている。新たなサービスが標準化によって生み出されるか否かは，その過程に依存しており，その限りでは標準化というのは相対的な過程であって，自己完結的ではない。

　この結果，ケア・サービスにおいても，これらが市場システムで取引されたり政府サービスの一環として供給されたりするためには，クラス分けされたケアの種類・様式・等級・規格などについて，不完全ではあるが，ある程度の「標準化」が行われる必要がある。そして，一見するとケアのように標準化が困難であるようなサービスであっても，また標準化に適していないようなケアであっても，ひとたび測定尺度が定められれば，それに従って，可能な限りその尺度に従って，サービスの時間・密度・スピード，そして集約度などの基準で，取引・売買，あるいは提供されていくことになる。この後，このような尺度は，現実に合わせて改善され，いっそう正確な測定と，徹底した合理的な標準化プロセスが考案されることも可能となる。

　本来，ケア・サービスは，このように特殊で単一性的なサービス特性を部分的に反映しているため，すべてにわたって標準化されるには困難

な性質がある。前述のようにケアはサービスという財特性を持っているために，無形的であり，生産と消費が同時に生ずる性質がある。前もって財・サービスの特性をすべて標準化することが難しい。ケアの受け手の期待しているサービスを，サービスの供給者が提供できるためには，そのサービスについて双方が共通の認識を持っていなければならない。そのために，通常は財・サービスの性質が標準化され，購入前に対象物を確認できるシステムが存在しなければならない。ところが，ケア・サービスには，そのような標準があらかじめ存在するわけではない。『介護サービス論』の筒井孝子が指摘しているように，介護サービス計画を作成する過程で，それがたびたび変更されるが，なぜ変更されるかといえば，それは介護を受ける利用者の都合によるものというよりは，むしろ利用者の家族の都合による変更が多いということがある。つまり，このことは介護サービスの代替する内容対象が，家族員のサービスを数多く含むものであることを示している<sup>（注7）</sup>。

　この点は，介護サービスが家庭内経済の活動特性と関連していることを如実に示している。家庭の経済では，近代になって，いわゆる「家計機能の外部化」という現象が起こってきている。ここで，「外部化」というのは，家庭内に本来あった機能が，次第に外部の市場や政府のサービスに任せられてきたということを示している。ここで家計機能の外部化と呼ばれるようになった事態は，家計の経済的な活動の中でも外部へ任せることが可能なサービスが選択され，次第に外部化が行われるようになったといえる。たとえば，料理という活動が外部に任せられて「外食」という活動が成立することになる。

　このときに，家庭内に存在するケア・フォという活動は外部化される傾向を持っている。それに対して外部化されたものが，家族内に向かって，必ずしもそれは愛情とは限らないが，たとえば社会的な配慮をもって適応されてくるのがケア・アバウトの方向である。つまり，個別化され外部化されていくケア作用の面と，このような方向ではなくて，社会的なものが徐々に家庭の中にケアとして入ってくるようなケア作用の面とが存在する。そして，この両方がバランスをもって存在することが，

家族を中心とした，あるいは家族とコミュニティを巻き込んだ，フォーマル・インフォーマルの中間組織を考える上では重要になってくる〔図14-1（p. 259参照）〕。前述のＡさんの場合には，事業者間において，担当者会議が形成されたり連携した介護が行われたりするような中間組織の試みが見られることになる。

　介護サービスや社会福祉サービスを行うようなサービス市場，あるいは公的サービス提供が形成されるときに，このようなケア原理がそこで発揮されるが，そのケア原理には家族機能がサービス提供の中間組織に外部化されて出ていくという面と，中間組織によって家族やコミュニティに対して，ケア・アバウト的なサービスというものが逆に温存される面とがある。

　このように二つの面が相互作用を行うという総合的な観点があれば，「外部化」という現象のみが社会の発展と同時に必然的に起こってくると仮想するような，一面的な考え方をチェックすることもできる。また，家族と社会との相互作用の中で生ずると考えられる，NPOや介護組織などのサービスを提供する中間組織についても，単純なサービス経済化が生ずると考えるのではなく，もう一度その動きがフィードバックされて家族の中に相互作用として影響が入ってくるような，内部化されるという面があり，これら両方が同時に施設ケアやコミュニティケアなどの事業者間の中間組織形成には作用すると考えることができる。さらに，この考え方がもっとも妥当性を持つのは，新たな中間組織が生成される場合である。このような中間組織の生成過程では，ケア原理の二面的な作用の両方ともが観察される場合が多い。つまり，ケア・サービスには，そこから切り離されると意味を失ってしまうサービスが含まれており，これを維持しつつ，サービス提供が行われる必要がある。

　つまり，今日ケア・サービスというものについて，誰が需要し誰がそれを負担するのかが問われている。この場合に，一方では，このようなケア・サービスを市場や政府組織のようなフォーマル部門に任せようとする傾向が存在する。このような「ケアの社会化」という傾向には，少子高齢化による家族の変化と，それから政府の対応や市場の変化などが

対応している。他方，同様にして，ケア・サービスをフォーマルではなく，家族やコミュニティなどのインフォーマル部門に任せようとする傾向も存在する。つまり，市場や政府ではケアできないような種類のサービスはやはり，インフォーマル部門である家族やコミュニティに近いところで供給することが求められているという現実も存在する。そして，ここで重要なのは，今日この二つの傾向に対して，双方から強い圧力が存在するために，その程度は不確定であるにしても，これらが同時に成り立ってしまうことである。このときに，これらの相異なる傾向に対して，社会的にバランスを取るような二重の調整が，中間組織などを媒介として行われる必要がある（注8）。

　最終的にここで考えなければならないのは，ケア・サービスに現れているように，支援活動には活動主体の持っているインフォーマルな部分に触れる機会が多く含まれているということである。したがって，支援活動やケア活動では，この活動主体の持っている潜在的な可能性領域をいかに理解し，全体の中に配置するのかが問われることになる。


## 注と参考文献

注1） Edgar H. Schein, Helping: how to offer, give, and receive help, 2009　エドガー・H．シャイン著．人を助けるとはどういうことか―本当の「協力関係」をつくる7つの原則．金井壽宏監訳，金井真弓訳．英治出版．2009

注2） 広井良典著．ケア学．医学書院，2000
　　　ミシェル・フーコー著．18世紀における健康政策．中島ひかる訳．〈所収〉ミシェル・フーコー思考集成6巻．蓮實重彦，渡辺守章監修．筑摩書房，2000

注3） 川本隆史著．現代倫理学の冒険―社会理論のネットワーキングへ．創文社，1995

注4） Clare Ungerson, Policy is personal: sex gender and informal care, 1987　クレア・アンガーソン著．ジェンダーと家族介護―政府の政策と個人の生活．平岡公一，平岡佐智子訳．光生館，1999

注5） Carol Thomas, "De-constructing concepts of care", *Sociology*, 27（4），1993

Arnlaug Leira, "Concepts of caring, loving, thinking, and doing ", *Sociol Service Review*, 68（2）, 1994

Kari Waerness, "The rationality of caring", *Economic and Industrial Democracy*, 5（2）, 1984

Julia Twigg ; Karl Atkin, Carers perceived: policy and practice in informal care, 1994

注6）　渋谷 望 著．魂の労働―介護の可視性 / 労働の不可視性，『現代思想』28（4）. 2000

Thorstein Veblen, The theory of business enterprise, 1904　ソースティン・ヴェブレン著．企業の理論．小原敬士訳．勁草書房，1965

坂井素思著．家庭の経済．放送大学教育振興会，1994

注7）　筒井孝子著．介護サービス論―ケアの基準化と家族介護のゆくえ．有斐閣，2001

注8）　Neil Gilbert, Capitalism and the welfare state: dilemmas of social benevolence. 1983　ニール・ギルバート著．福祉国家の限界―普遍主義のディレンマ．関谷登監訳，阿部重樹，阿部裕二共訳．中央法規出版．1995

Norman Johnson, Mixed economies of welfare: a comparative perspective, 1999　ノーマン・ジョンソン著．グローバリゼーションと福祉国家の変容―国際比較の視点．山本惠子，村上真，永井真也訳．法律文化社，2002

Raymond Jack. Residential versus community care: the role of institutions in welfare provision, 1998　レイモンド・ジャック編著．施設ケア対コミュニティケア―福祉新時代における施設ケアの役割と機能．小田兼三ほか監訳．勁草書房，1999

## 🎸 研究課題

1．インフォーマル部門の機能について，整理・検討してみよう．

2．ケア・サービスの特徴を挙げ，その性質について論述してみよう．

3．サービスの標準化について，具体的な事例を挙げ，問題点を検討してみよう．

# 15 協力のネットワーク形成と ミンツバーグ問題

　最後に残された問題は，なぜ協力活動では「ネットワーク形成」が必要とされるのか，という問題である。この点は，実は本書の最初からずっと通奏低音のごとくに，本書の表面で論じられる協力の考え方とは，時には別物として，時には調和して，注意深く取り扱われてきた考え方である。けれども，なぜ協力活動ではネットワーク形成が必然なのかについては，特別に論じられることがなかった。最後になってしまったが，協力活動の限界と，その限界を超える可能性とにとって，両方において重要な，この問題を考えたい。このときに，第1章で取り上げた協力特性の一つである「介在性」が導きの糸となる。そして，この介在性が典型的に現れる企業組織における「ミドル・マネジメント」問題，すなわちマネジャー問題を，ネットワーク形成問題の事例として取り上げることにする。

《キーワード》　マネジャー，ミドル・マネジメント，トップ，ボトム，リエゾン機能，コンフィギュレーション，全体的構成

## 1. なぜ協力活動ではネットワーク形成が必要とされるのか

　最終的に，改めて社会における協力活動とは何かについて再考し，残された問題である「なぜ協力活動では，ネットワーク形成が必要とされるのか」についてまとめておきたい。社会的協力とは，助けが必要とされるときに，協力する側と協力される側との間で生ずる相互作用である。けれども，単なる協力であれば，協力する側と協力される側の二者関係で完結される場合が想定できる。しかしながら，社会的協力には，さまざまなタイプの協力モデルが基本形として存在しているのだが，次第に複合して，現実の協力活動へ影響を与えている。社会の中では，協力関係が一者関係，二者関係，三者関係として現れる傾向を持っている。協力関係には，関係の枠を広げる機能があり，ここで三者関係を最終的に

は目指す理由がある。三者関係を含むことによって，協力活動が「社会」的な協力として発見される契機が存在するといえる〔図15−1〕。

　協力の一者関係とは，一者あるいは一集団のみで協力活動を行うという意味ではなく，協力する側と協力される側との相互作用の中で，前者の協力する側が主導する，一方向的な協力のあり方である。本書では，協力の「支配タイプ」が典型例となる。協力の二者関係とは，二者間で見られる双方向的な協力のあり方である。協力する側と協力される側との相互作用において，協力される側が強調される協力のあり方である。協力の「交換タイプ」が典型例である。これら二つの一者・二者関係に対して，協力活動において特に特徴が強く出るのが，三者関係の協力活動である。協力する側と協力される側との間において，媒介する者が登

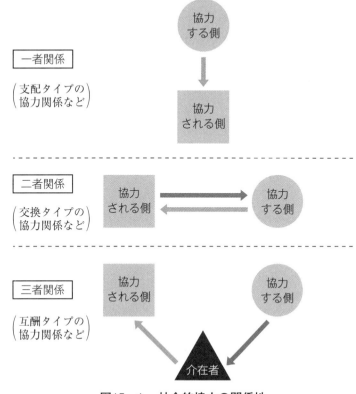

**図15−1　社会的協力の関係性**

場して協力を推進する役割を持つモデルである。本書では，協力の「互
酬タイプ」として描かれた。

　これに関係して，協力活動のあり方として，フォーマルに形成される
直接的な協力と，インフォーマルに形成される間接的な協力とが見られ
た。フォーマルな協力には，支配タイプと交換タイプとが主として見ら
れた。近代社会では，政府活動と市場活動による協力体制が称揚された
のである。確かに，一者のみ，あるいは二者間における協力のあり方は，
近代社会の中で効率のよい協力体制を築いてきている。ここでは，協力
を結び付けるための媒介者をなるべく省いて，直接的な協力のやりとり
が行われている。これに対して，インフォーマルで間接的な協力が存在
する。ここでは，協力する側と協力される側を媒介したり，第三者とつ
ないだりする協力のあり方が含まれている。

　ここで改めて，三者関係に特有な互酬タイプを見直すために，第6章
の影響力による社会的協力のタイプをもう一度思い出してもらいたい。
互酬タイプの影響力による協力活動では，基本形としてネットワーク形
成が行われる構造を持っていることを確かめてみたい。この影響力
（influence）という言葉の語源は，ラテン語の「星の感化力（influentia）」
にあるといわれている。中世には，空から降ってくる神秘的な霊感のよ
うなものとして，影響力は考えられていた。目には見えないが，人為を
超えた力の影響する場合のあることを言っている。直接的な理由がない
にもかかわらず，間接的に何らかの影響を受けるということが，他者と
の関係，特に社会的協力関係の中であり得ることが，古代から中世へ，
さらに近代においても数々の日常経験や心理実験などによって明らかに
されてきている。

　このように，人間社会の中には，影響力を行使して，人びとの協力関
係を潜在的に形成する傾向が存在する。少し比喩を使って言うならば，
二人の集まりがあり，協力して仕事が行われているときに，そこで1プ
ラス1が2であるような関係が見られるのであれば，まだ個人主義の延
長線上で説明のつく一者・二者間の協力関係でしかないといえる。とこ
ろが，問題は，1プラス1が2以上（時には，悪く作用して2以下）の

協力関係が見いだされることがある。このようなときに，この協力関係，つまりは組織というものの外部的で潜在的な力（時には負の力）が発揮されていることを見ることができる。

　もちろん，近代組織においては「規模の経済」などにより，さらにこの協力関係を数多く現出させる仕組みとして，前述のように交換モデルと支配モデルが利用されたことは，これまでも強調されてきている。このため，これらのフォーマル組織に人びとの協力関係が大量に引き寄せられてしまったのである。ところが，実際には，このようなフォーマル組織によって生み出すことができない，それとは異なる潜在的な力が，社会の協力関係にはまだまだたくさん存在していることが知られている。フォーマル化することの困難な影響力が，社会にとっては実は重要なのである。

　この間接的な影響力の行使の中で，互酬タイプの協力活動では，基本的にネットワーク形成が行われる構造を持っていることが，ここで注目される点である。なぜネットワーク形成が行われるのか，という最も重要な理由は，有責観念あるいは義務感の発生原理を互酬タイプは持っているからであるといえる。基本形のみに注目するならば，三つの義務が生ずるモデルをフランスの M. モース著『贈与論』が描写している。与える義務と受け取る義務，そしてお返しする義務である。

　ここで重要な点は，前者二つの義務は二者関係で完結することが可能であるが，「お返し義務」は互酬モデルでは三者関係も含むことになっている。いわば，「お返し」は特定の誰かでなく，一般的な誰かでもよいというモデルとして存在するようになっている。モースにおいて，「お返し」義務が特定化されないということの発見は，かなり重要な発見であったといえる。ここに「お返し義務」に対して，第三者へ「お返し」するシステムとして，ネットワークが形成されることになったのである。三者関係への転

**M. モース**
〔ユニフォトプレス〕

換がここには存在しており，このようにしてコミュニケーション的な二者関係からネットワーク的な三者関係への転換が理解されて，初めてネットワーク形成が可能となったと説明できることになる。特定の人・物が「お返し」されるのではなく，一般的で全体的な「お返し」が行われるのが，社会的協力の特色である。もしこれが特定の人・物であったならば，経済交換ということになるが，協力においては経済的要因に特定されない，モースが言うところの「全体給付体系」によって，協力活動が行われる必要があったといえる。協力活動は単に経済活動に縛られない，社会に埋め込まれたものとして作用することで，意味を持つことになる。

　もう少し詳細に注目してみたい。なぜ社会的協力では，二者関係から三者関係に枠を広げる必要があるのか，というその理由である。第一に，互酬性には，責任や義務などを引き起こす「有責」「負い目」という観念が第三者を巻き込んで存在し，さらに枠を広げるならば，慣習や法律などによる「社会的強制力」の存在が義務を生じさせているからである。第二に，二者関係よりも三者関係のほうが危険分散の集団効果が望めるからである。三者関係のほうが不確実性を低減する効果があるからである。第三に，モースが「全体的給付体系」と名付けた理由である。つまり，お返しが経済的な交換ではなく，「等価交換」ではなく，経済的価値によらない「お返し」であることを排除しないということである。

　以上の理由によって，互酬タイプの協力活動では三者関係を取り，ネットワーク形成を必要とすることになるといえる。

## 2. 社会的協力の限界とミドル・マネジメント問題

　協力活動がネットワーク形成を伴うとする典型例として，経営学者 H. ミンツバーグが提示しているマネジャー（manager）問題をここで取り上げたい。現代的協力問題の最大の問題点の一つが，ミンツバーグが指摘した「ミドル・マネジメント問題」である。協力を行う現実のマネジメントの範囲が，近代のフォーマル化とインフォーマル化の果てに，マネジャーの能力を超えてオープンエンドに拡散してしまっているという

問題である。マネジャーがメンバーの結集と参加に失敗して，協力集団がバラバラになる傾向が生じているという現代特有の問題である。このために，メンバー間の個別協力以上に，マネジャーとメンバー全員との関係における「社会的協力」が困難になっているのである。

　人びとの社会的協力を結集するという企てが，近代における絶頂とその行き詰りを示し，一つの転換期を迎えたのは，20世紀前半の米国大量生産期の後であった。市場の「交換」方式と，政府の「支配」方式による協力関係の大量構築が一つの頂点を迎え，その後変容を起こしてきている。それ以降，幾たびかにわたって，協力組織の中で小規模化や多様化などのような反省が行われてきており，組織の中での社会的協力の転換が続いてきている。どこが，なぜおかしくなってしまったのかが，近代以降の協力組織における枢要な問題となっている[注1]。

　この変容の中で，一つの焦点は，協力関係におけるマネジャー問題である。組織の中間に介在して，協力を推し進める地位にあるのがマネジャーなのであるが，ここに問題が生じたことになる。ここで言うマネジャーとは，一つの組織単位において，人びとの協力関係を管理運営する人のことであり，支配人・管理人，局長・部長・課長，理事・幹事，監督・世話人・プロデューサーなどの民間と公共にわたる比較的幅の広いミドル・マネジメントを実行する者たちの総称である。ここできわめて重要なのは，単に企業組織のみの問題でなく，官僚組織や非営利団体，さらに家族・コミュニティを含む，これらの集団をめぐるマネジメントを現場で実際に行っている人びとも含まれているという点であり，社会における人びとの協力結集には，このような中間的な力，あるいは媒介するものの力という，いわゆるガバナンスの力を必須としているということである[注2]。

　実際に現代社会において人びとの協力関係を結集する中核となっているのは，マネジャーとチーム集団であるといっても過言ではない。なぜマネジャーとその集団が今日の組織社会の中で注目を浴びているのかについては，それ相当の理由がある。それは，組織の中間的整序，つまりミドル・マネジメントの問題が存在するからである。ここには，社会的

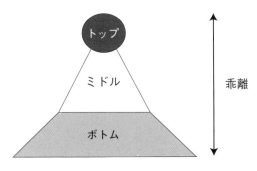

図15-2　マネジャーの役割

協力における，このようなマネジャーと集団との関係，つまり協力のコンフィギュレーション（全体的構成）問題が集中して現れている。

　近代的な組織において，顕著な問題となって出現したのが，トップとボトムとの乖離，スタッフ間の調整不足，さらには集団内のネットワーク欠如によるコミュニケーション不足問題である。これらは，ミドル・マネジメント問題として知られるようになっている。これまでにも著名な調査研究が行われてきている。たとえば，近年，日本においても，一橋大学グループによる組織の「重さ」プロジェクトなどによって，再び注目されている [注3]。

　ミドル・マネジメント問題とは，組織内の相互作用が何らかの原因で，いわば「組織劣化」が生じ，組織が硬直的になる問題であり，この問題が生ずると，組織が「重く」なるというものである。この研究では，原因として，組織へのフリーライド（ただ乗り）行為の発生，内向きの合意形成などがマイナスに働いていると結論している。けれども，ミドル・マネジメント問題の本質は，時代によっても変化が激しい状況にあり，はっきりとした内容がなかなか把握できないでいる。

　これまでの章では，近代になって，社会的な協力体制が衰退を始めた原因を，大規模化した組織問題としてとらえてきた。さらに，ここではトップとボトムとの乖離問題としても明確にしておきたい。

# 3. ミンツバーグ問題

　なぜ協力活動では介在者が必要とされるのか，という問題について，マネジャーの介在者機能を見ることで探究していきたい。「マネジャーは何をしているのだろうか」とミンツバーグは著書『マネジャーの仕事』の冒頭で質問を発している[注4]。当然，彼らが何か確かな仕事をしていれば，このような質問は行われないのであって，「何をしているのか定型化するのは難しい」というのが答えなのだ。特定の何かはしているのだが，非定型のたくさんの仕事があって，それに責任は確かに持っているのだが，実際に実行していることを尋ねられると答えられないのが，マネジャーの仕事なのだとしている。混然一体となった，全体として切り離すことができない，ネバネバした大きな塊のような

**H. ミンツバーグ**
〔Imaginechina/
時事通信フォト〕

イメージである。このようなマネジャーの姿には，現代の協力活動が多目的化し，多様な手段を駆使しなければならない状況の反映がある。哲学者の H. アーレントは，労働（labor）と仕事（work）とを分析的に分けたことで有名である[注5]。これに従って考えると，後者の「仕事」という観点からすれば，マネジャーは人びとの先頭に立って企画を行い，組織をつくり実際に統括しており，いわば耐久性のある立派な「仕事」を行っている。ところが，いざ調査を行って蓋を開けてみると，見事に何をやっているのかわからない，むしろ人びとの間を飛び回って調整を行うだけの，前者の「労働」を行っているにすぎない，という実態が明らかになってきたのである。

　現代のマネジャーの姿を象徴的に表している習慣が報告されている。米国では，よくできるマネジャーは「部屋のドアを必ず開けている」ということだ。部下がいつでも入ってきて相談できるようにしてあり，たとえそれで彼の仕事が中断されてもよいというサインだといわれてい

る。それでも米国ではマネジャーには個室が与えられているが，日本ではマネジャーは大部屋に席を占めることが義務付けられている場合が多い。それほど，マネジャーの仕事は，現場主義の活動的で間断ない性質のものであるということである。

　ジャーナリストのクレーナーの秀逸な表現を用いるならば，「マネジャーは長期的な視野をもって思考することに時間を割かずに時間の奴隷として邪魔や電話に追われながらつぎからつぎへと仕事をこなしている，ということをミンツバーグは発見した」と指摘される。ここでミンツバーグが「発見」した問題，つまり「表面上は重大な戦略問題に関わり専門的な意思決定を行う役割を担っていた。しかし，実際は，彼らは仕事から仕事へという環境下で動かされていたのである」という現実問題が存在するということがわかってしまったのである。

　そこで何が問題になったのかといえば，戦略が不足する問題よりも，さらにネットワークの欠如という問題が表面化した点である。ミンツバーク問題とは，すなわちマネジャー問題，とりわけネットワーク欠如問題であると言ってよいだろう。社会的協力は，協力する側と協力される側との間の相互作用として成り立っている。同様にして，組織はトップとボトムとの間の相互作用によって成り立っているという面を持っている。ここで，なぜトップとボトムとの間にマネジャーという媒介する役割が必要となるのだろうか。なぜマネジャーという，二者関係を取り結び三者関係を形成する者が介在するのだろうかという問題が，ミンツバーグによって発見されたと言ってよいと思われる。このマネジャーに存在する，理念と現実のギャップ問題とネットワーク欠如問題を，ここで「ミンツバーグ問題」と呼んでおきたい。

　ミンツバーグ問題は，彼の調査結果に表れている〔図15−3〕。調査では，マネジャーの他者との接触時間が計測され，そこに現実が如実に反映されているのを見ることができる。マネジャーは三つの集団と接触している。上司と部下，そして部外者である。これらとマネジャーがどのくらい接触したのかを見ると，マネジャーの仕事のうち，48％の仕事が部下との付き合いで，そこに時間が使われているということである。

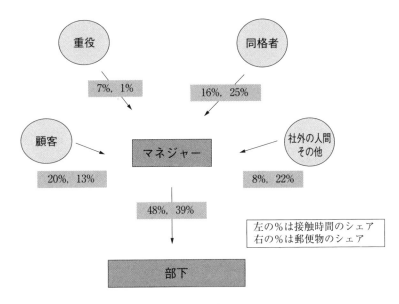

**図15‐3　マネジャーの接触**

顧客との付き合いで20％使われており，実際に自分が出世するかもしれないという，重役との間の時間の使い方というのは7％にすぎないという現実がある。さらに，同格者との時間は16％ある。つまり，部下に対して時間を使ったり，客に対して時間を使ったりということに忙殺されて，いかにこの現実の中で仕事をしている人たちであるのかということがこれでわかる。図15－3にあるように郵便物の数で接触状況を見ても，やはり部下とのやり取りと外部者との交信が多いことに気付く。内部の情報のやり取りというのは，やはり現実に会って，その人と真剣に付き合いをするということで，マネジャーの仕事というものが遂行されているということを，この調査ははっきりさせたということで，ミンツバーグの考え方が今日，マネジャー理論として重視されて残ってきているのである。ミンツバーグの行った，次の指摘が印象的である。

　「(1) マネジャーは，その職務の終わりなき（open-end）性質のため，大量の仕事を休みなく遂行するよう強いられているかに感じる。自由な時間はほとんどなく，一服できることさえめったにない。特に上級管理職は執務時間が終わっても自分の職務から逃れられない。仕事を家に持

ち帰るし，「ひまな」時間があっても，職務が頭から離れられない傾向
があるからである。

(2) ほとんどの非管理職が行っている諸活動と比べてマネジャーの活動
には，短時間，多様性，断片的，という特徴がある。その大部分は実に
短時間で，職長は秒単位，経営者でも分単位。行われるべき活動の多様
性は大きく，連続して起こる活動の間にはパターンはない。結果として
起こることに些細な利害関係でもあれば，マネジャーはすばやく頻繁に
気分転換をしなければならない。一般的に，マネジャーの仕事は断片的
で，中断されるのはあたりまえのことである」（Mintzberg＝奥村・須
貝訳 1993：pp. 84-85）と現代のマネジャーの現実を描いている。マネ
ジャーの周辺集団をめぐって，協力の現代的問題が明確になる[注6]。

## 4. 現代マネジャーの問題点

　社会的協力を集団の中から引き出すためには，マネジャーがリーダー
シップを利かせて強い力で引っ張りあげようとしても無理があり，また
構成員たちの動機付けだけに依存しても，必ずしも効果が上がらないこ
とが，いくつかの調査によって知られてきている[注7]。おそらく，こ
れらの中間で問題となる状況が，本来は存在するものと考えられる。組
織の中で，トップとボトムとの中間での役割，あるいはスタッフの部門
を越えた役割を持っているのはマネジャーの機能であるが，ここでの問
題は，このマネジャーたちが現代において，なぜこのように数多く出現
してきたのだろうか，という点にある。そればかりではなく，なぜこの
ように「忙しいマネジャー」現象が起こっているのかが重要である。部
下を持ち，チームを組んで，マネジャーを中心に仕事をしていくという，
このような現代組織の中での小さな単位を作っていく体制そのものに，
注目すべき現代の協力組織問題がある。

　介在者としてのマネジャーがどのような役割を演じてきたのだろう
か。少し振り返ってみたい。古典的なマネジャー論で有名なのが，1917
年に出されたアンリ・ファヨールのものである[注8]。計画を行い，組
織を形成し，そして調整をし，最終的に統制をするのだ，というきわめ

て計画主義的な管理思想が存在していた。これは，その後のマネジャーによる戦略論の基本になった考え方である。

　ところが実際には，マネジャーの行動というのはかなり変化に富んだものであり，その状況に合わせて計画が立てられるものであって，むしろ合理的というよりは非合理的な，その場面ごとの行動が先に表に出てくるような種類の行動パターンを示している。実際には，彼らの行動は合理主義的ではなく，現実とのやりくりに忙殺されており，頭の中でプランを立てるなどという時間はほとんど存在しない，というのがマネジャーの実態であることがわかってきた。忙しくて，計画を立てる余裕はないというのが現状である。

　つまり，組織がフラットになってきて，チームを率いるマネジャーの機能が変容してきている。今日の組織社会を形成し主導しているのはマネジャー層であるといっても間違ってはいないが，役割が異なってきているのである。マネジャーが組織の中で占める役割は，むしろトップとボトムの中間的な役割である。あるいは，スタッフの部門間での中間的な役割である。この間で「濃厚な相互作用」を起こすことができれば，その組織は活性化する。このようなマネジャーの役割が明らかになれば，現実の中での協力組織の失敗に対する，ミドル・マネジメントの問題が明解になるといえる。

## 5.　マネジャーの「介在者」役割

　ミンツバーグは，マネジャーにどのような役割があると考えていたのだろうか。ここでは，トップの企業家たちの役割もマネジャーの一つの役割として考えられるが，介在者としての役割を考慮するには，もう少し中間的な役割を遂行するマネジャーを考えることができるとする。結局のところ，「マネジャーは何をするのか」という最初の問題に戻ってくることになる。マネジャーの仕事は，ミンツバーグ問題の解決を図ることであり，ミドル・マネジメントの場をいかに設定するのか，ということにかかわってくることになる。

　大きく分けて，次の三つの点が，マネジャーの役割として存在する。

ここに描かれているように，現代のマネジャーは多様，かつ多機能な役割を期待されている。第一には，対人関係であり，組織の中での人間関係を調整する役割が期待されている。ここには，①リーダー的役割，②リエゾン的役割，③看板的役割，が分類されている。まず，集団の上から下への人間関係を支配するリーダーシップが重要である。次に横につながるリエゾン機能，そして，集団の象徴的役割を支配する看板機能が取り上げられている。

　第二には，組織の情報コミュニケーション・ネットワークの管理運営，実行を行う機能が求められている。ここには，①監視者（モニター），②情報散布者，③スポークスマンなどの機能が含まれる。監視・モニターをするという関係と，さらに部下たちに散布する役割も持つ。さらに，もう一つは，マネジャーが外部に対して情報を発信する役割も持つということで，スポークスマンとしてのマネジャーという役割が重要になってくる。

　最終的には，これらをまとめて，意思決定上の責任を持っていることがマネジャーの役割であると考えられている。たとえば，①企業家機能，②障害排除者機能，③資源配分者機能，④交渉者機能などが含まれると考えられている。

　これら三つの役割のバランスをうまく持った人がマネジャーに適しているといえる。現代の企業，公共，あるいは病院，学校などの，さまざまな組織における調整役には，これらの機能が求められている。このように，ミンツバーグの初期の著作では，一つ一つの機能を挙げ，これに対応するマネジャーの役割を確認している。これらの手法は，贔屓目（ひいき）で見ても，リエゾン機能などの魅力的な指摘はあるものの，その後のマネジャー論とあまり変わらないかのように見えてしまう。

　けれども，ここでミンツバーグの掲げるマネジャー機能について詳細に検討すると，三つの傾向のあることが見て取れる。一つは，これまでの章でも注目した企業家タイプのマネジャー機能である。もう一つは，従事者重視の関与型タイプ（engaging leadership）のマネジャー機能に，より注意を注いでいる点である。

けれども，ミンツバーグ特有の考え方として最も興味深いのは，介在性を発揮するリエゾン的役割タイプである。リエゾン（liaison）とは，フランス語で通常は発音されない語尾の子音字がこれに続く語の語頭母音と結合して発音される，いわば連語現象である。たとえば，フランス語で，「vous aimez［vuzɛme］」は，「あなたを愛する」という言葉であるが，この言葉の場合に，前の言葉の「s」と次の言葉の「a」がつながってしまって発音されるという慣習がある。英語の場合であれば，「there is［ðɛəriz］」という言葉は，本来「ゼアイズ」のわけだが，誰も「ゼアイズ」などと発音しないで，「ゼアリズ」とつなげて発音をする。このような言葉使いと同じように，人間関係も連語的な人間関係というものが存在するのだというのが，このミンツバーグの考え方である。

ここで，マネジャーと集団が連語的な関係に入ることによって，関連のない，二つの別の関係であった組織間連関が一つの文脈でつながってくる。これはマネジャーの存在によって起こっており，マネジャーのリエゾン効果，リエゾン的な役割があって初めて生ずることである。リエゾン効果によって，組織内外にネットワーク形成が生ずることになる。

このように見ると，ネットワークを形成する上で，多くの仕事を同時に行いながら，なおかつ全体を成功に導くにはどのように行動したらよいのかということが，このマネジャーに課せられた問題であることがわかる。したがって，時にはマネジャーは批判に晒されるような手法も辞さないときもあるかもしれない。たとえば，企業家タイプのマネジャーであれば，仕事を停止したり期間を引き延ばしたりすることは考えないであろう。目標を定め，期間の範囲で，最大限手段を提供して，仕事を終わらせることが本来のマネジャーの仕事になる。また，関与型マネジャーであれば，仕事を停止することで従業者の立場を重視する立場をとることになるだろう。これに対して，リエゾン型タイプのマネジャーでは，引き受けた仕事を引き延ばすことで，多忙でバラバラなスケジュールに少しずつ組み込み，複雑なチーム問題を解決していく能力が試される。解決不能で，失敗してしまうかもしれない仕事でも，少しずつなだらかな形で，たとえ時間はかかっても，最後には成功に導くことを考え

るのが，リエゾン型タイプのマネジャーの現実的な役割であると考えられている。そこで，数多くの仕事を同時に取り仕切り，こなしていく能力が問われているのである。マネジャーは，複数の仕事に対してネットワークを形成して，多機能な役割を行わざるを得ないのである。

## 6. 全体的コンフィギュレーションによる協力活動の誘導

　このようにして，中間段階の協力組織問題には，成功に至る代替的な経路がいくつか存在することを理解し，そこに筋道をつけることが必要である。そして，その過程において，全体の調和を保ちながら，状況に合わせてどの要素を強調し，どの要素を弱められるのかという，いわゆるコンフィギュレーション（全体的構成）問題に行き着く，とミンツバーグは結論付ける[注9]。

　組織の中の基本的な要素を，うまくコンフィギュア（構成配置）することができるか，という組織の潜在的な能力がここで試されることになる。ミドル・マネジメントのポイントはここにある。ミンツバーグの言葉を借りるならば，「全部一緒にまとめる」というマネジャーのやり方が，科学的管理法のF.テイラーが推進した「唯一最善の方法」で計画し実行するよりも，重要であることを主張したことになる。

　ここで，コンフィギュレーション（configuration）という考え方がたいへん重視されている。コンフィギュレーションとは，組織の各部分，要素の相対的な配置のことで，ドイツ語のゲシュタルト（Gestalt）に当たる言葉である。目標が定められ，それに合わせて組織が設計されるのではなく，むしろ状況の中から得られる環境情報に合うコンフィギュレーションが観察され，誘導されていくのが，組織の性質であると考えられている。M.モースが互酬原理で指摘した「全体的給付体系」が，マネジャーの多機能的役割を媒介として，組織問題にも現れるのを見ることになる。

　協力組織には，トップからボトムに至るいわゆるラインに沿って，マネジャーが配置され，小さな単位が形成されていく。さらに，横に並んで，いわゆるスタッフの系列が準備され，技術スタッフや革新開発ス

タッフが配置されている。どの配置や働きを重視するのかは，その組織の性格に依存する。これらのコンフィギュレーションの強さに応じた組織化が必要である。

ミンツバーグが描いたマネジャー像で最も重要な点は，上記のマネジャー機能やそれらが作用する環境などが，それぞれ組織によって異なっても，何らかの形（ゲシュタルト）へと総合され調和されて，分離不可能な構成を保っているという点である。個々の要素に解消されない，要素の総和以上のまとまった力の作用の構造を保っているということである。

コンフィギュレーションの中で，なぜマネジャーが必要とされるのか，という根本問題がここにある。もし有能な人びとが集まるならば，一つのマネジャー職の機能群をその複数の人びとによって共有・分有することができるかもしれない。けれども，その分けられた機能を再統合して，その組織に合ったバランスの取れた機能群に再統合するのは誰なのか，が問われることになる。もし再統合できないならば，そのマネジャー職を各機能へ分離・分解することは不可能であることを教えている。組織が変化や転換を通じても，なお維持される形態として，コンフィギュレーションを保つマネジャーの役割は，やはりいつも求められるに違いない。ホームラン打者だけをそろえても，よい野球チームにはならないのである。結局のところ，なぜ社会的協力が近代組織の中枢でうまくいかなくなってしまったのだろうか。とりわけ，なぜトップとボトムの乖離が生じてしまったのであろうか。その一つの答えは，マネジャーと組織集団とのバランスをとることがうまくいかずに，全体の構成を変化に合わせることができなかったからである，ということであり，いくつかある有力な解答の一つとして提出されている。逆に言うならば，介在者の役割を重視してネットワーク形成をうまく行うことが，ミドル・マネジメントには求められているといえる。

最後に，この章全体をまとめておきたい。この章で見たように，組織の中間にあって，人びとを結び付ける役割は重要であるが，現在ではこの役割を担っているマネジャーが危機的な状況にある，とミンツバーグ

は指摘した。本書の最後に当たって，協力活動の問題点で最も現在注目
されるべきなのが，この介在者がネットワークを形成し，全体のコン
フィギュレーションを整えることが必要であることを見た。

　注目すべきは，この問題が奇しくも最初の第1章で論じた内容である
協力の特性である「介在者」特性につながっているのを見ることができ
る点である。第1章で，協力活動には「多数者が参加して活動を行い，
最終的にその活動が人びとの間を介在することで，社会形成を行う特性
がある」ことを見てきた。この中の協力活動の「介在性」という性質が，
この章との関係では重要である。マネジャーが組織に介在することで，
協力のコンフィギュレーションが整えられるとする事例として考えるこ
とができるからである。

　また，協力活動が人びとの間を介在して人間関係を結ぶことは，第
12章でも指摘したように，ミンツバーグによって「コミュニティシップ」
と呼ばれるようなマネジャーと集団との信頼関係を形成することにすで
に見ている。もしこのように人びとを結集する協力活動が，人びとの関
係の中にプールされるならば，そしてこのようなプールを提供する，職
場やコミュニティの場や家族の場などの場所（place）が協力活動を行
う上での足場となる。よい関係性を維持できる集団では，それ以降の活
動がより促進されることになるだろうし，それに合致した社会が次第に
形成されていくことになるだろう(注10)。つまり，マネジャーと集団に
よる中間的な結び付きが「介在」し，協力組織のコンフィギュレーショ
ンを整えることができるならば，逆にこれらの集団が構成する社会にも
よい関係性が蓄積されていく可能性があるだろう。

　第8章では，「ホーソン実験」を紹介した。なぜ職場において，昇給
したり地位を上げたりするだけでは，人びとは働く意欲を見せず，これ
らの単機能以外の，職場全体からの承認や雰囲気に反応するのか，とい
う問題は，以上の全体的コンフィギュレーションの問題であると考える
と説明が容易になると思われる。人びとはなぜ協力するのか，そしてそ
の限界はどこにあるのか，という問いに対する解答は，単一のものとし
ては答えることはできない。けれども，協力の全体的構成に関係してい

るといえることになる。

## 7.「あとがき」にかえて

　最後になってしまったが，本書の副題「いかに近代的協力の限界を超えるか」について考えてみたい。「近代的協力の限界」とは，本書の中で見てきたように，近代社会で行われる協力活動が「支配タイプ」の協力関係と「交換タイプ」の協力関係の両輪によって推し進められてきたが，それが大規模になるに従って限界を見せるようになったことである。

　このことは第8章の「オルソンのパラドックス」問題，第9章の「プリンシパル・エージェント」問題，そして第10章の「多様化」問題として，近代社会特有の限界問題が現れてくるのを見てきた。これらの文脈に従ってみるならば，支配タイプの協力関係が「一者関係」，交換タイプの協力関係が「二者関係」と考えると，これらの近代的協力の限界は，まさに「一者関係」と「二者関係」を超える問題として現れてきているのを見たことになる。かつて近代以前の協力関係として，近代社会の外へ追いやってしまっていた「三者関係」の問題に，わたしたちは立ち戻る必要のあることがわかってきたといえよう。

　本書では，「一者関係」と「二者関係」の限界を乗り超え，「三者関係」への道筋を探る方法として，社会のインフォーマル化，あるいは社会全体への「埋め込み」という，全体給付的方法とコンフィギュレーション的方法を模索した。第11章の「ダウンサイジング」問題，第12章の「信頼性」問題，そして第13章の社会における「ソーシャル・キャピタル」，第14章の家族と社会をめぐる「ケア関係」，さらに第15章のマネジャーによるコンフィギュレーション的協力関係を見てきた。

　近代的協力の限界を乗り超えるために，最終的に注目したのは，二者関係から三者関係への転換がいかに複雑で困難な道であって，これからも全体構成の視点からのかなりの注力が必要であるという点であり，ここでは，単純な移行過程が進むのではない，という認識が得られたことであった。そして，二者関係と三者関係の間を行きつ戻りつしながら，複雑な経路から進んで全体的で「習慣的な回路」を見いだし，成功と失

敗の繰り返しを経て全体構成に至る「経験の蓄積」がまだまだ必要であ
ることも思い知らされた，ということが正直なところである。もっとも，
人間の活動のほとんどは，他者との関係で成立していることからすれば，
あらゆる人間活動は端的に社会的協力活動の要素を含んで進行している
ともいえる。そして，社会的協力は，人間本性に常に付帯したものでは
なく，助けが必要なときに発動される人間活動の現れであるという，い
わば可能性を持つものという認識が重要であるといえる。協力活動には，
人間社会を生き生きと再生させる力が存在していて，それがちょっとし
た切っ掛けを得るならば，社会への「埋め込み」を行い，「組織立った
複雑性」を巧みに形成する社会的可能性が常にあり得るのだということ
を，本書全体を通じて明らかにしてきた。

　なお最後にあたって，本書への協力に対する謝辞と注釈を追加してお
きたい。実を言えば，本書の成立も，「まえがき」で述べたように，多
くの方々の協力活動によって成り立ってきた。ここで協力への謝意とと
もに断っておきたいのだが，本書で引用させていただいた方々の肩書き
は，その活動場所と状況が重要だったので，ヒアリング当時のままの表
記とさせていただいた。また，本書について言えば，放送大学大学院「社
会経営科学プログラム」の印刷教材として長い間取り上げていただいた
のは，社会経営科学プログラム所属の先生方の支持のお陰である。とり
わけ，改訂科目選択の折に当科目を推挙いただいた政治思想史の山岡龍
一氏にはお世話になった。さらに付け加えさせていただけるならば，定
年に至るなだらかな坂道をくだる途上での「協力研究」の生活を静かに
見つめてくれている，妻容子の日常的協力にも感謝したいと思う。


## 注と参考文献

注1）　David A. Hounshell, From the American system to mass production,
　　1800-1932: the development of manufacturing technoloby in the United States,

1984　デーヴィッド・A．ハウンシェル著．アメリカン・システムから大量生産へ：1800-1932．和田一夫，金井光太朗，藤原道夫訳．名古屋大学出版会，1998

Karl Polanyi, The great transformation: the political and economic origins of our time, 1957　カール・ポラニー著．大転換—市場社会の形成と崩壊．吉沢英成ほか訳．東洋経済新報社，1975

Alfred D. Chandler, The visible hand: the managerial revolution in American business, 1977　アルフレッド・D．チャンドラーJr. 著．経営者の時代—アメリカ産業における近代企業の成立〈上・下〉．鳥羽欽一郎，小林袈裟治訳．東洋経済新報社，1979

注2）　Peter F. Drucker, Management: tasks, responsibilities, practices, 1974　ピーター・ドラッカー著．マネジメント—務め，責任，実践．有賀裕子訳．日経BP 社，2008

注3）　沼上幹，軽部大，加藤俊彦，田中一弘，島本実著．組織の「重さ」—日本的企業組織の再点検．日本経済新聞出版社，2007

注4）　Henry Mintzberg, The nature of managerial work, 1973　ヘンリー・ミンツバーグ著．マネジャーの仕事．奥村哲史，須貝栄訳．白桃書房，1993

注5）　Hannah Arendt, The human condition, 1958　ハンナ・アーレント著．人間の条件．志水速雄訳．筑摩書房．1994

注6）　Henry Mintzberg, Calculated chaos: Mintzberg on strategy, management and leadership, 2007　ヘンリー・ミンツバーグ著．H. ミンツバーグ経営論．DIAMOND ハーバード・ビジネス・レビュー編集部編訳．ダイヤモンド社，2007

注7）　John P. Kotter, The general managers, 1982　ジョン・P. コッター著．J. P. コッター ビジネス・リーダー論．金井壽宏ほか訳．ダイヤモンド社，2009

注8）　Henri Fayol, Administration industrielle et générale, 1917　アンリ・ファヨール著．産業ならびに一般の管理．山本安次郎訳．ダイヤモンド社，1985

注9）　Henry Mintzberg, Mintzberg on management. 1989　ヘンリー・ミンツバーグ著．人間感覚のマネジメント—行き過ぎた合理主義への抗議．北野利信訳．ダイヤモンド社，1991

注10）　大久保孝治著．日常生活の探求—ライフスタイルの社会学．左右社，2013

1. 現代組織における「マネジャー機能」について，具体例を挙げて，整理・検討してみよう。
2. なぜミンツバーグは，企業家タイプの戦略型マネジャーの考え方を批判したのか，その理由をまとめてみよう。
3. 「コンフィギュレーション」という考え方は，どのような思考方法か。文献を調べて，整理・検討してみよう。

# 索引

●配列は五十音順，＊は人名を示す．

# 著者紹介

## 坂井　素思 （さかい・もとし）

| | |
|---|---|
| 1950年 | 長野県に生まれる |
| 1975年 | 横浜国立大学経済学部卒業 |
| 1980年 | 東京大学大学院経済学研究科博士課程単位取得 |
| 現在 | 放送大学教授，人間科学博士（大阪大学） |
| 専攻 | 社会経済学，消費社会・産業社会論，クランツ文化経済論，社会的協力論 |
| Website | https://u-air.net/sakai/ |
| 主な著書 | 『経済社会論』（1990），『家庭の経済』（1992），『経済文明論』（1994），『産業社会と消費社会の現代』（2003），『経済社会の考え方』（2007），『社会経済組織論』（2010），『社会的協力論』（2014旧版），『比較経済・経営・社会』（共著1986），『変動する日本社会』（共著1993），『社会科学入門』（編著1997），『情報と社会』（共著2006），『消費者と証券投資』（共著2007），『新版変動する社会と暮らし』（共著2007），『市民と社会を知るために』（共著2008），『市民と社会を生きるために』（編著2009），『社会の中の芸術』（編著2010），『格差社会と新自由主義』（編著2011），『多様なキャリアを考える』（共著2015），『音を追究する』（共著2016），『色と形を探究する』（共著2017），『日本語アカデミックライティング』（共著2017），『都市と農山村からみる身近な経済』（共著2018），『経済社会を考える』（編著2019）（以上，放送大学教育振興会）『貨幣・勤労・代理人—経済文明論』（2017，左右社）など。 |
| 主な論文 | 「経済進歩と社会倫理」（季刊現代経済），「交換論の試み」（放送大学研究年報），「家計原理と家族」（家計経済研究），「制度的なるものと制度的ならざるもの」（放送大学研究年報），「『価格破壊』現象と大衆消費社会」（季刊家計経済研究），「贅沢消費論」（放送大学研究年報），「社会的知識について」（放送大学研究年報），「不在所有・不在消費・不在生産の近代経済社会」（放送大学研究年報），「生活政策論序説」（放送大学研究年報），「一般信頼と特殊信頼」（社会経営ジャーナル），など |

放送大学大学院教材　8930791-1-2011（ラジオ）

# 改訂版　社会的協力論
## －いかに近代的協力の限界を超えるか－

発　行　　　2020年3月20日　第1刷
著　者　　　坂井素思
発行所　　　一般財団法人　放送大学教育振興会
　　　　　　〒105-0001　東京都港区虎ノ門1-14-1　郵政福祉琴平ビル
　　　　　　電話　03（3502）2750

Printed in Japan　ISBN978-4-595-14135-5　C1336